DURCHGEDREHT

Claude Marthaler

Der
Reise Know-How Verlag
Helmut Hermann
ist Mitglied der Verlagsgruppe
Reise Know-How

SIEBEN JAHRE IM SATTEL: DURCHGEDREHT

WELTANSCHAUUNG AUF RÄDERN

von Claude Marthaler

Impressum

Die französischsprachige Ausgabe dieses Buchs, *Le Chant des Roues*, erhielt 2003 den »Prix René Caillié des Ecrits de Voyage«, alljährlich verliehen von der Stadt Mauzé-Sur-Le-Mignon, Geburtsstadt von René Caillié. Er war der erste Franzose dem es gelang Timbuktu zu erreichen und wieder lebend zurückzukommen. Die Preisauswahl erfolgte unter 30 Reisebüchern.

Claude Marthaler

Sieben Jahre im Sattel

DURCHGEDREHT

Weltanschauung auf Rädern

erschienen im

Reise Know-How Verlag, Bielefeld

ISBN 3-89662-305-2

3. Auflage **2004**

– Printed in Germany –

Titel der französischen Originalausgabe:

»Le Chant des Roues«

ISBN 2-88086-277-9

Websites von Reise Know-How:
www.reisebuch.de · www.reise-know-how.de

Übersetzung aus dem Französischen:
Irmengard Iwaya Nussbaumer
Lektorat und Karte: Helmut Hermann
Fotos: Claude Marthaler
claude@marthaler.org · www.songwheels.com · www.marthaler.org
Titelfoto: Hervé Le Cunff
Illustrationen: Bertrand Soulié
Buchgestaltung: Carsten C. Blind, Asperg
Druck u. Bindung: Pustet, Regensburg

Dieses Buch ist erhältlich in jeder Buchhandlung in Deutschland, Österreich, Schweiz, Niederlande und Belgien
Bitte informieren Sie Ihren Buchhändler über folgende Bezugsadressen:
D: PROLIT GmbH, Postfach 9, 35461 Fernwald (sowie alle Barsortimente)
CH: AVA-buch 2000, Postfach 27, 8910 Affoltern
A: Mohr Morawa Buchvertrieb GmbH, Postfach 260, 1011 Wien
Niederlande, Belgien: Willems Adventure, Postbus 403, NL-3140 AK Maassluis
Wer im Buchhandel trotzdem kein Glück hat, bekommt unsere Bücher auch über unsere Büchershops im Internet (s.o.)

Zur Erinnerung an meinen Bruder
Meinen Eltern

EINFÜHRUNG

Es ist Abend. Meine Wohnung ist leergeräumt. Ich liege auf dem Boden, ausgestreckt in meinem Schlafsack, neben mir das Fahrrad, voll bepackt. Ein wirres Durcheinander von Bildern lässt meine Gedanken nicht zur Ruhe kommen. Rastlos drehe ich mich hin und her. Schon seit Jahren bin ich besessen von dieser Reise und kann überhaupt nichts anderes mehr denken. Die langen Monate der Vorbereitung liegen hinter mir. Der Start steht bevor. Endlich! Ich bin in Hochstimmung wie nie zuvor.

Im Morgengrauen des 12. März 1994 schließe ich die Wohnungstür endgültig hinter mir ab. Ich verstaue meine sechs Packtaschen im Aufzug, und dann das Velo. Als ich es auf sein Hinterrad stelle, versetzt es mir, gleich einem riesigen stählernen Insekt, mit der Lenkstange einen wütenden Stoß in den Magen, wie um mir jetzt schon zu zeigen, dass ich nicht allein das Sagen habe. Doch sobald die Reifen Boden unter sich spüren, beruhigt es sich wieder. Und für mich ist es endlich soweit: Der Traum meiner Kindheit wird wahr!

Vor der Abreise erfasste mich zuweilen Panik bei der Frage nach dem Sinn eines derartigen Vorhabens. Jetzt geht es mir wie dem Schauspieler, der die Bühne betritt: Ich fühle mich mit einem Mal schwach, und ganz allein …

Aber ich brauche bloß in die Pedale zu treten, und kann alles loslassen, was mich noch hielt. Schon lange weiß ich eines: Genau wie mein Rad finde auch ich das Gleichgewicht nur in der Bewegung.

Sang- und klanglos, so, als machte ich nur eine kleine Runde, breche ich auf nach Japan, von dieser Straße aus, die mir so vertraut ist, und wo keiner mein Ziel auch nur im geringsten vermutet. Mein Rad ist so schwer beladen, dass ich nach allen Seiten schwanke. Ob es wohl ahnt, was es erwartet? Ich jedenfalls bin unbeschwert, durchpulst von einem grenzenlosen Gefühl der Freiheit. Von Genf aus könnte ich bequem überall hinfliegen, aber es reizt mich, die Welt in ihrer wahren Größe zu entdecken, in meinem eigenen Rhythmus, ihre Geografie mit meinem Atem zu spüren, zu erobern, auf einem Fahrzeug, das ich alleine aus eigener Kraft vorwärtsbewege. Meine Fahrt soll nichts beweisen, nicht Reklame sein noch Rekorde brechen, und desgleichen keine gute Sache verteidigen. Es lockt mich ganz einfach, dieses Abenteuer zu wagen, mit Muße und wenig Mitteln ein Nomadendasein zu führen, der Natur, den Bergen und den Bewohnern unseres unglaublichen Planeten näherzukommen.

Vorher reiste ich lange Zeit nur auf der Landkarte und verschlang zahllose Reiseberichte. Dann kam schließlich der Moment, wo ich selber Botschaften und Impfzentren abklapperte, wo ich, auf der Suche nach einem Sponsor, 140 Briefe an Hersteller von Rad- und Sportmaterial losschickte, wie eine hoffnungsvoll dem Meer anvertraute Flaschenpost. Egal, was dabei herauskommen würde, ich war fest entschlossen, loszuziehen. Da ich immer auf meinen guten Stern vertraue, war es für mich wie ein faszinierendes Spiel: Gespannt machte ich jeden Morgen den Briefkasten auf, fand aber nichts weiter als Käse-, Fondue-, Kekse- oder Mineralwasserpackungen. Und vor allem Absagen. Doch eines Tages geschah das Wunder: Man versprach mir ein voll ausgerüstetes Fahrrad und eine lokale Tageszeitung erklärte sich bereit, meine Reisechronik zu veröffentlichen!

Die ersten Reisetage begleiten mich Freunde. Dann fahre ich alleine weiter in Richtung Fernost, vermeintlich für zwei Jahre. Vor mir liegt der europäische und der asiatische Kontinent. Von jetzt ab habe ich als einzige Begleiter nur noch die Straße und mein Rad …

INHALTSVERZEICHNIS

Die Weltumradlung Claude Marthalers – Start im März 1994 in Genf Richtung Asien
Russland
Nordpolarmeer
Beaufort See
Polarkreis
Prudhoe Bay
Deadhorse
Dalton Highway
Alaska
Bering See
Fairbanks
Denali NP
Anchorage
Kenai-H.I.
Inuvik
Dawson
Dempster Highway
Whitehorse
Haines
Alaska Highway
von Japan
Kanada
Prince George
Calgary
Vancouver
Banff NP
Missoula
Yellowstone NP
Grand Teton
USA
Laramie
Denver
San Francisco
Tal des Todes
Las Vegas
Los Angeles
San Diego
Tijuana
New York
Atlantischer Ozean
Guerrero Negro
Nördlicher Wendekreis
Mexiko
Golf von Mexico
Mexico City
Panamericana
Belize
Honduras
Guatemala
El Salvador
Nicaragua
Pazifischer Ozean
Costa Rica
Panama City
Cartagena
Panama
Kolumbien
Bogotá
Äquator
Quito
Ecuador
Vulkan Cotopaxi
Brasilien
Peru
Huaraz
Lima
Bolivien
Titicacasee
La Paz
Salar de Uyuni
Rio de Janeiro
Calama
Südlicher Wendekreis
Argentinien
Santiago de Chile
Buenos Aires
nach Kapstadt
Chile
Villarrica
Bahía Blanca
Puerto Montt
Patagonien
Carretera Austral
El Calafate
Rio Gallegos
Punta Arenas
Feuerland
Ushuaia
Kap Horn
Madrid
Casablanca
Marokko
Marrakesch
Guelmim
Laayoune
Western Sahara
Dakhla
Nouadhibou
Choum
Mauretanien
Nouakchott
Mali
Timbuktu
Senegal / Dakar
Mopti
Gambia / Banjul
Bamako
Guinea Bissau / Bissau
Guinea / Conakry
Ouagadougou
Burkina Faso
Golf von Guinea

Russland
Moskau
Magadan
Kamtschatka
Ochotskisches Meer
Kasachstan
Mongolei
Wladiwostok
Hokkaido
Sapporo
Flug nach Anchorage
Ukraine
Kiew
Wien
Genf
Budapest
Odessa
Krim
Elbrus
Schwarzes Meer
Georgien
Tiflis
Kasp. Meer
Baku
Aserbeidschan
Uzbekistan
Kirgistan
Bischkek
Taschkent
Samarkand
Aschchabad
Turkmenistan
Tadschikistan
P.Len.
Kashgar
Urümqi
Takla
Makan
Ruoqiang
Golmud
Yutian
China
Beijing (Peking)
Dalian
Mu Us Shadi
Seoul
Südkorea
Pusan
Japan
Nagano
Tokyo
Hiroshima
Nagasaki
Tibet
Kailash
Lhasa
Chengdu
Litang
Shanghai
Taiwan
Nördlicher Wendekreis
Hong Kong
Islamabad
Pakistan
Nepal
Neu Delhi
Kathmandu
Sikkim
Benares
Dhaka
Karachi
Indien
Kalkutta
Chittagong
Bangladesh
Myanmar
Thailand
Nagpur
Hyderabad
Madras
Trivandrum
Sri Lanka
Colombo
Algerien
Niger
Niamey
Tschad
Maiduguri
Kano
Nigeria
Adamaoua
Zentralafrikanische Republik
Bangassou
Kamerun
Bangui
Uganda
Kampala
Mt. Kenya
Kongo
Äquator
Demokrat. Republik Congo
Victoria See
Nairobi
Kilimanjaro
Kenya
Dar es Salaam
Tanzania
Indischer Ozean
Malawi
Nampula
Moçambique
Zambia
Blantyre
Victoria Wassefalle
Tete-Corridor
Harare
Zimbabwe
Botswana
Johannesburg
Maseru
Lesotho
Südafrika
Durban
Kapstadt
Port Elizabeth
Südlicher Wendekreis
Australien

KAPITEL I

EIN TRAUM, ZWEI RÄDER, DREI JAHRE ASIEN

Für mein Rad ist das gleich der richtige Auftakt: Die österreichischen Alpen sind tief verschneit! Auf den Passstraßen ist es so glatt, dass ich ständig im Sattel bleiben muss, sonst geraten die Reifen gefährlich ins Rutschen. Die Österreicher, mit geschulterten Skiern auf dem Weg zur Piste, staunen mich ungläubig an. Doch am Abend laden sie mich ein, mit ihnen zu essen, und manchmal, wenn genug Platz da ist, bieten sie mir sogar an, in ihrem Wohnwagen zu schlafen.

Jenseits von Wien kommt die endlose Ebene, kommt Wind und Regen. Zum Glück werden die Temperaturen erträglich und ich kann die meisten Nächte in meinem Zelt schlafen.

Der österreichische Grenzposten ist nichts weiter als ein einfaches Holzhäuschen, der ungarische dagegen modern und imposant. Eigentlich hätte ich das Gegenteil erwartet. Doch der erste Eindruck von Ungarn hält nicht lange vor, denn schon fängt die Straße an, holprig zu werden. Ich bin gespannt auf die Menschen, wie werden die sich verändern, je weiter man nach Osten kommt?

Die flache, weite Landschaft mutet fast düster an, mit ihren kleinen, niedrigen Häusern, die sich eins wie das andere auf die schwarze Erde ducken. In den Hinterhöfen liegen ausgeschlachtete Autowracks der Marke Trabant, Schweine suhlen sich im Dreck. Zerbrochene Fensterscheiben, verrostete Stangen, heruntergekommene Fassaden von Fabriken, Landwirtschaftskollektiven und Kasernen ziehen an mir vorüber.

In den Dörfern herrscht eine Atmosphäre gemischt aus Lethargie, zögernder Privatinitiative und orientalischem Bazartreiben. Hier komme ich in eine Welt, die weniger reich ist, aber herzlicher und wärmer, wo man mit Musik, Tanz und Alkohol über das Chaos hinwegzukommen sucht, das das kommunistische Regime hinterlassen hat.

Wenn die Tage zu trist werden, flüchte ich mich in die Lkw-Fahrerkneipen. Hier trifft man sich und braucht für das Wesentliche nicht viele Worte. Eines Abends stürze ich mich, von den 180 Kilometern des Tages ausgehungert und halb am Verdursten an die Theke, und bekomme von den Ungarn prompt ein alkoholisches Getränk verabreicht, so stark, dass es als Desinfektionsmittel gebraucht werden könnte! Drei Zigeuner sorgen mit ihren Geigen für Unterhaltung, ihre melancholischen Melodien ergreifen mich. Ich bin todmüde, dazu kommt noch der Alkohol, und jetzt diese Musik ... die slawische Seele überwältigt mich, die so großzügig gibt, ohne je etwas dafür zu erwarten ... Ich spüre mit einem Mal ganz stark, dass es kein Zurück mehr gibt, habe das berauschende Gefühl, für immer abgereist zu sein. Mit den Menschen hier kann ich mich verständigen, obwohl wir keine gemeinsame Sprache haben, ganz spontan können wir miteinander feiern und uns einander mitteilen. Allerdings muss ich mich daran gewöhnen, mit den Einheimischen nie ein richtiges Gespräch führen zu können, und das wird mein Los sein auf der ganzen Asienreise, wo immer ich auch bin.

Am Abend baue ich das Zelt nicht mehr auf, weil ich jeden Tag irgendwo zu Gast bin. Stets wird das Familienalbum hervorgeholt und mit den Fotos von Hochzeiten, Kindern, Beerdigungen usw. bekomme ich die ganze Familiengeschichte erzählt. Oft erhalte ich ein Bild aus dem Album geschenkt, damit ich meine Gastgeber nicht vergesse. Manchmal stellen mir die Eltern das Ehebett zur Verfügung oder ein Bett, das ich mit einem ihrer Söhne teile. Am Morgen vor der Abfahrt bekomme ich ein reichhaltiges Frühstück. Ich werde umsorgt, als gehörte ich zur Familie. Diese freundliche Aufnahme verleiht mir Bärenkräfte für den Weg, der vor mir liegt. Auf der Fahrt durch die GUS-Staaten (Gemeinschaft Unabhängiger Staaten) wird mir klar, dass man sich im Westen ein falsches Bild von diesen Ländern macht, wenn man glaubt, dort sei es »gefährlich«. Man darf nicht in den Fehler verfallen, die Einwohner schlichtweg mit dem politischen Regime zu identifizieren.

An der ukrainischen Grenze steht eine endlose Schlange von Fahrzeugen. Das ist für die Leute hier nichts Außergewöhnliches.

Sie fassen sich in Geduld und breiten auf der Motorhaube ihre Brotzeit aus. Einem Lastwagenfahrer wird die Einreise verweigert, denn es fehlt ihm eine medizinische Bestätigung dafür, dass seine Ladung, bestehend aus Joghurt und Senf, auch tatsächlich für den menschlichen Verzehr geeignet ist! Mit meinem Fahrrad – das fast nichts anderes über die Grenze befördert als Emotionen –, erscheine ich den jungen Militärs mit meinen sehr kurzgeschnittenen Haaren wohl recht klein und unbedeutend. Wie alle einfachen Soldaten wissen sie nicht, wie sie die Zeit totschlagen sollen. Für sie bin ich eine willkommene Abwechslung. Aufmerksam befühlen sie meinen Schweizer Pass: Aha, Qualität, Schweizer Qualität!

Eines Tages betrete ich eine jener altmodischen, überdimensionalen Staatskantinen. Eine *babuschka* serviert mir einen Schlag *borschtsch* (Krautsuppe). *Babuschkas* sind in der Sowjetunion eine Institution: Es sind Frauen in einem gewissen Alter, gewöhnlich tragen sie Wollstrümpfe und etliche Lagen Röcke; es gibt nichts, was eine Babuschka nicht könnte: Sie ist Köchin, Parkwächterin, Straßenarbeiterin, beschriftet Kilometersteine, arbeitet im Haushalt, bei der Müllabfuhr usw. Vor zwei Offizieren in Uniform breite ich meine Karte der Sowjetunion im Maßstab 1:3.500.000 aus (von West nach Ost 9000 km) und deute auf die paar winzigen Zentimeter, die ich bis jetzt durchfahren habe. Und wie sie mir mit Zeichensprache zu verstehen geben, isst man überall auf meiner Landkarte ganz genau das gleiche gute sowjetische Schwarzbrot in viereckigen Scheiben, die einzige Brotsorte, die es gibt. Bei meinem täglichen Konsum und der Größe des Landes ein echter Glücksfall!

Die beiden Offiziere haben offensichtlich Lust, Blödsinn zu machen. Diskret schleusen sie mich in ihre Kaserne. In einem Lagerraum stecken sie mich in Windeseile in eine Offiziersuniform und fotografieren mich mit meiner Kamera vor dem Bild des Zerfalls, das sich ringsum bietet. Sie schenken mir eine Mütze, ein Unterhemd, Fleisch in Dosen und dazu noch ein paar Rangabzeichen. Militärische Auszeichnungen, Orden und Uniformen werden in allen Bazars verkauft, die Preise richten sich nach ihrer Seltenheit. Das Abzeichen der UdSSR-Elitetruppen, das sie mir geschenkt haben, kostet auf dem Markt fünf Dollar, für hiesige Verhältnisse ein Vermögen. Aber für sie bin ich anscheinend ein Freund, und mit Freunden ist man großzügig.

Sie begleiten mich zum Ausgang, als ob nichts gewesen wäre. Valeria, einer von ihnen, lädt mich für einige Tage zu seiner Familie nach Kremenchuk ein. Er wohnt im 9. Stock eines arg heruntergekommenen Mietshauses: Die halbe Zeit ist der Aufzug außer Betrieb, die Fliesen sind zerbrochen, die Briefkästen kaputt, die Treppenstufen schief. Am Eingang gähnt der Rachen des Müllschluckers und verbreitet zur Begrüßung seinen bestialischen Gestank. Die Balkone wurden in geschlossene Veranden verwandelt, um mehr Wohnraum zu schaffen. Später konnte ich feststellen, dass alle Wohnungen des kommunistischen Blocks dieser hier gleichen. Chruschtschow wollte nämlich für jeden Einwohner der Sowjetunion eine Wohnung von gleicher Größe ...

Wir sind kaum angekommen, und schon tischt Valerias Mutter auf: *Vareniki* (Ravioli mit Kartoffelfüllung), *blinis* (Pfannkuchen) und *borschtsch*. Wie jeder Ukrainer ist Valeria aus Notwendigkeit zum Allround-Handwerker geworden: In seiner Garage stapeln sich hausgemachte Gemüsekonserven, *Corned beef* in Dosen aus der Kaserne, Ersatzteile, Kanister mit Benzin, etc. Überall in den GUS-Staaten, wo die Planwirtschaft schon längst in eine Mangelwirtschaft übergegangen ist, kommt Ware nur tröpfchenweise. Wer nicht viel hat, stürzt sich auf jede Lieferung und kauft und hamstert soviel er kann. Auf der Straße stellt man den Motor ab, sobald es nur ein wenig bergab geht, denn Benzin ist kostbar! Es wird am Straßenrand in Glasbehältern verkauft, die der chemischen Fakultät der Universität »entliehen« wurden, und wird häufig mit Wasser oder Diesel verdünnt ... *»business machen«* bedeutet, auf irgendeine Weise ein paar Dollar zusammenzukratzen, um so den Alltag etwas zu verbessern. In der Ukraine liegt der monatliche Durchschnittslohn bei etwa fünfzehn Dollar, und 1993 erreichte die Inflation 9800%! Oft sagt man mir mit einer gewissen Verlegenheit: »Früher hatten wir ordentlich zu essen.

Heute gibt es nichts als Gerste, Salat, Kekse, Kompott ohne Zucker, und das tagein, tagaus.«

Später, in Russland, erzählen mir die Alten von Stalin. Sie trauern ihm nach, weil es unter ihm die furchtbare Inflation nicht gab, die sie nicht verkraften. An jeder Ecke, auf allen Straßen, versuchen junge Studenten etwas zu verkaufen, um ihr Studium zu finanzieren.

Valeria fährt mich in seinem alten russischen Moskowitsch durch die Stadt. Vor dem KGB meint er: »Die Sowjetunion hat die größte Kartei der Welt, es gibt keinen Einwohner, der da nicht drin wäre!«

Eine Straße weiter eine Reihe blitzender Limousinen, alle der Marke Mercedes-Benz. Ihre Eigentümer sitzen mit dem krankhaften Stolz Neureicher auf den blankpolierten Kühlerhauben. Seit Jahrzehnten ist das Verschieben gestohlener Wagen aus dem Westen im Osten eine Art Nationalsport geworden. Aus Prestige- und auch aus Qualitätsgründen ist die große deutsche Marke am meisten gefragt, vor allem ältere Modelle. Häufig hat die Mafia die Hand im Spiel.

Die Straße hat mich wieder. Sie scheint nur noch aus Löchern zu bestehen, ein unbarmherziger Wind erschöpft meine Kräfte. Ich sehe kein einziges Dorf am Horizont und halte ausgehungert auf einem Parkplatz am Straßenrand, in dessen Mitte eine Leninstatue aufragt. Ich lehne mein Fahrrad an einen Baum und will mir gerade einverleiben, was an Proviant noch da ist, nämlich nur eine Handvoll Zucker.

Plötzlich saust ein blauer Lada heran, bremst hart auf dem Kies und setzt wieder zurück. Drei Männer stürzen schreiend auf mich zu. Einer hat eine lange Eisenstange in der Hand, mit der er mir leicht das Genick brechen könnte. Ohne zu überlegen klettere ich auf den Hügel neben mir, ducke mich, und schreie, vor Angst zitternd, aus Leibeskräften, um die Angreifer in die Flucht zu schlagen. 10.000 Dollar in bar sind im Lenkstangenschaft meines Fahrrads versteckt, mein Pass ist in meinen Sachen. Ich will aber nicht an so ein brutales und ungerechtes Ende meiner Fahrt glauben. Die Männer bleiben stehen, eine Ewigkeit, wie mir scheint, steigen wieder ein und brausen mit Vollgas davon. Sobald ihr

Wagen am Horizont verschwunden ist, steige ich herunter und stelle glücklich fest, dass sie nur drei Schläuche gestohlen haben … Wegen der sorgfältigen Verpackung dachten sie wahrscheinlich, sie hätten etwas Wertvolles erwischt!

Der Schrecken sitzt mir ordentlich in den Knochen, ich trete wie ein Verrückter in die Pedale. Im nicht allzu weit entfernten Dorf T'aginka breche ich vor einem Bazar heulend zusammen. Ein junger Bursche, der sofort meinen Zustand begreift, nimmt mich zu seinen Eltern mit nach Hause. Sein Vater reicht mir ein Glas Wasser und setzt mir einen Teller *vareniki* vor. Er sieht mich mit hellen Augen an und es gelingt ihm, meine Gedanken auf etwas anderes zu lenken und mich zu beruhigen: Mit feinen Bewegungen zeigt er mir das Schwalbennest über dem Sockel einer Glühbirne. Später gibt man mir Abendessen und ein Bett. Noch immer unruhig und verängstigt ziehe ich die Decke über die Ohren.

Es wird mir klar, dass ich mit knapper Not davongekommen bin. Zum einen hatte ich Glück, dass man mich nicht physisch angegriffen hat, und zum andern, dass man mir nicht alles gestohlen hat. Beides wäre für meine Fahrt das Ende gewesen. Doch auch so hat mich dieser verfehlte Angriff seelisch übel mitgenommen. Hier in der Ukraine habe ich so viel Gastfreundschaft kennengelernt, und trotzdem kostet es mich jetzt sehr viel Anstrengung, weiterhin an mein Vorhaben zu glauben. Nach zwei Monaten im Sattel ist mir die Reiselust gründlich vergangen. Zweifel und Angst steigen in mir hoch, als ich am nächsten Tag aufbreche.

Ich trete in die Pedale wie ein Roboter, und jedes Fahrzeug, dem ich begegne, weckt Angst in mir. Das geht so weit, dass mir sogar ein Unwetter nicht unwillkommen wäre. Ich denke an das, was ich vor der Abreise gelesen habe: Artikel über die Kriminalität in Russland, an die Berichte der Lastwagenfahrer in Kiew, die man mit Kalaschnikows bedrohte, um sie dann fast nackt mitten in der Steppe Kasachstans zurückzulassen …

Plötzlich gehen da zwei Männer, die mir wenig vertrauenswürdig erscheinen, auf die ich nicht weiter achte. Doch es schwant mir nichts Gutes. Zwei Tage nach jenem ersten Angriff weiß ich nicht, ob ich unter Verfolgungswahn leide, oder wirklich etwas zu befürchten habe.

Einige Kilometer danach sehe ich in beträchtlicher Entfernung einen Mann mitten auf der Straße stehen und einen anderen auf der rechten Seite. Was soll nun das bedeuten? Instinktiv setze ich zu einem schnellen Sprint an und versuche links an ihnen vorbeizukommen. Aber einer der Ganoven packt hinten meinen Gepäckträger und ich stürze. Als ich versuche, mein Bein unter dem Fahrrad hervorzuziehen, meine ich, die beiden Gestalten von vorher zu erkennen. Der eine versucht, mit meinem Rad davonzufahren, während mich der andere mit Fäusten bedroht und meine Uhr verlangt. Ich setze mich mit allen Kräften zur Wehr und muss ohnmächtig zusehen, wie sich mein Fahrrad immer weiter entfernt und mein Traum mit ihm. Zum Glück ist aber das Rad so schwer, dass der Dieb ständig das Gleichgewicht verliert und nicht vorankommt. Ich gestikuliere wie ein Verrückter, um die Vorbeifahrenden auf mich aufmerksam zu machen, aber kein Fahrzeug hält. Plötzlich rennt mein Angreifer davon. Einen Sekundenbruchteil bin ich total verblüfft, doch als ich mich umdrehe, ist die Polizei schon da. Sie wurde offensichtlich von jemandem verständigt. Sie fährt an mir vorbei und hält ein paar hundert Meter weiter, an der Stelle, wo die Ganoven mein Rad zurückgelassen haben. Als ich dort ankomme, hat man die Kerle schon geschnappt. Mit Handschellen stehen sie vor dem Streifenwagen.

Die Polizei stoppt einen Lastwagen, der mich samt Velo bis zum nächsten Dorf Berezansca bringt. Der Polizeikommissar nimmt mich freundlich in Empfang und lässt Sveta, die Lehrerin holen, die einzige, die hier im Ort Deutsch versteht. Aus einem kleinen Radio ertönt ein englischer Schlager der siebziger Jahre. Nach einem eher sympathischen Verhör werden mir die Angreifer vorgeführt, zwei Brüder, 19 und 27 Jahre alt. Der ältere leugnet alles und behauptet, er hätte mich noch nie gesehen. In mir kocht es vor Wut, und ich spüre eine ganz niederträchtige Lust, ihn zusammenzuschlagen, aber glücklicherweise wurde der Tatbestand bereits festgestellt, und außerdem ist der Bursche schon x-mal vorbestraft. Der jüngere gibt alles zu und erspart mir die Konfrontation. Der Polizeikommissar fragt mich, welche Strafe ich ihnen geben würde, worauf mir der ältere, der mich noch vor wenigen Stunden skrupellos ausrauben wollte, flehende Blicke zuwirft. Wenn ich an die Zustände in den ukrainischen Gefängnissen denke, habe ich allerdings nicht das Herz, Richter zu sein und überlasse die Entscheidung lieber den Juristen.

■ *In der Ukraine mit Polizisten*

Drei Polizisten und ich gehen zum Essen in die Wirtschaft und kehren später auf die Wache zurück. Ein »Experte« macht sich nun daran, alle meine Sachen durchzusehen. Gewissenhaft notiert er die Marke des Herstellers und den Wert aller Gegenstände, als sei er dabei, eine Expedition zu starten. Er misst die Größe der Kamera und sogar die Länge des Objektivs. Die Preise, die ich angeben muss, rufen bei der Brigade ungläubiges Erstaunen hervor, obwohl ich sie schon auf die Hälfte reduziert habe. Alle Mann amüsieren sich unverhohlen über den »Experten«, der seine Aufzeichnungen methodisch fortsetzt. Die Atmosphäre auf dem Polizeikommissariat gibt mir nach und nach wieder das Gefühl der Sicherheit.

Da erscheint plötzlich eine Polizistin, zeigt mit spitzem Finger auf mein gefälschtes ukrainisches Visum in meinem Pass und fragt:

»Was ist denn das …?«

Mit der Rasierklinge habe ich tatsächlich mein Visum um einen Monat »verlängert«. Ich stelle mich dumm und halte bewusst die Sympathie wach, die die Polizisten jetzt, so kurz nach dem Überfall, für mich haben. Auf diese Weise eigne ich mir eine Taktik an, die ich, ohne es zu ahnen, später bitter nötig habe, beispielsweise beim Umgang mit der chinesischen Polizei, der natürlich die Seelengröße der Slawen völlig abgeht. Da die jungen Polizisten offensichtlich einhellig auf meiner Seite stehen, wirft die Frau schließlich die »Flinte ins Korn« und lässt mich in Ruhe.

Nach siebenstündiger Vernehmung laden mich Sveta und ihr Mann Génat, von Beruf gleichfalls Polizist, in ihr Haus zum Übernachten ein, wo ich todmüde auf das Ehebett falle, das sie für mich geräumt haben. Zu allem Überfluss habe ich auch noch meine Stimme verloren. Nach diesen beiden Überfällen bin ich ab jetzt auf das Schlimmste gefasst: Die Angst im Nacken werde ich den Horizont keinen Moment mehr aus den Augen lassen. Wenn Fußgänger auftauchen, werde ich mich in der Straßenmitte halten und an ihnen vorüberrasen wie ein Verrückter. Mit Herzklopfen werde ich an den unzähligen Fahrzeugen am Straßenrand vorbeifahren. Auf dem Weg nach Odessa wird jeder Hügel ein Alptraum sein, an jeder Kurve ein Überfall drohen. Wie ein gehetztes Tier, alle Sinne angespannt, werde ich mich auf meinem Rad festkrallen, und – endlich übermannt mich der Schlaf …

Ich nähere mich der Küste des Schwarzen Meers und spüre an der Landschaft, dass es nicht mehr weit sein kann. Der Wind fegt über die trockene Erde, vereinzelt tauchen weiße Häuser auf. Die große Weite beruhigt mich. Als ich Anfang Juni 1994 in Odessa ankomme, sitzen die Limonadenverkäufer schon auf ihren Plätzen mitten in der Sonne. Es riecht nach Sommer. Im Hafen setze ich mich auf eine steinerne Treppe und schaue aufs Schwarze Meer. Szenen aus Eisensteins Film »Panzerkreuzer Potemkin« kommen mir in den Sinn. Die Türkei, die ich 1988 und dann noch einmal bei meiner dreijährigen Asientour 1991 durchquert habe, liegt südlich auf der anderen Seite des Wassers.

Zum Übernachten gibt es zwei Alternativen: Entweder, wie überall im Land, das einzige Hotel, wo Ausländer logieren dürfen, schäbig und teuer, oder der städtische Campingplatz, von dem ich allerdings über den Konsul auf der Schweizer Vertretung in Kiew erfahren habe, dass man hier vor einem Jahr ein paar jungen Schweizern die Fensterscheiben ihres Wohnwagens eingeschlagen, sie angegriffen und völlig ausgeraubt hat … Da mir das Hotel zu teuer ist, entscheide ich mich für den Zeltplatz. Die Rezeptionistin bekommt Zustände, als sie meinen Schweizer Pass sieht, der anscheinend schlechte Erinnerungen in ihr wachruft. Sie telefoniert mit ihrer Vorgesetzten, die darauf besteht, dass ich meine Wertsachen in den Safe lege. Ich stelle mein Zelt direkt neben das Häuschen der Babuschka, die den Campingplatz bewacht. Im Nu hat es sich herumgesprochen, dass ein Ausländer eingetroffen ist, und bei den Blicken, denen ich ausgesetzt bin, wird mir nicht wohler … Es riecht geradezu nach Mafia: Autotüren werden zugeschlagen, Limousinen fahren vor, zu schön, um nicht gestohlen zu sein, die Kegel ihrer grellen Scheinwerfer tauchen mein Zelt in gleißendes Licht, Prostituierte kommen und gehen, Betrunkene schreien herum. Eine diffuse Angst breitet sich in mir aus, der ich nicht Herr werde. Eigentlich möchte ich nur eins: Schlafen, ganz tief schlafen. Doch ich finde keine Ruhe. Mehrmals schrecke ich hoch, auf alles gefasst, die Fahrradpumpe in der Hand …

Am Morgen verlasse ich diesen unseligen Ort so schnell ich kann. In einem Buchladen lerne ich zufällig Andrew kennen. Er ist 22 Jahre und studiert Chinesisch und Russisch. In seiner Begleitung entdecke ich ein anderes Odessa, eine Stadt mit schattigen Straßen, herrlichen Anlagen und entspannter Atmosphäre. Ein ukrainisches Fernsehteam filmt gerade ein lokales Ereignis: Benetton eröffnet seine erste Filiale. Ein Polizist, der sich mit dem Dienstwagen als Taxichauffeur nebenbei etwas verdienen will, bringt uns zum Strand, wo ich mir alle Qualen vom Leibe spüle.

Noch 60 km bis zur Krim mit ihren steilen Bergen. Über diese Halbinsel führt der schönste und natürlich auch der kürzeste Weg zum Kaukasus. In meinem Visum, wo jeder Ort genau angegeben sein muss, steht zwar nichts von der Krim, aber ich will es probieren. Diesmal habe ich Pech. Gleich an der nächsten Kreuzung macht mir die Verkehrspolizei einen Strich durch die Rechnung. Ein Beamter packt mich am Arm, verlangt meine Papiere und brüllt mich an.

»Narkotic! Amerikanski Spion!«

Mein Fahrrad wird in eine Garage gesperrt und ich werde nach Genicel zur Polizeihauptstelle geführt, wo mich eine Frau, die zwei Monate in Bonn studiert hat, auf Deutsch einem Verhör unterzieht. Man stellt fest, dass mein Visum gefälscht ist, doch aus Gründen, die ich nie erfahren werde, schert sich keiner darum. Man bringt mich zum Posten an der Kreuzung zurück, jedoch ohne Pass und Fahrrad. Ich bereite mich seelisch auf eine lange Wartezeit vor und überlege, ob die Polizei schlimmer ist oder die Ganoven. Der Wachhabende führt mich in den Aufenthaltsraum und teilt sein Abendbrot mit mir. Auf einem Tisch rolle ich meinen Schlafsack aus. Am nächsten Morgen wird ein *Protokol* unterzeichnet, und in aller Güte überzeugt mich der Kommissar, dass es besser ist, die Krim nicht illegal zu durchfahren. Bestraft werde ich nicht, außer dass ich nun bis zum Kaukasus 2000 Kilometer mehr runterstrampeln muss!

Ich fahre durch Russland. Schnurgerade, wie mit dem Lineal gezogen, liegt die Straße vor mir. Jeder Tritt in die Pedale ruft mir die Unermesslichkeit der Ebene unter mir ins Bewusstsein. Mit dem Zerfall der Sowjetunion und der Grenzöffnung 1989 wurde die Welt plötzlich sehr viel größer, sowohl für die Russen als auch für die Touristen. Napoleon sagte: »Wenn du einen Russen kratzt, kommt darunter der Mongole zum Vorschein.« Die Russen haben sich tatsächlich nie von der mongolischen Invasion erholt. Ein größeres Reich als das der Mongolen hat es nie gegeben, und sie waren die einzigen, denen es gelungen ist, Russland zu erobern, noch dazu mitten im Winter. Manche behaupten, die Sowjetunion, genau wie das kommunistische China, seien nur entstanden, weil man sich durch den Einfall der mongolischen

Horden gedemütigt fühlte und die verlorene Ehre wieder herstellen wollte …

Die revolutionäre Ideologie der »Freundschaft zwischen den Völkern« hat die Bevölkerung des Landes sehr beweglich gemacht, nicht selten trifft man Sowjetbürger an, deren Heimat sechs- oder achttausend Kilometer entfernt ist. Durch die Auflösung der Sowjetunion hat sich diese Tendenz noch verstärkt, wobei jetzt vor allem wirtschaftliche Gründe mitspielen. In der Republik Aserbaidschan treffe ich einen russischen Kosmonauten auf Urlaub, in Zentralasien einen Ex-Soldaten aus dem russischen Afghanistankrieg, der mir seine vernarbte Heldenbrust stolz zur Schau stellt, Auswanderer, die aus New York nach Hause kommen, um ihre Familien zu besuchen, Arbeiter aus Jakutien oder Sachalin, dann wieder einen Soldaten, der aus Kuba zurückgekehrt ist, usw. Leider kann ich viel zu wenig Russisch, um mehr über ihr Schicksal zu erfahren.

Wodka ist anscheinend die einzige billige Medizin, um die Melancholie zu lindern, die einen in einem Land derartiger Dimensionen unweigerlich erfasst. Wodka, du Geschenk des Himmels! Bei allen Leiden findet sich sofort ein Notarzt, der das unfehlbare Allheilmittel verordnet: Eine Flasche Wodka!

An jeder wichtigen Kreuzung steht aus Stalins Zeiten ein *Gaï*, einer jener altersschwachen Polizeitürme mit verrosteten Sitzen, fahlen Scheinwerfern, zerbrochenen Fliesen, heiseren Lautsprechern und einem stotternden Fernschreiber. Die Beamten trommeln sich mit ihren Polizeiknüppeln nervös auf die Beine. Sobald sie pfeifen, hält augenblicklich jedes Fahrzeug, ob Lkw oder Personenwagen. Hier wird nicht gemuckst. Die Miliz wird schlecht bezahlt, nimmt den Fahrern Geld und Zigaretten ab, wird mehr gefürchtet als respektiert. Mich aber halten sie meistens nur an, um einen Bissen Brot und einen Schluck Wodka mit mir zu teilen. Vielleicht, weil man mich als *sportsman* betrachtet, einer Gattung zugehörig, die offiziell von der sowjetischen Ideologie anerkannt wurde und hohes Ansehen genießt.

Bei der Ausreise aus der Ukraine prüften die Zöllner meinen Schweizer Pass aufmerksam im grellen Lampenlicht, und einmal mehr wurde festgestellt, dass mein Visum mit geschickter Handarbeit verlängert wurde. Ich tat, als verstünde ich nichts, aber vor allem kehrte ich den *sportsman* heraus: durchgeschwitzt, atemlos, die Radflasche in der Hand, mit Handschuhen, Bikeshirt und Leggings. Ich verwies auf mein russisches Visum und ließ mir die Angst nicht anmerken. Vier der fünf Beamten trauten der Sache nicht und wollten mich nicht durchlassen:

»Nix Russland, zurück nach Doneck!«

Der fünfte betrachtete mein Fahrrad, reichte mir wortlos den Pass und bedeutete mir mit einer raschen Geste, schnell zu verschwinden …

Die Zöllner der Russischen Föderation ließen mich ohne weiteres einreisen, denn meine Papiere waren in Ordnung. Im Kaukasus saß in vielen Polizeistationen ein freundlicher »Weihnachtsmann« und bereitete mir einen herzlichen Empfang. In Georgien lud mich eines Abends einer ein, mit ihm zusammen den Safe zu leeren – der war nämlich seine »Speisekammer«! Sein Vorgesetzter fuhr mich mit seinem Privatauto eigens an den Fluss, wo ich mich waschen konnte. Zu Füßen des Kazbegh (5050 m), so erklärt er mir, liegen Höhlen, in die sich früher Mönche und Asketen zurückzogen. Vielfach wurden dort wertvolle Dinge versteckt, um sie vor den Eroberern aus dem Norden in Sicherheit zu bringen, die hier über den mittleren Kaukasus hereinfluteten. Als wir zum Posten zurückkamen, schlugen die Beamten mit Keulen und Knüppeln die hintere Doppeltüre eines Panzerwagens ein, der zum Soldatentransport eingesetzt wurde.

»Hier ist dein Hotel!« rief einer von ihnen.

Aber bevor ich mein Domizil bezog, wurde erst noch ein Wodka hinter die Binde gegossen …

KAPITEL II

KANONENDONNER UNTER DEM ELBRUS

Planmäßig erreiche ich im Juli das Kaukasus-Gebirge. Es erstreckt sich über nahezu 1250 km und reicht vom Schwarzen bis zum Kaspischen Meer. Ich habe vor, den Elbrus zu besteigen, mit 5642 m der höchste Berg Europas. Das Baksantal, ein einziges Gewirr elektrischer Leitungen und Pipelines, war lange für Ausländer gesperrt, nachdem dort das für die Raumfahrt unentbehrliche Wolfram gefunden wurde.

Im Bazar von Tyrnyauz, dem größten Ort im Tal, treffe ich Jura, 28 Jahre alt und von Beruf Skilehrer. Er beherbergt mich bei sich zu Hause und zeigt mir Bilder finnischer Kunden. Danach führt er mir Videos von Skispringen in Kalifornien vor. Das ist seine Art, die harte Wirklichkeit hier zu vergessen. Seit zwei, drei Jahren haben die galoppierende Inflation und die zahlreichen kriegerischen Konflikte im Kaukasus den Tourismus lahmgelegt. Die Hotels, von kolossalen Dimensionen und wenig attraktiv, werden immer leerer und verkommen total. Für Jura ist das Ausbleiben der Touristen eine Katastrophe, denn es bedeutet, dass er überhaupt nichts mehr verdient. Auch die allgemeine politische Lage gefällt ihm nicht:

»Vor 10 Jahren waren wir in der Sowjetunion felsenfest davon überzeugt, unser System sei das beste, und unser guter Vater Lenin meinte es gut mit allen seinen Kindern. Heute sind wir so weit, dass wir unsere Geschichte neu schreiben wollen. Aber wie? Wenn wir das nur wüssten …«

Imposant erhebt sich das Elbrusmassiv mit seinen 18 Gletschern aus dem »Tal wo keiner hingeht«. Jura begleitet mich in ein Dorf namens Itkol und macht eine Hütte ausfindig, in der ich heimlich übernachten kann. Dann gehe ich ins einzige Hotel, das hier geöffnet ist, um eine warme Dusche zu nehmen. Jura stellt mir Vladimir vor, der aus Leningrad ist, 48 Jahre, grau meliert und schlecht rasiert. Er wohnt in den Umkleidekabinen eines Fußballstadions. An den Wänden seines Raums hängt das traditionelle

Arsenal des Bergführers: Seile, Steigeisen, Eispickel. Der Boden ist bedeckt mit Hanteln, Schuhen, zum Trocknen ausgelegten Heilkräutern und Päckchen mit Haferflocken. Vladimir praktiziert seit vielen Jahren Yoga und Meditation. Er zeigt mir ein Buch von Osho, der seiner Meinung nach der einzige ist, der »auch im *business* seine heilige Seele bewahrt«. Einmal mehr stelle ich fest, dass alle Russen vom Westen fasziniert sind: Jura träumt davon, in Österreich eine Skischule zu besuchen, Vladimir möchte sich in den Alpen als Bergführer selbständig machen …

In Erwartung besserer Tage will mir Vladimir den Gefallen tun, mich für 100 Dollar auf den Elbrus zu führen. Wie alle in der Gegend behauptet auch er, es sei zu gefährlich, den Aufstieg alleine zu wagen. Natürlich verstehe ich seine Lage, aber ich kann nicht wie Atlas die Last der ganzen Welt auf meine Schultern nehmen und vor allem nicht so viel bezahlen! Meine Reise ist noch weit!

Einige Tage lang trainiere ich und steige zum *Ice Camp* hinauf, wo in einer Höhe von 3680 m einmal ein Lager gewesen ist, das dann von einer Lawine zerstört wurde. Als nächstes beschließe ich auf den Vuatau (3800 m) zu klettern, um mich zu akklimatisieren. Ich fahre mit dem Rad los, und als beim »Green Hotel« die Straße aufhört, obwohl sie auf meiner Landkarte eingezeichnet ist, lege ich mein Stahlross über den Rucksack, marschiere weiter und gelange ins Adylsutal (2450 m), das wie ein Amphitheater inmitten schneebedeckter Berge daliegt. Mit Zelten aus Planen, die über Skistöcke gespannt sind, ist dort bereits ein improvisiertes Basislager aufgebaut. An die 50 russische Soldaten sind dabei, eine Mahlzeit vorzubereiten und laden mich gleich dazu ein. Der älteste von ihnen, Valiko, Bergführer aus Georgien, lässt seine Blicke über die Höhen schweifen und betrachtet das Gebirge mit einer Innigkeit und Wärme, die einen Gletscher zum Schmelzen bringen könnte! Im Laufe der Jahre hat die Schönheit und die stille Kraft der Berge auf ihn abgefärbt. Als die Nacht hereinbricht, fängt es an zu regnen. Schweigend trinken wir unseren *tchai*. Valinko schlägt mir vor, am nächsten Tag mit der Gruppe auf den Vuatau zu steigen.

■ *Im Kaukasus mit Angehörigen der russischen Armee*

Im Morgengrauen hört man das Geräusch der Kocher, Rufe zerreißen die Bergesstille. Im Gänsemarsch folgen wir dem Verlauf einer Moräne: 50 Motorrad- und rote Baustellenhelme wandern im Nieselregen. Die Morgenröte erhellt die Gipfel des Ullukara und des Jantugan. Über eine Geröllhalde erreichen wir den Gipfel des Vuatau, die beiden Spitzen des Elbrusmassivs scheinen winzig von hier aus. Am frühen Nachmittag sind wir wieder im Lager.

Am nächsten Morgen gibt mir Valika ein Paar Militärstiefel, dazu Steigeisen und Skistöcke für meine Elbrusbesteigung. Ich nehme die Drahtseilbahn und laufe zur Schutzhütte Priut 11 (4157 m), die von der deutschen Armee Sektion Edelweiß im Zweiten Weltkrieg erbaut wurde. Sie gleicht mit ihren drei Stockwerken einem riesigen ovalen Iglu, der mit Blech verkleidet ist und in der Sonne blitzt. Vor dem Eingang liegen ausgediente Heizkörper als Fußabstreifer und innen »fadenscheinige« Teppiche, an denen die mehr als 50 Jahre Alpinismus nicht spurlos vorübergegangen sind. Die Räume sind, ähnlich wie in China, ringsum mit roten Leisten geschmückt. Wie riesige Blumen hängen fantasievolle Leuchter von der schadhaften Stuckdecke. Römische Säulen zieren den Speisesaal, in dem grimmige Kälte herrscht. Man trinkt heißen Tee und hört mit einem Ohr Radio Ankara. Der Hüttenwart, der die Ankömmlinge registriert, verkauft zu seiner Gehaltsaufbesserung Pins von der Hütte und Stirnlampen aus zweiter Hand.

In der Stille der Morgendämmerung nicht ein Laut, außer dem rhythmischen Geräusch der Skistöcke und der Steigeisen auf dem Eis. Der Vollmond steht am Himmel, die beißende Kälte brennt mir im Gesicht. Da brechen die ersten Sonnenstrahlen durch und werfen auf das Nebelmeer das riesige Schattendreieck des einsamen, majestätischen Elbrus! Wie habe ich diesen Aufstieg herbeigewünscht! Ich bin total aus dem Häuschen, diese herrliche Gebirgswelt zu erleben, noch dazu in diesem fantastischen Wetter!

Auf dem Gipfel, in 5642 m Höhe, umbraust der Wind eine Gedenktafel aus dem Jahre 1943. Das Standbild Stalins, das hier stand, wurde abmontiert. Hier oben fühlt man Befreiung: Nicht ein Hindernis am Horizont, die Sonne entflammt die ganze lange Kette der Kaukasusgipfel. Der schlafende Vulkan Elbrus hat anscheinend seine wütende Gewalt eine Zeitlang auf die Menschen übertragen, die hier in den umliegenden Regionen, in Abchasien, Adscharien, Ossetien und Nagorny Karabach Kriege führen …

Die nächsten zwei Monate durchquere ich Georgien, Armenien und Aserbaidschan. Eine letzte Kurve, ein Triumphbogen, ein muslimischer Friedhof, wo Autofahrer Almosen in ein Metallkästchen werfen, und dann habe ich es endlich geschafft, bin in der Dreimillionenstadt Baku. Diese Metropole steht ganz im Zeichen der boomenden Erdölindustrie: Ölfelder, Off-shore-Plattformen, Wälder von Bohrtürmen, abfackelndes Erdgas, Berge von Leitungsrohren, die an der Seeluft verrosten, Raffinerien und Ölreservoirs, das ist Baku …

Die Apseron-Halbinsel wurde wegen der vielen Flammen, die hier spontan aus der Erde schießen, im Feuerkult der zoroastrischen Religion seit Urzeiten als heiliger Ort verehrt. Zu Fuß pilgerten die Gläubigen aus Indien zum Feuertempel von Atechghiakh unweit des heutigen Baku, der heute bis auf ein paar Mauern verfallen ist. Anfang des 19. Jahrhunderts fuhr einer der Gebrüder Nobel in den Kaukasus, um die Waldbestände näher in Augenschein zu nehmen. Zufällig entdeckte er bei dieser Expedition die riesigen Ölfelder und wurde ein reicher Mann. Ihm haben wir die herrlichen Parkanlagen der Stadt zu verdanken, die einzig und allein mit der fruchtbaren Erde angelegt wurden, die auf den Schiffen zurückkam, die Öl auf dem Kaspischen Meer weiter nach Süden und nach Persien beförderten. Hier wird Billard gespielt, Backgammon, Domino, Schach, und stolz erzählt man den Ausländern, dass der Schachweltmeister Kasparow ein Landsmann ist.

Die Stadt ist nicht sehr interessant, so verbringe ich den Tag in einem Park und mache dabei die Bekanntschaft einer jungen Tartarin. Naira ist Malerin und schlägt mir vor, bei ihr zu übernachten. Ihre ganze Wohnung hängt voll mit ihren Bildern. Neben ihrem Schlafzimmer, getrennt nur durch eine Wand dünn wie Armenienpapier, befindet sich eine Brotverkaufsstelle. Bei jeder frischen Lieferung bricht großer Tumult los, und meistens wird die Ware direkt aus dem Lieferwagen verkauft, bevor sie überhaupt ausgeladen werden kann. Die Not lässt alle Umgangsformen vergessen, Einkaufen ist jeden Tag ein neuer Kampf.

»Wie du siehst, reicht uns schon eine Wand«, sagt Naira mit Ironie, »auf der einen Seite macht man Liebe, auf der andern haut man sich den Schädel ein. Hier ist alles möglich, es gibt keine Realität mehr. Aserbaidschan ist schön, ja, aber nur für Touristen.«

Kürzlich wurden in der U-Bahn mehrere Bombenattentate verübt. Heute hat man den Sohn von Präsident Alief und einen hohen Würdenträger des Regimes ermordet. Ein langer Trauerzug von Limousinen mit getönten Scheiben braust vorbei. Überall stürmt man Busse und Taxis, denn die ganze Stadt will zum Friedhof, wo sich bereits, angeführt von den Klageweibern, eine riesige Volksmenge unter den Bäumen versammelt hat.

Eine Freundin von Naira, Lehrerin von Beruf, sagt mir später: »Vorher kannten wir den Krieg nur aus dem Fernsehen und aus dem Kino.« Und nach einer kurzen Pause fügt sie mit trockener Kehle hinzu: »Wenn die Leichen von Soldaten zurückkommen, die an der Front gefallen sind, von jungen Leuten, die einmal bei uns in die Schule gingen, da kommt einem zum Bewusstsein, was das heißt: Krieg.«

Ich habe Baku mit schwerem Herzen verlassen, in Sorge um die Maler und Musiker, die meine Freunde geworden sind. Zum Abschied haben wir uns umarmt. Werden wir uns je wiedersehen? Junge Leute zwischen 18 und 35 werden von der Polizei auf der Straße willkürlich verhaftet und an die Front nach Nagorny Karabach geschickt. Dieser Wahnsinn kostete schon 20.000 Menschen das Leben.

KAPITEL III

DURCHS KALTE KIRGISTAN

Hinter mir liegt der Kaukasus, vor mir das Kaspische Meer mit seinem reichen Schatz an Erdöl und Kaviar, doch ich bin im Geiste schon am anderen Ufer, in Turkmenistan. Das ist mein nächstes Ziel, da mir die iranische Botschaft das Visum verweigert hat.

Am Tag, an dem die Fähre nach Krasnowodsk abgeht, habe ich noch immer kein turkmenisches Visum. Ganz einfach deshalb, weil das Land 1994, nach nur fünf Jahren Unabhängigkeit, kaum Botschaften besitzt. Der Hafenangestellte ist kategorisch: »Njet, no visa, no ticket!«. Aber Naira ist dabei, und sie kennt sich aus. Nach einstündigem Palaver lässt sie meinen 50 Dollarschein – fast ein halber Jahreslohn in Aserbaidschan – einem Polizisten in die Hand gleiten. Ohne Visum und ohne Fahrkarte gehe ich schließlich an Bord. Dort allerdings verlangt man nochmals die gleiche Summe. Mit Dollars lässt sich vieles machen …

Auf der Fähre, die sich mühsam vorankämpft, herrscht reges Leben. Frauen mit hennaroten Haaren und ausgezehrten Gesichtern legen ihre Kinder an die Brust, Schiebergeschäfte werden gemacht, Zigarettenstangen wechseln den Besitzer, ein winziger Kocher produziert heißes Wasser für alle Passagiere. Ein Aserbaidschaner bietet mir an, in seiner Kabine zu schlafen. 14 Stunden später läuft die Fähre in Krasnowodsk ein, aber man lässt uns noch sieben Stunden warten, bis wir endlich aussteigen dürfen. Ein bisschen Schlamperei ist sich die neue Verwaltung schon schuldig! Junge Burschen klettern im Hafen auf hohe Masten und springen ins Meer. Auf dem Deck offeriert mir ein russischer Lkw-Fahrer 96-prozentigen Wodka – und das bei einer Temperatur von 35 °C! Wieder an Land, werde ich in die Einwanderungsbehörde geschickt, deren Büro sich im 2. Stock befinden soll.

»Sie sind schon richtig, warten Sie nur, er kommt gleich«, sagt mir die Frau, die mich, wie üblich ein Kopftuch über die Stirn gezogen, alleine in einem Schlafzimmer in Empfang nimmt.

Ich bin erstaunt. Das in einem muslimischen Land? Eine halbe

Stunde später begrüßt mich der Beamte mit einem Händeschütteln, öffnet sein Diplomatenköfferchen, holt einen Stempel heraus, drückt ihn aufs Stempelkissen und fragt maliziös:

»20 Dollar, geht das?« Ohne die Antwort abzuwarten, trägt er das kostbare Visum in meinem Pass ein. »Willkommen in Turkmenistan«!

Draußen haben sich viele einfach auf den Boden gelegt und warten auf eine Fahrgelegenheit. Räudige Hunde streifen herum und suchen ihresgleichen. Sicher und mit einer Selbstverständlichkeit, als wären sie im Sattel geboren, sitzen Kinder auf den niedrigen turkmenischen Pferden, auf turkmenisch *akhal-tek*, und verkaufen Kanister mit frischer Kamelmilch.

Die Wüste Kara-Kum (»schwarzer Sand«), die heißeste Region Zentralasiens, gehört zu Turkmenistan. Einer Legende zufolge gab Gott nach der Erschaffung der Welt denen, die als erste ankamen, nämlich den Turkmenen, Land in Hülle und Fülle. Als Gott dann die Sonne verteilte, waren sie wieder als erste zur Stelle. Doch als das Wasser verteilt wurde, lagen sie in tiefem Schlaf …

Bis zum Abend fahre ich durch flaches Land. Als ich im Dorf Askar ankomme ist es schon dunkel, der hohe Sommerhimmel sternübersät. Ein Ex-Sekretär des Komsomol (ehemaliger sowjet. Jugendbund) begrüßt mich mit den Worten: »Eiffel, Alain Delon, Patricia Kaas und Michel Platini« … Während ich beim Essen Mühe habe, die harten Dromedarmägen zu kauen, ergeht er sich in nostalgischen Betrachtungen über die Breschnew-Ära:

»Damals brauchte man keinen Hunger zu leiden … Lenin, der war in Ordnung, Niyazov, auf den ist gesch … Die russischen Experten sind abgereist, die Fabriken geschlossen«.

Überall im Land stehen auf den alten Sockeln, von denen man Lenin entfernt hat, Standbilder des neuen Machthabers, des Diktators Niyazov.

Nie hätte ich mir die Landschaft am Karakum-Kanal so vorgestellt. An den Ufern des über 1450 km langen Kanals, der vom Amu-Darja gespeist wird, wächst Schilf, es wird Baumwolle angebaut und es gedeihen alle Arten von Melonen. Turkmenistan besteht fast nur aus Wüste, 95% der landwirtschaftlichen Anbaugebiete, die ihrerseits nur ein Prozent der Landesfläche ausmachen, müssen bewässert werden. Sobald die Sonne aufgeht, herrscht Hitze wie in einem Brutofen.

Meine Handgelenke ermüden auf dieser ewigen Geraden, die nur hin und wieder von einer Brücke unterbrochen wird. Mit einem Mal fühle ich mich fiebrig und schwach. Erschöpft und vor Kälte schlotternd halte ich an. In meinem Schlafsack, der für 15 Grad unter Null vorgesehen ist, zittere ich noch von Kopf bis Fuß. Eine Stunde verstreicht, bis ich endlich wieder laufen kann, um der glühenden Wüstensonne zu entgehen. Ich bin dem Zusammenbruch nahe, als ich schließlich vor der Tür einer Schäferei stehe. Total entkräftet lege ich mich auf den Boden, während der Schäfer und sein Sohn Tee kochen. Den Rest des Tages und die Nacht darauf döse ich matt und kraftlos vor mich hin. Am Morgen kann ich wieder aufstehen. Zu meinem großen Erstaunen sehe ich, dass sich der Schäfer mit Hilfe von zwei Stöcken erhebt und mit großer Behendigkeit sein Pferd besteigt. In diesem Land nicht weiter verwunderlich. Doch von einem Einbeinigen hätte ich das nicht erwartet!

■ *Durch das wüstenhafte Turkmenistan*

Das Massiv Kopet Dagh bringt ein bisschen Abwechslung in die Landschaft. Zu seinen Füßen liegt der größte unterirdische See der Ex-UdSSR (2500 qkm). Mein Bad erfrischt mich allerdings kaum: Wassertemperatur 35 Grad!

Mitten in einem Sandsturm erreiche ich mit Rückenwind Aschchabad, die »Stadt der Liebe«. Früher eine Garnisonsstadt, Hauptort der Provinz, scheint dieser Ort wie durch Zufall in der Wüste entstanden. Kleinbusse, aus dem Iran importiert, fahren durch die Straßen und verkünden lautstark das Programm des Präsidenten: »Zehn Jahre Perfektion«! Unweit von Saschas Haus sind Arbeiter Tag und Nacht damit beschäftigt, aus jugoslawischem Marmor die Rednertribüne des neuen Präsidentenpalastes zu errichten. Seit 10 Tagen üben Militärs sowie Zivilpersonen in traditionellen Trachten für den 27. Oktober, den Tag der Unabhängigkeit, eine Parade ein. Außerdem werden Zypressen gepflanzt und die Fassaden der Regierungsgebäude erhalten einen weißen Anstrich. Nicht das kleinste *chaschlik* kann man kaufen, ohne mit einem Bild des neuen Despoten konfrontiert zu werden.

Besagten Sascha habe ich auf der Straße kennengelernt. Er ist Russe, 32 Jahre alt, Sohn eines Bildhauers und selbst Architekt und will mich unbedingt zu sich nach Hause einladen. Die deprimierende sowjetische Architektur bringt ihn zur Verzweiflung. Natascha, seine Frau, hat heute kein Brot auftreiben können.

»Es verschwindet wie Wasser in der Wüste. Die Bauern kaufen Brot, um ihre Tiere damit zu füttern«.

Ein seltsames Land, wo man für einen Dollar 100 Liter Benzin bekommt, und für einen *Manat* (weniger als 1 Cent) vier bis fünf Brote! Alles andere – Öl, Zucker, Mehl usw. – ist rationiert!

Sascha ist arbeitslos, hat aber den Humor nicht verloren: »Weißt du, dass für den turkmenischen Manat, der in England hergestellt wird, neun verschiedene Druckvorgänge erforderlich sind, für den Dollar dagegen nur fünf?«

Beim Abschied, als ich mich wieder in den Sattel schwinge, ist Sascha beeindruckt von meinem vielen Gepäck.

»Du lieber Himmel, so wie du könnte ich nicht leben. Wenn man nie weiß, was morgen kommt.«

Doch er korrigiert sich sofort: »Wenn ich mir's recht überlege, geht es uns hier eigentlich genauso …«

Aschchabad verschwindet wie eine Fata Morgana, und meine Einsamkeit treibt mich in die erstbeste *tchaikhana*. Aus einem gewissen Hang zum Exotischen, der wahrscheinlich allen Menschen gemein ist, hat jemand auf die Wände Wälder und Tiere gemalt, dazu einen grünen See – ein erfrischendes Motiv in dieser heißen Wüste.

Die Straße verläuft parallel zum Karakum-Kanal. Um den Algen im Wasser und in den Schleusen Einhalt zu gebieten, setzte man – zur Freude der turkmenischen Mägen – den ostasiatischen Fisch *Belly Amour* ein, der in 24 Stunden sein Eigengewicht an Algen verzehren kann. Gegrillt ist er ein Hochgenuss und für mich eine willkommene Abwechslung meines Speisezettels! Einmal keine fette Brühe aus Knochen und Sehnen …

Auf einer wilden, ausgewaschenen Hochebene erreiche ich die Überreste der antiken Stadt Merw. Dieses Zentrum, in seiner Bedeutung nur noch von Bagdad übertroffen, war schon lange vor der Gründung des Ottomanischen Reiches ein wichtiger Umschlagplatz der Seidenstraße. Genauso zerstörerisch wie sein Großvater Dschingis Khan hat sie sein Enkel Tolui 1221 in Schutt und Asche gelegt … Heute sind von der einstigen Ausdehnung der Stadt kaum noch Spuren vorhanden. Überall ragen riesige Termitenhügel auf. Die Schäfer, die in den Ruinen ihr Domizil aufgeschlagen haben, stellen Weizengarben in die verfallenen Bogennischen und hängen Tücher an die Saxsaulbäumchen, um die Schutzgeister günstig zu stimmen. Der Saxsaul, ein knorriger Sandsteppenstrauch, dessen Holz aufgrund seiner hohen Dichte im Wasser untergeht, wächst hier massenhaft, und er ist so widerstandsfähig, dass er auch auf salzigem Boden gedeiht.

Von der einstigen Größe Merws zeugt heute einzig das Mausoleum des 1157 verstorbenen Seldschukensultans Sandschar. Es war von derartigen Dimensionen, dass man es schon sehen konnte, wenn man noch eine Tagreise auf dem Kamelrücken davon entfernt war. Die Arbeiter, die es restaurieren sollen, werden seit fünf Monaten nicht bezahlt. Nach dem Vorbild der Sultane von damals lässt sich Präsident Niyazov lieber in Firiouza, dem Jagdrevier der früheren persischen Herrscher, eine luxuriöse Residenz bauen und hält sich dabei streng an sein Programm: »Zehn Jahre Perfektion«...

Eine ganze Weile später, als ich die usbekische Grenze erreiche, ruft man mich mit dem Lautsprecher ins Büro, bevor ich überhaupt am Posten angelangt bin. Ein rundlicher Polizist, der seine Mütze aus unerfindlichen Gründen mit Zellophan umwickelt hat, steigt aus seinem Turm mit der immergleichen Frage:

»Wo ist Ihre Gruppe?«

Einzelreisende in den GUS-Ländern sind tatsächlich eine Seltenheit. Als der Beamte meinen glattrasierten Schädel und meine Türkiskette bemerkt, fragt er:

»Krishnait?«

Mein Ohrring in Form eines Fahrrads fasziniert ihn.

»Gold?«

Er macht eine Bewegung, als wollte er mir das Ohr abschneiden.

Seine Kollegen brechen in schallendes Gelächter aus, als er ihnen zu verstehen gibt, ich sei bestimmt homosexuell. Sie sind zu beschäftigt mit meinem Äußeren, um zu merken, dass ich gar kein Visum habe, und lassen mich herein. Ich bin in Usbekistan!

Seit Ungarn habe ich so ein Angebot nicht mehr gesehen: Brot, soviel man nur will, einladende Restaurants, dass einem gleich das Wasser im Munde zusammenläuft ... gleich nach der Grenze werden *samsa* angeboten, feine gebackene Dreiecke aus Teig, gefüllt mit Fleisch, Zwiebeln und Tomaten. Überall *tchaikhanas,* häufig unter uralten Maulbeerbäumen, wo hochbetagte Usbeken stolz ihre sowjetischen Verdienstmedaillen zur Schau stellen, oder ihren *hadji*-Schal und den hennagefärbten Bart als Zeichen dafür, dass sie nach Mekka gepilgert sind. Sie kleiden sich traditionell, wie alle älteren Männer Zentralasiens. In Usbekistan fällt allerdings die besondere Eleganz auf. Man trägt den *kaftan* (langer Mantel mit farbigen Streifen), Lederstiefel fast bis zum Knie, und die *tiubitei*-

ka, eine viereckige schwarze Kopfbedeckung mit weißer Stickerei.

In der Stadt Buchara empfangen mich keine rauchenden Fabrikschornsteine, sondern Minarette vieler alter Moscheen. Dschingis-Khan, der auf seinen Eroberungszügen gewöhnlich alles dem Erdboden gleichmachte, war so beeindruckt von der Höhe des höchsten aller Minarette von Buchara, dass er beschloss, es nicht zu zerstören. Die ganze Stadt ist aus sandfarbenen Backsteinen erbaut, daher ihr Name »Tochter der Wüste«.

In Samarkand fällt das Zimmermädchen meines Hotels beinahe in Ohnmacht, als sie mein Rad in der guten Stube stehen sieht. »So was hat die Welt noch nicht gesehen, ein Tourist nimmt sein Fahrrad mit aufs Zimmer!«

Die schönsten Bauwerke auf meiner Reise in die GUS-Staaten sah ich in Samarkand. Sie waren mir durch die Lektüre von Büchern schon vertraut. Die Moscheen mit ihren typisch spitzbogigen Portalen stammen fast alle aus der Glanzzeit der Seidenstraße. Am Registan, dem größten Platz Zentralasiens im Zentrum des alten Stadtkerns, liegen die formvollendetsten. Von Bedeutung sind das Mausoleum Gur-i-Mir, Grabmal des grausamen Mongoleneroberers *Tamerlan* (Timur-Leng), der im 14. Jahrhundert ganz Zentralasien unterwarf und dessen Hauptstadt Samarkand war, das Observatorium von Ulug Beg (Enkel von Tamerlan, Astronom und seiner Zeit weit voraus), der gedeckte Bazar Tschorsy, die Hinrichtungsstätte, das Mausoleum von Ichrat Khana und andere Komplexe mehr. Wenn ich diese historischen Zeugnisse auf mich wirken lasse, kann ich die sowjetische Nüchternheit des modernen Samarkand, das von den Russen fast völlig neu erbaut wurde, vergessen. Ich sehe dann die faszinierende Vergangenheit Zentralasiens vor mir, die in diesen Bauwerken auch heute noch weiterlebt.

Ich verlasse Samarkand Richtung Tadschikistan, obwohl ich kein Einreisevisum habe und mein Vorhaben, die Pamirkette zu überqueren, durch den Winter fraglich wird. Ungehindert passiere ich vier panzerbewachte Kontrollposten, und niemand hält mich an. Einige Kilometer nach der Grenze, in Pendzikent, übernachte ich nach einem ganzen Tag Radfahren im Regen im staatlichen Hotel Intourist. Beim Einschlafen beschleicht mich ein gewisses Unbehagen. Mit Recht: Am nächsten Morgen erwarten mich zwei Beamte des KGB am Empfang. Sie kontrollieren meinen Pass und geben mir 24 Stunden, um Tadschikistan zu verlassen.

Es geht nicht anders. Ich muss zurück. In Samarkand schaue ich beim Ruderverein vorbei. Der Angestellte begrüßt mich freundlich.

»Die Sauna funktioniert, wir haben Gas. Nur Wasser gibt es leider nicht mehr.« Dann nehme ich mein Bad eben im Schwimmbecken!

In der großen usbekischen Hauptstadt Taschkent begebe ich mich zum »Hotel Usbekistan«, um dort auf der Schweizer Botschaft meine Post abzuholen. Aber die Botschaft ist umgezogen. Als ich gerade gehen will, macht mir der Portier ein Zeichen: Ich soll wieder zurückkommen und darf hier übernachten! An diesem Sonntag, dem 13. November 1994, rolle ich am Abend meinen Schlafsack im Gepäckraum des größten Hotels von Usbekistan aus, die Angestellten stecken sozusagen mit mir unter einer Decke. Mehrmals in der Nacht öffnet sich die Türe, in dem schmalen Lichtkegel sehe ich, wie Geldscheine gezählt und in eine Schublade eingeschlossen werden. Um vier Uhr früh erscheinen drei Portiers und zwei Halbweltdamen, die aber, als ein Taxi angekündigt wird, eilig hinausstürzen. Angesichts der erregten Diskussionen, die ich am Tag vorher in der Hotelhalle mitangehört hatte, geht mir ein Licht auf: Hier ist das nächtliche Asyl der Zuhälter …

Am nächsten Morgen führt mich der Buffetchef, pikfein mit Anzug und Krawatte, in den Speisesaal: »Bitte nehmen Sie Platz, und guten Appetit!« sagt er höflich.

Im Winter 1994 passiere ich die kirgisische Grenze ohne viel Aufhebens. Es ist empfindlich kalt. Die Beamten der kleinen Grenzstation sitzen bequem in ihrem Häuschen, der Winter hat sie »außer Funktion« gesetzt … Ein Glück für mich, denn auch hier habe ich kein Visum. Die Grenzer haben keine Lust, in die eisige Luft hinauszugehen und winken mich mit einer freundlichen Geste durch.

Vom Massiv Tian Shan (Himmlische Berge) fegt der Wind. Am Ende eines Canyons liegt in der blassen Sonne der Toktogulsee mit vereisten Ufern in fast unirdischer Schönheit. Der Tag neigt sich, die Kälte nimmt zu. Tagsüber sind es 10 Grad unter Null, schätze ich. In Kirgistan verbringe ich fast alle Nächte irgendwo in einer *tchaikhana*, deren Besitzer – meist eine vielköpfige Familie – sich in den Waggons des Straßenbaus eingerichtet haben. Am Toktogulsee schenken mir Wilddiebe eine *ikra*, eine Forellenart, die aus dem Sevansee in Armenien stammt und hier angesiedelt wurde. Sie warnen mich:

»Zum Alabel Pass willst du? Du spinnst! Minus vierzig Grad, und verdammt gefährlich. Vor zwei Monaten war die Sache mit dem Amerikaner, den hat man überfallen und total ausgeraubt …!«

Sie geben mir zu verstehen, dass er eine Kopfverletzung davontrug und in aller Eile ins Krankenhaus nach Bischkek musste.

Trotzdem fahre ich – mit Stirnlampe – am nächsten Morgen um sechs Uhr los. Ab und zu taucht eine Schäferei auf, die Hunde bellen. Grimmige Kälte, unablässig schneit es weiter, Nebel hüllt mich ein. Meine Füße werden hart, die Schuhe sind auf den Pedalen festgefroren, mein Trinkwasser friert ein. Ständig muss ich Eis und Schnee von den Schutzblechen kratzen, weil die Räder blockieren. Mit Gewalt zerre ich das Rad am Lenker durch tief ausgefahrene Lasterspuren. Alles rutscht, Schuhsohlen und Reifen, meine Kleidung und mein Bart sind gleichfalls voller Eis.

Nach vierzehnstündiger Anstrengung habe ich es geschafft! Ich bin auf dem Alabel Pass (3184 m). Bei Minus 20 Grad! Todmüde flüchte ich mich in ein leerstehendes Gebäude, wo ich auf eine Gruppe von Lastwagenfahrern stoße, die mich sogleich umringen. Noch nie hat mir Tee mit Zucker und Zitrone so gut geschmeckt. Je größer die Kälte, um so solidarischer die Menschen …

Bis spät in die Nacht hinein trinken die Männer Arrak, es geht hoch her. Lärm und Übermüdung lassen mich keinen Schlaf finden.

Am Morgen, eingepackt in x-Lagen Kleidung, tauche ich ein in die weiße Wüste. Eine falsche Bewegung, und ich stürze auf die von Schneeverwehungen weglos gewordene und hartgefrorene Straße. Die Temperatur im Hochtal des Susamir, »dem Sibirien

Zentralasiens«, lässt von diesem Fluss gerade noch ein dünnes Rinnsal unter der Eisdecke dahinfließen. In dicke Pelzmäntel gehüllt füllen die Dorfbewohner am Ufer ihre Milchkannen mit Wasser und laden sie auf Pferde- und Eselsschlitten.

In Kolpek nimmt mich ein Dorfkind zu sich nach Hause. Man geht nacheinander durch drei Türen, die das Hausinnere gegen die Kälte isolieren. Mein Fahrrad steht in einem Raum wo Kohle gelagert wird und ein ansehnlicher Wintervorrat an Fleisch hängt. Ich werde in die friedliche Küche geführt. Im Sicherungskasten wurden zwei Sicherungen mit Schraubenzieher und Messer ersetzt, doch im Raum brennt nur eine flackernde Kerze. Neben einem Kälbchen, das in einer Holzkiste festgemacht ist, sitzt der Großvater und kratzt mit einem langen Messer das letzte Fleisch aus einem gekochten Hammelkopf. Er bricht den Knochen auseinander, um das Mark herauszuholen, sein zahnloser Mund lächelt zufrieden. Lausbubengesichter spicken durch die Türe. Am Fenster, wo ein Kaktus wider Erwarten dem Winter trotzt, spielen zwei kleine Buben und lassen die vier Pferde eines Schachspiels über ein Stühlchen galoppieren.

Ich sitze behaglich hinter dem Ofen und genieße die Wärme in vollen Zügen. In kleinen Schlucken trinke ich Tee mit Schafsmilch. Da bringt die Mutter *bechbarmak,* wörtlich »fünf Finger«, da dieses Gericht aus Pferde- oder Yakfleisch und Nudeln mit der Hand gegessen wird. Aus dem Radio kommen Nachrichten aus einer anderen Welt, wie mir scheint. Ich erfahre, dass der Vizepräsident von Kirgistan Geld in Schweizer Banken deponiert hat … Als ich eine Tüte iranischer Bonbons auf den Tisch lege, folgt große Begeisterung und ein einhelliges »viele Farben, und alles die gleiche Sorte!«

Später erklärt mir der Großvater, der noch aus einer anderen Zeit stammt: »Die neuen Pässe, die es jetzt gibt, was nützt uns das … wie sollen wir die bezahlen. Nicht einmal Zucker und Butter können wir kaufen.«

Für ihn ist ein Pass kein Mittel, um der Armut zu entfliehen, sondern nur noch mehr Bürokratie. Alle Familienmitglieder nehmen mich auf, als gehörte ich zu ihnen, und entschuldigen sich noch, dass sie mir nicht mehr geben können. Um 20.30 Uhr liegen wir alle rund um den Ofen auf Filzdecken, mit Wollmänteln bedeckt, und schlafen. Jeden Abend glaube ich, jetzt könnte ich weiterziehen, der Winter sei gebrochen, doch der Eindruck täuscht. Fast jeden Morgen schneit es unablässig, und vor der Türe erwartet mich die bittere Kälte der kirgisischen Berge.

Die nationale kirgisische Fluggesellschaft fliegt seit einigen Jahren nicht mehr, der Grund ist Mangel an Kerosin, Besatzung und Passagieren. Doch Toktogul, den ich in Karakul kennenlerne, und der einer ihrer ersten Piloten war, macht sich nichts daraus. Er ist schon pensioniert. Er zeigt mir die riesige Vergrößerung eines Fotos, das vor 26 Jahren, nach seinem ersten Flug zwischen der kirgisischen Hauptstadt Bischkek und Karakul aufgenommen wurde. Unter den Tragflächen seiner zweimotorigen Maschine findet seine große Familie gerade Platz. Danach geht er mit mir in den Bazar und führt mich dort herum, als wollte er sein schönstes Pferd zur Schau stellen.

Toktogul hat beschlossen, mir einen Tag zu bereiten, an den ich gerne zurückdenke. Nachdem er ein paar Liter Benzin aufgetrieben hat, um seinen alten Skoda wieder flottzumachen, fahren wir, zusammen mit einem seiner Freunde, in den nächsten Skiort, wo er mir ein Paar Skier leiht. Es gibt nur einen Skilift, den fahre ich hinauf und mache dort gleich eine Bekanntschaft, den zentralasiatischen Champion im Riesenslalom! Toktogul hält es lieber mit dem Trinksport, er geht nicht auf die Piste, »um nicht vor Kälte umzukommen«, wie er grinsend sagt. Er wartet lieber unten bei seinem Freund, der schon leicht angesäuselt ist. Als nächstes besuchen wir eine heiße Quelle mit drei antiken Becken. Das Wasser schwappt über, als Toktogul seine 140 Kilo hineingleiten lässt. Toktoguls Begleiter massiert mir mit Rosshaar den Rücken, taucht in das radonhaltige, leicht radioaktive Wasser und zeigt grinsend auf seinen fast kahlen Kopf, mit einer Anspielung auf die Atomversuche von Semipalatinsk (Kasachstan) und Lob Nur (China) … Dann bringt uns Toktogul zu sich nach Hause, wo wir uns wie Steinzeitmenschen riesige Keulen Fleisch einverleiben. Dieser fröhliche Tag voller Überraschungen hat mich wieder zu Kräften kommen lassen und mit neuer Energie fahre ich am nächsten Morgen los, hinein in den Winter.

In der weißen Unendlichkeit warten zwei Männer seit 14 Tagen auf ein Ersatzteil für ihren Lastwagen. Ich soll hinaufkommen in ihre Kabine. Eine Wolke von Gerüchen strömt mir entgegen: Schweiß, Marihuana, das Kerosin des Kochers, heißer Kaffee. Ihre Gesichter sind lila von Alkohol und Kälte, ihre blauen Wasseraugen erinnern mich an die Ostsee. Die Schwielen ihrer Hände zeigen, dass sie schon alles versucht haben, um ihren Kasten wieder in Gang zu bringen. Der Wodka geht ihnen die Kehle runter wie Wasser, aber ihr Vorrat scheint unerschöpflich. Sie drücken mir eine chinesische Thermosflasche mit Kaffee in die Hand und schieben mich schwankend aufs »Packeis«.

Mitten auf einsamer Straße fällt ein betrunkener Reiter vom Pferd. Das Tier bleibt ruhig, es ist anscheinend schon an derartiges gewöhnt. Ein Stück weiter wieder zwei Reiter, diesmal mit einer Herde von vielleicht 300 Schafen. Sie betasten meine Reifen und untersuchen alles, was aus meinen Taschen hervorschaut – Landkarte, Pumpe, Feldflasche. Der erste gießt mir einen *bozo* ein, das übliche Maisbier, das hier überall gebraut wird, und meint ganz beiläufig:

»Ich trinke jedes Jahr eine Wagenladung Wodka …«

Sein Händedruck zerquetscht mir fast die Hand. Dazu sein Kommentar:

»Du bist stark wie Schwarzenegger«.

Ich radle in den Spuren, die die Lastwagen frisch vor mir hinterlassen haben. Pferde geraten oft in Panik, wenn sie mich kommen sehen. Sobald ich an einem Pferd vorbei muss, mache ich mich deshalb mit der Klingel bemerkbar oder ich steige ab (in Tibet ist es schon vorgekommen, dass ein Pferd vor Schreck seinen Reiter abwarf, als ich näherkam)!

Bischkek im Schnee. Die zahllosen Straßenhändler stampfen mit den Füßen, um sich das Eis von den Schuhen zu schlagen und zerkleinern alte Kisten zum Feuermachen. Bis tief in die Nacht hinein können späte Kunden in den kleinen Buden bei Kerzenlicht Zigaretten, Schokolade und Alkohol dreimal so teuer kaufen wie bei Tag.

Der Bazar, eine Art offener Markt, ist in den GUS-Staaten nicht mehr wegzudenken, denn er gleicht das Versagen der sogenannten Planwirtschaft aus. Dort gibt es hausgemachtes Brot, Bonbons, Zeitungen, Hifi-Geräte, chinesische Wollsachen, indische Stoffe, Öl aus der italienischen Nahrungsmittelhilfe, Zigaretten aus den Arabischen Emiraten und alles andere, womit mehr oder weniger legal gehandelt wird.

Wie in ganz Russland hat Gum, das große Warenhaus, hier nicht mehr viel Zulauf, auch wenn die wenigen Kunden, die zum Zeitvertreib darin herumspazieren, doch meistens irgend etwas nach Hause bringen. Viele verdienen am Bazar, manche werden schneller reich als andere. In den größeren Städten, wo die Ware im allgemeinen zuerst ankommt, müssen sich Verwandte und Freunde oft winzige Wohnungen teilen, sie versuchen, bei jeder Lieferung so schnell wie möglich zu kaufen und weiterzuverkaufen. Die Rückkehr zum Islam zeigt sich vor allem im Wiederaufleben des freien Handels. Das Wort *bazar* ist ja arabischen Ursprungs.

Erkin, Professor an der Uni, erklärt mir: »Luxusartikel wie Plastiksäcke, Toilettenpapier und Schokolade waren früher kaum aufzutreiben. Heute sind sie überall zu haben, nur viel teurer. Aber jetzt muss man für alles kämpfen, auch für das Allernotwendigste ...«

Und er fügt hinzu: »Immer mehr Studenten geben die Vorlesungen auf, der Bazar ist für sie interessanter, sie können nicht widerstehen. Auch mehrere meiner Kollegen sind schon abgewandert und haben ihre Stelle an der Uni an den Nagel gehängt. Im Bazar verdienen sie 50 Dollar pro Tag, als Professor bekommen sie 100 im ganzen Monat ...

Er bittet mich, in einen Englischkurs (seit der Unabhängigkeit schießen sie wie die Pilze aus dem Boden) an die Uni und in eine Grundschule zu kommen und von meiner Reise zu erzählen.

Einer der Lehrer seufzt: »In unseren Schulen herrscht eine Atmosphäre wie im 19. Jahrhundert, oder nicht? Wir sind nicht sehr zivilisiert in Kirgistan …«

Mit Mänteln, Handschuhen und Mützen sind die Kinder dick vermummt. Die Schule wird nicht mehr geheizt.

KAPITEL IV

EINE MILLION CHINESISCHE POLIZISTEN SIND MIR AUF DEN FERSEN

Im Februar 1995 erreiche ich den Torugart Pass (3752 m). Hier beginnt China. Ein riesiger Triumphbogen weist unmissverständlich den Weg und gibt mir das lästige Gefühl, hier müsse man gehorchen. Drei Beamte stehen Vorposten. Bei meiner Ankunft erhebt sich einer von ihnen, verlangt lakonisch meinen Pass und sagt, ich soll mich setzen. Der zweite auf einer rostigen Liege hebt kaum die Augen von seinem Buch. Der dritte lehnt an der abgebröckelten Wand und ist dermaßen fasziniert von seinem Videospiel, dass er keinen Blick davon wendet. Da sie mein Rad nicht gesehen haben, imitiere ich mit den Händen die Kreisbewegungen der Pedale, aber ich bin nicht sicher, dass sie meine Erklärung begreifen. Ihre Verbannung scheint mir entsetzlich: Allein in dieser kaum beheizten Lehmbaracke, in mehr als 3700 m Höhe, ringsum nichts als verschneite Berge, gespickt mit Aussichtstürmen aus dem Kalten Krieg ... ich möchte wirklich nicht mit ihnen tauschen!

Die unerwartete Ankunft dieses »unzivilisierten« Reisenden bringt den Diensthabenden offenbar in Verlegenheit. Die chinesische Hierarchie gestattet den Beamten der unteren Dienstgrade nämlich nicht die geringste Eigeninitiative. Und ich bin vielleicht seit langem der erste Westler, der über diesen Grenzposten ins Land kommt, noch dazu im Winter! Um nicht das Gesicht zu verlieren, deutet der Grenzer mit dem Finger in Richtung Bischkek, senkt den Blick und sagt:

»Kunjerab. Die Straße über den Kunjerab Pass ist frei. Aber der hier nicht.« (Über den Kunjerab Pass gelangt man von Pakistan nach China; dort war ich 1989.)

Dann geht er an das altmodische Telefon, ruft den Posten einige Kilometer weiter unten an und gibt mir den Hörer. Sein Vorgesetzter kann ein paar Worte Englisch und Russisch:

»Nein. Allein dürfen Sie hier nicht reisen. Nur in einer Gruppe.«

Ich tue, als verstünde ich nichts, was den Beamten vor mir zusehends nervöser macht. Eine halbe Stunde später ruft sein Vorgesetzter zurück. Das Gespräch dauert nur ein paar Minuten. Daraufhin bekomme ich einen Laisser-Passer ausgestellt und erhalte endlich meinen Pass zurück. Als mich die Beamten hinausbegleiten, entdecken sie mein Fahrrad. Sie sind plötzlich wie verwandelt, rätseln, warum es so schwer beladen ist und verabschieden mich freundlich, wahrscheinlich froh über eine kleine Abwechslung in ihrem ewigen Einerlei ereignisloser Tage.

Diese Situation ist charakteristisch und erwartet mich noch oft: Beamte können nichts tun ohne ihren Vorgesetzten, die allerhöchste Autorität befindet sich in Peking, dem Mittelpunkt der Welt für alle Chinesen … Im chinesischen Schöpfungsmythos kommt der Kaiser vom Himmel herab und ist direkter Vertreter Gottes auf dieser Erde. Mao Tse-tung wusste das einst geschickt zu nutzen, indem er genau im Zentrum der chinesischen Welt, in der »Verbotenen Stadt« Peking, Quartier bezog …

Ein halbes Jahrhundert nach der Revolution 1949 scheint sich eigentlich nicht viel geändert zu haben: Obwohl sich die Volksrepublik China von Ost nach West über Tausende von Kilometern erstreckt, gibt es im ganzen Land nur eine Zeitzone, die der Hauptstadt. Durch diesen Unsinn wird Millionen in den weiter entfernten Regionen ein Tagesrhythmus aufgezwungen, der überhaupt nichts mit dem lokalen Sonnenstand zu tun hat. Ebenso wird auf den Kilometersteinen nur die Entfernung zur Hauptstadt angegeben – wenn ich 200 km vor Lhasa stehe, was kümmern mich die 3000 bis Peking?

Aber momentan, in meiner Eigenschaft als Radtourist, machen mir die mehr als 5000 km, die mich von Peking trennen, ordentlich Eindruck – und mit einer gewissen Bangigkeit frage ich mich, was mich auf dieser langen Strecke alles erwartet …

Ich komme zum Zoll. Es gibt ihn erst seit ein paar Jahren, nachdem zuvor die Grenze zwischen Kirgistan und China über siebzig Jahre geschlossen war. Die Beamten fuchteln mit roten Fahnen und befehlen den Lastwagenfahrern, sich einzuordnen, schreien vulgär und arrogant herum. Das völlig ausdruckslose Gesicht des Zöllners erlaubt mir keinerlei Aufschlüsse darüber, was ich von ihm erwarten kann. Er stellt mir eine Frage:

»Mit welcher Geschwindigkeit fahren Sie?«

Er will unbedingt wissen, ob ich Kashgar (165 km) noch am gleichen Abend erreichen werde. Dabei ist es bereits 13 Uhr! Ich antworte mit nein, worauf er mich auf eine Liste setzt. Er deutet auf einen jungen Chinesen und sagt:

»In diesem Fall nehmen Sie ein Taxi. Der Mann hier bringt Sie für 500 Yuan (etwa 60 Dollar) nach Kashgar.«

Ich ergebe mich meinem Schicksal und begleite den Chauffeur zu seinem Fahrzeug. Doch dessen eher ängstliches Aussehen bringt mich plötzlich auf eine verrückte Idee: Kaum sind wir außer Sichtweite der Zöllner, schwinge ich mich in den Sattel und lege mich mit aller Kraft ins Zeug. Ohne mich auch nur umzuschauen lasse ich den verdutzten Chinesen einfach stehen. Fahrrad heißt auf Chinesisch *zixingche,* »das Ding, das alleine fährt«... Fünf Kilometer weiter sind die Zollgebäude nur noch ein dunkler Punkt am Horizont, ein schlechter Traum. Ich halte, um wieder Atem zu schöpfen, trinke ein Glas heißen Tee, um diesen ersten Sieg in China zu feiern.

Inzwischen habe ich mich beruhigt und fahre an einem zugefrorenen Fluss entlang, wo die Leute aus dem Dorf Löcher ins Eis hacken, um Wasser zu schöpfen. Auf der sandigen Piste hinterlassen meine Reifen eine Spur wie eine Schlange, die sich häutet. Die entgegenkommenden Fahrzeuge pudern mich in riesige Staubwolken ein, die lange in der Luft stehen. Die Nase ist verstopft, der Hals ausgedörrt, ich spucke wie ein Chinese, was etwas heißen will! In diesem öden, prähistorisch anmutenden Tal mit seinen Felsen in vielen Farbabstufungen von Rot bis Braun bin ich durch den Sandsturm wie gelähmt. Die Reißverschlüsse von Weste und Taschen gehen weder vor noch zurück. Ebenerdige Lehmhäuser scheinen sich vor den Bergen zu ducken und verschmelzen mit der bräunlichen Farbe der Piste. Eine fast bedrückende Stille umschließt mich.

Dann endlich mein erstes chinesisches Dorf! Und wärmere Luft! Eine Gruppe von Männern und Kindern, Kirgisen und Uiguren, alle mit der gleichen Mütze, die schräg auf dem Kopf sitzen muss, stehen über Billardtische gebeugt, die auf dem Dorfplatz der Reihe nach aufgestellt sind. An den engen Kanälen mit ihren Schleusen stehen lange Reihen von Pappeln. Ich wasche Hände und Gesicht und trinke kohlschwarzen Tee. Eine Frau mit Kopftuch knetet einen großen Batzen Teig und bäckt daraus flache Brote, die sie zu einem Turm stapelt, der ihrem Kind schon an die Nase reicht. Unzählige glänzende Pupillen staunen diesen seltsamen Ausländer an, dem wie jedermann die Nase läuft. Die Kinder reißen die Augen auf, als hätte mich ein Zauberer aus seinem Hut gezogen, und die Erwachsenen spucken auf den Dollarschein, um seine Echtheit zu prüfen. Nachdem das ganze Dorf meine Handschuhe und meine Brille anprobiert hat, fahre ich weiter.

Nach und nach wird das Eis auf dem Fluss dünner, der Horizont weiter und das Gebirge flacher. Die Landschaft gleicht einem bunten Mosaik aus Feldern, in das sich die einfachen Häuser aus gestampftem Lehm und die langen Baumreihen harmonisch einfügen.

Die Uiguren, türkisch-mongolischen Ursprungs, haben ihre muslimischen Traditionen bewahrt und sich nie wirklich an die kommunistische Revolution angepasst. Die Frauen tragen ein braunes Tuch, das auch das Gesicht verhüllt, aber so locker gewirkt ist, dass sie durchschauen können. In den ländlichen Gebieten der Provinz Sinkiang, wo fast keine Han-Chinesen ansässig sind, bestimmt der Ruf des Muezzins den Tagesablauf und klingt weit über die graue Weite der Wüste. In den Häusern geht das traditionelle Leben weiter wie eh und je, nur in den Städten, wo die Han in der Mehrzahl sind, läuft es diszipliniert und nach bestimmten Formen ab. Im Sinne der »neuen Ordnung« hat man hier stets den Blick nach Peking gerichtet, das alles diktiert, wie erwähnt auch die Uhrzeit. Irgendwo habe ich einmal ein riesiges Plakat gesehen, das auf naive Weise einen uigurischen Familienvater darstellte, der Frau und Kinder auf einen Handkarren geladen hatte und mühsam voranschob, während sich daneben eine chinesische Familie glückstrahlend und aller Sorgen ledig an einem grünen Flussufer tummelte ...

Ohne dass ich es unmittelbar wahrnahm, habe ich auf einer Distanz von 165 Kilometern einen Höhenunterschied von 2400 Metern überwunden, als ich in Kashgar ankomme. Ich habe zwar oft gehört, China sei das Land des Fahrrads, doch jetzt ermesse ich erst, was das bedeutet! Nach der Einsamkeit der Wüste umgibt mich eine Flut von Radfahrern und die Straßen sind voller Menschen: Männer, die Säcke Reis transportieren, ältere Leute, junge Mädchen mit kurzen Röcken oder Röhrenhosen, unverheiratete Frauen, erkenntlich durch ihre zwei langen schwarzen Zöpfe auf dem Rücken und wieder uigurische Händlerinnen, die auf Kisten sitzen und Äpfel verkaufen.

Mit Einbruch der Dunkelheit werden auf dem großen Platz vor der Moschee für den Abend zahllose Restaurants und Imbissstände aufgebaut. Auf niedrigen Tischen stehen volle Teekannen, man schenkt sich ein und einer setzt sich neben den andern. Zu essen gibt es dampfgegarte Ravioli, Nudeln oder Hammelfleisch. Auf einem Stoß Pappkartons thront ein Fernseher und strahlt geräuschvoll verschwommene Bilder aus.

Die Tische sind noch nicht abgeräumt, und schon werden wieder neue Teller frischer Nudeln aufgetragen. Mit einem Schlag haben alle nur noch Augen für das Essen. Die Welt versinkt. Die Köpfe beugen sich über dampfende Schüsseln, mit unglaublicher Geschicklichkeit werden mit Stäbchen Spaghettis zu einem Ball geformt und gierig verschlungen. Ungeniert wird laut und kräftig geschlürft und gerülpst.

Wenn sich Chinesen treffen, fragen sie nie »wie geht es dir«, sondern »hast du heute gegessen?« China war immer ein Land chronischer Hungersnöte. Da ich mich unterwegs täglich ausreichend ernähren muss, weil ich soviel Energie brauche, um mein Fahrzeug vorwärtszubewegen, wird Essen manchmal für mich zu einer fixen Idee. Oft hatte ich aber nicht genug oder nichts Ordentliches auf dem Teller.

Kashgar, die »Tochter der Wüste«, liegt da, wo fünf majestätische Gebirgsmassive zusammenstoßen (Tian Shan, Pamir, Hindukusch, Himalaja und Kunlun Shan) und wo sich Pakistan, Afghanistan, Tadschikistan, Kirgistan und China nahezu berühren. Drei Großreiche sind in diesem Teil der Welt entstanden: Das alte indische Reich, die UdSSR und die Volksrepublik China. Kashgar ist eine historische Stadt, strategisch wichtig im äußersten Westen Chinas, ein Zentrum für Handel und Tourismus und desgleichen ein Traum für Weltenbummler. 1989, nach dem Zerfall der Sowjetunion, ermöglichte die Öffnung der Grenzen den freien Personen- und Warenverkehr zwischen Russland und China, heißt es. Für die Russen ein Ereignis, für die Chinesen faktisch bedeutungslos, denn mit Ausnahme von Handeltreibenden, die eine Bewilligung besitzen, können sie China nicht verlassen.

Die neue russische Politik des »Umbaus«, der berühmten »Perestroika«, halten sie für ein neues russisches Produkt, eine Seife oder eine Zigarettenmarke. Über die hohen Pässe des Tian-Shan-Gebirgsmassivs, das einst jahrhundertelang nur von Kamelkarawanen mit kostbaren Ladungen von Stoffen, Gewürzen und Tee überquert wurde, rollen heute Lastwagen vollgepackt mit Fernseh- und Videogeräten, Wodka, Fahrrädern, Kleidern, Diplomatenköfferchen, Militäruhren, Ferngläsern, Kameras und Münzen aus dem Russischen Reich. Die Seidenstraße ersteht wie ein Phoenix aus der Asche zu neuem Leben. Bislang Lieblingskind der westlichen Touristikunternehmen, wird ihr Mythos jetzt für die neue Politik der Chinesen in der Region eingespannt. Über dem Eingang zum Wochenmarkt in Kashgar steht zu lesen (auf Chinesisch, Uigurisch, Russisch und Englisch): *Kashgar International Trade Market of Central and Western Asia and Development Economic Trade, hand in hand, revive the grandeur of Silk Road again.* (Kashgar, der internationale Markt für Zentral- und Westasien und die Entwicklung des internationalen Handels, zusammen Hand in Hand, erwecken die Seidenstraße zu alter Größe).

Li Peng, der damalige chinesische Ministerpräsident, sprach im April 1994 bei seinem Staatsbesuch in Zentralasien vom Bau einer Eisenbahnverbindung zwischen Istanbul und Peking. Einleuchtend, denn die Chinesen waren ja immer schon der Ansicht, Handel sei die beste Art und Weise, die »Barbaren« in den Nachbarländern zu beherrschen …

Im 19. Jahrhundert hat die Rivalität zwischen Russland und England in Kashgar zur Einrichtung zahlreicher Konsulate geführt, die heute überflüssig geworden sind. Einige dieser Bauten, die das *Great Game* hinterlassen hat, sind recht imposant und wurden zu Hotels umfunktioniert. Der neue Anbau des ehemaligen russischen Konsulats mit dem Namen »Sieg des Kommunismus« gleicht einer weißgekachelten Rakete, und der chinesische Zoll hat sich strategisch im Hof des Erdgeschosses breitgemacht. Ein großer Platz mit bewachtem Portal dient zur Abfertigung der Lastwagen. Wie von Theaterlogen schauen die Putzfrauen von den Balkonen mit neugierigen Augen hinunter in die Eingangshalle. Uhren zeigen die Zeit in Tokyo, New York, Paris und Genf. In der Mitte natürlich »Peking Time«. Soldaten, Polizisten und Beamte laufen arrogant oder gleichgültig an Maos hohem Standbild vorüber. Für die Chinesen war der Westen ihres riesigen Territoriums, die Provinz Sinkiang mit der Wüste Takla Makan und das tibetische Hochland, schon immer undankbare Gegenden, Orte der Verbannung, die unterworfen und zivilisiert werden mussten …

Im Sommer ergießen sich über den Kunjerab Pass (4730 m) von Pakistan herauf Heere von Pakistanis, Touristen oder Geschäftsleute, lassen sich in Kashgar volllaufen, gehen zu Prostituierten, kaufen Stoffe, Thermosflaschen und dergleichen mehr. Doch im Winter sind nur wenige Ausländer hier und fallen entsprechend auf. Da in China alljährlich nur bestimmte Städte für den Tourismus geöffnet werden, muss man sich unbedingt vor der Weiterreise bei der Provinzpolizei (oder einfacher bei anderen Touristen) diesbezüglich erkundigen, denn man kann sonst festgenommen, bestraft und aus der Region ausgewiesen werden.

»Kashgar gehört zu den 500 Städten, die heuer den Ausländern offenstehen«, sagt mir ein Polizist, und er setzt hinzu: »Sie sehen, wie frei Sie hier sind!«

Im Hotel logieren einige reiche tadschikische Frauen, die mit einem iranischen Lkw-Fahrer hergekommen sind. Ihr Zimmer ist voll mit Videogeräten, es stapeln sich Geschenke und Waren für ihre Familien oder für den Weiterverkauf im Bazar. Sie finden, Kashgar sei »nichts als Staub und Dreck, ein mittelalterliches Kaff ...«

Einmal esse ich mit einer Gruppe kirgisischer Touristen zu Abend. Unsere Essstäbchen tanzen auf überraschenden kulinarischen Genüssen: Hundefilet? Indische Kobra? Fröhlich begießen wir unser Mahl mit Kung-Fu, einem 52-prozentigem Reisschnaps. Nicht lange, und wir tanzen zu usbekischer Schlagermusik, die uigurischen Ober drücken sich verschämt kichernd an die Spiegelwand, mit ihren großen schwarzen Augen verfolgen sie unsere »barbarischen Bewegungen« – »Perestroika« und »freiere Sitten« sind ihnen unbekannt ...

Ich teile ein Zimmer mit zwei Japanern, die Asien nach Westen durchfahren und mir die Namen der chinesischen Städte in Schriftzeichen auf die Landkarte schreiben. Als ich das riesige China ausgebreitet vor mir sehe, habe ich mit einem Mal das Gefühl, es nimmt menschlichere Dimensionen an, wird lebendig und zugänglich. Unsere Zeigefinger spazieren über die Karte, und ohne uns um Visa zu kümmern lassen wir nur so zum Spaß unseren Träumen einmal freien Lauf.

Um mein Rad nicht abpacken zu müssen, leihe ich mir ein chinesisches und besuche das Grabmal des Aback Khoja, der im 17. Jahrhundert lebte und Herrscher war über sechs mächtige Städte. Seine Enkelin Iparhan verbrachte 25 Jahre in der »Verbotenen Stadt« Peking. Nach ihrem Tode wurde sie in drei Jahren von 120 Männern in einer Sänfte von Peking hierhergetragen, um an der Seite ihres Großvaters bestattet zu werden.

Jetzt, wo der Ramadan zu Ende ist, wird drei Tage lang gefeiert. Die Männer gehen, den Gebetsteppich unter den Arm geklemmt, in die Moschee, das Geräusch ihrer genagelten Stiefel klingt winterlich. Sie versammeln sich zu bestimmten Zeiten in der *idgah*, wo sie enggedrängt niederknien, den Blick nach Südwesten, auf das 4600 km entfernte Mekka gerichtet. Die Frauen, die mit den Kindern auf dem Moscheeplatz geblieben sind, nehmen eine Weile den Schleier ab. Die Sonne, die fast im Zenit steht, zeigt unerbittlich die verhärmten Gesichter eines entbehrungsreichen Lebens.

Auf dem Dach der Moschee, die aus dem Jahre 1442 stammt, spielen drei Musikanten mit Flöte und zwei Trommeln zum Fest auf. Der große Platz wird zum Nabel der Welt. Die festliche Menge drängt sich vorbei an Essbuden, Eisständen, Pistazienverkäufern und Fotografen. Da ich gerne ein Bild machen möchte, bitte ich um Erlaubnis, zu den Musikanten aufs Dach steigen zu dürfen und klettere die steilen Stufen hinauf, die ausgetreten sind von den Muezzins vieler Jahrhunderte. Das Bild unter mir werde ich nie vergessen: Hunderte von Männern stehen tanzend im Kreis und lassen sich spontan von der Musik ergreifen. Und zu Hause in den Familien sind die Tische an diesem Feiertag reich gedeckt und das Fest geht dort weiter.

Ich sattle mein Stahlross und verlasse Kashgar und seine Genüsse in Richtung Osten. Jetzt beginnt die große Wüste Takla Makan. Das nahezu 320.000 qkm große Gebiet besitzt so gut wie keine Wasserstellen, deshalb konnte sich nie ein Volk dauerhaft niederlassen. Die Seidenstraße teilt sich in zwei Arme und umgeht die Takla Makan. Der nördliche ist unbarmherzigen Winden aus Sibirien und sintflutartigen Regenfällen ausgesetzt, die urplötzlich Flüsse – man nennt sie *yarkand* – entstehen lassen und die Wüste in ein wildes, wogendes Meer verwandeln können. Auf der südlichen Seidenstraße fließt das Wasser das Kunlun-Shan-Massiv herab und versickert hoffnungslos im Sand. Ich nehme die Südroute, denn das ist der kürzeste Weg nach Lhasa, der tibetischen Hauptstadt.

Die Straße führt durch ausgedörrte Reisfelder, um die Steinmäuerchen gezogen sind. Am Fahrdamm stehen Hunderte von Wagen, und so weit das Auge reicht, sind unzählige Männer und Frauen – vielleicht mehrere tausend – dabei, junge Bäume zu setzen, kaum dicker als ein chinesisches Essstäbchen. In regelmäßigen Abständen werden Löcher gegraben und mit fruchtbarer Erde aufgefüllt, die von Arbeitern herbeigetragen wird. Die Pflanzen dieser Hybridsorte brauchen fast kein Wasser, wachsen schnell und bieten Schutz vor Sandstürmen, dulden aber keine andere Vegetation in ihrer Nähe.

Im Schatten seines Wagens rollt sich ein Mann mit Zeitungspapier eine Zigarette. Seine Frau erhebt sich, schlägt einen ihrer dicken, bis übers Knie reichenden Strümpfe zurück und nimmt ein paar Yuan heraus, um Nüsse mit Melasseglasur zu kaufen. Die Kinder spielen im Sand, und die hinten offenen Hosen, die sie tragen, zeigen rundheraus ihr Hinterteil. Die Atmosphäre erinnert mich an Indien und andere dichtbevölkerte Länder: In einer Ecke wird ein Hammel in Stücke zerlegt, dort werden Nudeln ausgewellt, während das Video mit höchster Lautstärke einen Kitschfilm zeigt, den keiner beachtet. Das Verkehrschaos der Straße wird gesäumt von einer Unzahl improvisierter Imbissbuden: Ein paar Ziegelsteine, Holzkohle, weite offene Kochtöpfe. Dahinein kommen Öl, Sojasprossen, Paprika und Fleisch. Rauchschwaden sammeln sich unter Dächern aus Blattwerk. Zwei Männer stehen schweißgebadet über einem Backofen, befördern schwungvoll mit der Hand große runde Teigfladen in die Öffnung, aus der sie dann mit langen Metallhaken flink knuspriges Fladenbrot herausziehen.

■ *Auf der südl. Seidenstraße nach Tibet, hier das Kunlun-Shan-Massiv*

Männer sitzen im Schatten eines Regenschirms und spielen Schach. Sie unterbrechen ihre Partie und laufen auf mich zu. Plötzlich ist die Straße vollgepackt mit Menschen. Hunderte tiefschwarz glänzender Pupillen in staubigen Gesichtern lassen sich keine meiner Bewegungen entgehen. Mein Fahrrad ist die Hauptursache der großen Neugier und rettet mich auch aus dieser Situation. Aber schnell verfolgen mich die Jungen auf ihren Rädern. Es ist wie ein improvisiertes Rennen: Das metallische Klicken von eiernden Laufrädern und ungeölten Ketten, dazu lautes Klingelkonzert. Ich sehe ihre Knie neben mir, die aber bald auf ihren chinesischen »Flying Pigeon«-Fahrrädern ohne Gangschaltung ins Leere strampeln ... Ins Dorf zurückgekehrt sind sie wahrscheinlich froh, dass sie den ausländischen Teufel sausen ließen.

Dies war für lange Zeit der letzte Kontakt mit der Zivilisation. Die Landschaft ist nichts als Leere und Stille. Die Straße wird äußerst schlecht und meiner 1:5.000.000-Chinakarte kann ich keine Entfernungen mehr entnehmen. Bei einer Tagestemperatur von 35 °C kämpfe ich in dieser menschenfeindlichen Unendlichkeit den ganzen Tag gegen den Wind. Zuweilen kommt ein altersschwacher Bus dahergeschwankt, dessen schwerbeladenes Hinterteil dem Buckel eines Dromedars gleicht, und hüllt mich in eine dicke Staubwolke, die mich in der Kehle kratzt. Im Gegensatz zu den GUS-Ländern, wo mich die Lkw-Fahrer oft in ihre Kabine riefen, um mir einen Wodka zu offerieren, hält hier, mitten in der Wüste, niemand. Es kostet schon Mühe genug, eines von den wenigen Fahrzeugen anzuhalten, wenn ich kein Tröpfchen Wasser mehr habe. Wasser ist hier kostbarer als Gold, das Wasser, mit dem man das Gesicht gewaschen hat, wird zum Geschirrspülen, und das Kochwasser zum Brotbacken verwendet.

Auf die Sanddünen folgen Salzsümpfe, umsäumt von vertrocknetem Schilf. Das Leben hier scheint stillzustehen und in einer Lethargie versunken, die meine müden Beine erfasst. Der Wind heult durch die Nacht. Lastwagen rumpeln über den Schotter, die zittrigen Bewegungen ihrer Scheinwerferlichtkegel, die Himmel und Erde zu immer neuen surrealistischen Bildern zerschneiden, und das vertraute Motorengeräusch beim Schalten geben mir wenigstens das Gefühl, nicht ganz allein zu sein. Der Wind zerrt an meinem Zelt, es droht jeden Augenblick davonzufliegen. Doch mir fallen vor Übermüdung die Augen zu und ich versinke in einen tiefen Schlaf, in dem ich den Sturm vergesse. So erspare ich mir die tristen, leeren Hotels mit dem absurden Luxus ihrer Empfangshallen, in die der chinesische Staat so verbissen investiert, die aber ihre Kohlen neben dem Haus lagern und über deren Gemeinschaftsduschen der Portier, der am Eingang auf einer Pritsche schläft, wie ein kleiner Despot herrscht.

Ab Yutian ist wieder Piste, und ich komme mir vor wie ein Verdammter. Gottseidank weiß ich noch nicht, dass die 350 km auf meiner Karte mit drei multipliziert werden müssen! Die Takla-Makan-Wüste hat unter einem aschgrauen Himmel die Monotonie langer Jahre eines Lebens, die ohne größere Ereignisse verstreichen. Die Telegrafenmasten verstärken diesen Eindruck durch die Regelmäßigkeit, die einen in dieser stummen Weite fast zum Wahnsinn treibt. Ich sehne mich nach grünen Wiesen und Wasserfällen. Um jetzt durchzuhalten, reicht Begeisterung alleine nicht aus, man muss verbohrt sein, alles wagen wollen.

Knie, Unterarme und Handgelenke schmerzen bei jedem Stoß auf diesem Leidensweg zwischen Tamarisken, Salzverwehungen und Dünen, die mit ihrem Bewuchs an Sträuchern aussehen wie die Höcker von Kamelen. Alle 10 km dieser Schinderei sind ein neuer, harterfochtener Sieg. Überall dringt der Sand ein, knirscht zwischen den Zähnen, unter den Reifen. Ich führe einen Zweikampf mit dem Wind, der dasteht wie eine unsichtbare kompakte Mauer, zu einem gigantischen Sandsturm anschwillt, in dem ich wie ein Nichts unterzugehen drohe. Zum Glück halten zwei monströse Geländefahrzeuge und nehmen mich mitsamt dem Rad bis zu ihrem Lager mit, wo mir der Wind nichts mehr anhaben kann. Zwei Firmen suchen hier schon seit einem Jahr nach Öl, wer weiß, wie diese Wüste noch zugerichtet werden wird!

Am frühen Morgen, als wir um die improvisierte Kochstelle stehen, fragen mich die jungen Chinesen, die sechs oder sieben Tage mit dem Zug anreisen mussten, um in diesem öden chinesischen »Far West« arbeiten zu können, nachdenklich: »Dein Vater hat wohl eine Fabrik, dass du so lange reisen kannst, oder? Gefällt es dir denn, so zu leben, ohne Frau und Kinder?«

Ein Tag ohne Farbe. In mir nichts als finstere Gedanken. Nicht ein natürliches Hindernis, das die entfesselten Elemente bremsen könnte. Die Piste nimmt mir erbarmungslos die letzte Kraft. Mein Seelenzustand macht die lachhaftesten Metamorphosen durch: Vom Sträfling werde ich zum kämpfenden Proletarier, Helden, Kreuzfahrer, ausgesetzt mitten in einer Weite, die so flach ist, dass ich nicht mehr an die Rundheit dieser Erde glauben kann ...

Mechanisch zerre ich die Maschine vorwärts, die linke Hand auf dem Lenker, die rechte unter dem Sattel. Das einzige, woran ich mich orientiere, das einzig Greifbare in diesem Ozean von Staub und Sand sind die Kilometersteine. Ein Sandsturm ersetzt so manche Philosophievorlesung, sage ich mir. Rückblickend scheint mir der kirgisische Winter fast angenehm. In dieser absoluten Einsamkeit wächst in mir das Gefühl, dass die Welt nichts ist als dieser Ort mitten in endloser Wüste. Der Zeitbegriff löst sich auf, das ganze Universum schrumpft um mich herum zusammen, reduziert sich auf mich allein. Alles, was ich bei mir habe, wird mir absolut lebenswichtig, wie ein Besessener hüte ich pedantisch jeden Gegenstand ... Lächerlich, wie man sich gemeinhin den Abenteurer vorstellt, frei von jeglicher Bindung ans Materielle! Mein geschundener Körper erinnert sich noch lange, wie ein Seismograph, an jeden Stoß und Schlag der Wellblechpiste.

Endlich ein verfallenes Haus. Gleichzeitig mit mir hält ein Mann mit einem Eselswagen. Er zeigt mir prächtige Jadesteine, die er in der Wüste gefunden hat, anschließend macht er Feuer, und bald sitzen wir um einen Topf Tee, zu dem wir Fladenbrote essen, trocken wie die Wüste, aber fein wie ein Kuchen. Draußen heult noch immer der Wind. Genau ein Jahr ist es her, dass ich weggefahren bin. Wie gerne würde ich eine Blume sehen, ihren Duft riechen!

Seit kurzer Zeit stoße ich in Abständen von 10, 30 oder 50 Kilometern auf die Bauhütten der Straßenarbeiter, die die Piste mit armseligem Gerät und Rechen instandhalten sollen. Ich versuche, so vorauszuplanen, dass ich abends an einem ihrer Lager ankomme. Hier kann ich mich mit Trinkwasser versorgen und habe noch dazu Gesellschaft. Sie sind, wie die Straßenarbeiter im ganzen Land, in heruntergekommenen Baracken untergebracht, die man an einem Schild über dem Eingang erkennt, auf dem ein orangefarbener Vorhang dargestellt ist. Hier findet man diejenigen, die die chinesische Regierung als »Abschaum der Gesellschaft« bezeichnet, dazu Oppositionelle und Studenten, die sich an der »nationalen Anstrengung« beteiligen müssen, oder mehrfach Vorbestrafte.

Ein Fernseher ist vorhanden, das verrät die Parabolantenne, mit dem Strom eines Generators gespeist läuft er täglich ein paar Stunden. Die Eingangstüre wird durch eine Stoffdecke ersetzt. Der Raum ist kahl und nüchtern, an der Wand hängt ein Plakat, auf dem, geordnet nach kommunistischen Kriterien, d.h. nach Rang und Leistung, die besten Arbeiter abgebildet sind. An der Ziegelwand des Innenhofs hängen zwei leere Basketball-Korbringe. Räudige Hunde streunen herum. Wenn ich erscheine, werden alle Anwesenden, diese Verbannten in einer Wüste am Ende der Welt, auf einmal aktiv: Familien uigurischer oder chinesischer Herkunft, Gruppen von Männern und Einzelpersonen setzen alle Hebel in Bewegung, um für mich einen Teller Nudeln auf den Tisch zu bringen. Mein Besuch unterbricht für einen kurzen Moment die Monotonie ihres Alltags ... Sie staunen, dass ich so groß bin und zupfen an meinem Bart, als wollten sie sehen, ob er auch echt ist. Einmal nimmt mich einer der jungen Chinesen beiseite und schreibt – nur so kann er sich verständlich machen – einige Worte auf Englisch in den Sand, wie man sie ausspricht, weiß er nicht. So erfahre ich, dass er 23 Jahre ist und für 100 Yuan (ca. 12 Dollar) im Monat den Sand harkt. Wenn ich ihn richtig verstehe, so meinte er, ich habe Glück gehabt, denn in seinem Alter hatte ich die Chance etwas zu lernen ...

Die Piste hält aber zuweilen angenehme Überraschungen bereit: Eines Tages kommt aus der Gegenrichtung, ich traue meinen

Augen kaum, ein Radfahrer auf mich zu .... Aus der Nähe sehe ich, es ist ein Chinese, ein echter, der wie vom Himmel gefallen vor mir steht. Chee Tien Rchen ist 42 Jahre alt und fährt mit Mund- und Nasenmaske. Seit dem 23. Juni 1992 sitzt er im Sattel, auf seinem zweiten Fahrrad, einem »Thunderbird« (Donnervogel). Nach bereits 42.000 km hat er die Absicht, noch 9 Jahre ausschließlich in China weiterzutreten, um 500.000 km zu vollenden ... Er setzt sich begeistert dafür ein, dass die Olympiade 2004 in Peking stattfindet und erfüllt wie ein Kreuzfahrer stolz seine Mission. Ausgerüstet ist er nach allen »Regeln der Kunst«: Auf dem Kopf einen Bauschutzhelm, auf dem die olympischen Ringe abgebildet sind, und ein rotes Tuch mit gelben Schriftzeichen ist um den Oberkörper geschlungen. Freudig fallen wir uns in die Arme, die Wüste um uns ist vergessen. Sein Gepäck ist leicht, verglichen mit meinen 80 kg: eine Wodkaflasche mit einem halben Liter Wasser, Fladenbrote, ein Fotoapparat und die Dokumente. Dass er mit so wenig auskommt, beeindruckt mich, unwillkürlich muss ich an die Momente denken, wo ich Lust habe, den ganzen schweren Kram, den ich herumschleppe, einfach über Bord zu werfen.

Unsere Begegnung gibt mir das Gefühl, endlich habe ich in dieser Wüste einen richtigen Menschen getroffen, den einzigen, der meine Freuden und Leiden und auch die Sorgen meines Alltags versteht. Diese seelische Verwandtschaft spart uns viele Worte, die wir uns ohnehin nicht sagen könnten. Wir essen und trinken, ein Lastwagen fährt vorbei und wirbelt eine riesige Staubwolke auf, in der wir verschwinden wie Magier aus einer anderen Zeit.

Fast drei Wochen nachdem ich Kashgar verlassen habe erreiche ich endlich die Oasenstadt Ruoqiang und begebe mich ins *Police Security Bureau* (PSB) um mein Visum verlängern zu lassen. In China herrscht das PSB, dessen Beamte (in Radlerkreisen boshaft »die gelben Affen« genannt) wie allmächtige Götter unter anderem Visumverlängerungen ausstellen, zuweilen nach den gültigen Gesetzen, immer aber nach persönlicher Lust und Laune. Der Typ vor mir hat auf der Schulter ein Abzeichen mit der großen Mauer, darunter steht »On duty«. Als ich eine Visumverlängerung von mindestens zwei Monaten beantrage, bläht er sich auf, als wollte er in diesem Moment zum »großen Sprung nach vorn« ansetzen ... Auf seinen Befehl hin drückt der uigurische Untergebene den Stempel in meinen Pass. Nur einen Monat zusätzlich wird mir gewährt, um per Velo dieses Land zu durchqueren, das so groß ist wie ein Kontinent. Jetzt verlangt er auch noch eine Einfuhrbestätigung meines Fahrrads. Ich versuche, mit ihm zu verhandeln, aber er bleibt unerbittlich, und nach mehr als 800 km Pistenfahrt fehlt mir die Kraft zu weiterem Widerstand. Da ich den Pass schon in Händen habe, gehe ich einfach – und zu meiner großen Überraschung hält er mich nicht zurück!

Ein paar Ecken weiter verdrücke ich mich in eine ungeheizte, laute Hotelkaserne, in der es an allen Ecken und Enden zieht. Auf dem Tischchen in meinem Zimmer steht, wie landesüblich, eine Thermosflasche mit heißem Wasser. Das große Fenster gibt den Blick frei auf ein riesiges Gebäude, und zwischen den Pappelreihen, die sich dahinter erstrecken, sieht man Häuser mit Flachdächern. Der Himmel ist grau wie immer in dieser Jahreszeit, wie der Sand der Takla Makan.

Bei meiner Ankunft in China konnte ich mich noch nicht entscheiden, welchen Weg ich einschlagen sollte. Jetzt frage ich mich, wie weit ich überhaupt komme ... China scheint um ein Vielfaches angewachsen! Ich studiere meine 1:5.000.000-Landkarte, auf der ich täglich kaum einen Zentimeter vorankomme – wird Tibet wegen der bürokratischen Herrschaft der chinesischen »Papiertiger« ein unerreichbarer Traum für mich bleiben? Die Chinesen wollen mich aufhalten? Und wenn schon! Ich zwinge mich zu einem asiatischen Lächeln. Mal sehen, ob mein Karma nicht stärker ist – »Karma gegen Visa«, Karma heißt mein neues Mantra, nur Karma ...! (*Karma* = Tat, Werk, *Mantra* = wichtiges religiöses Mittel zur Erlösung).

Bisher stand mir immer Tibet vor Augen, doch jetzt träume ich nur noch von Bäumen, Wasser, Dörfern, Farben, ja sogar von Asphalt, denn ich kann dieses Chaos nicht mehr ertragen. Einer von den Grabsteinen, die der Wind am Weg umgeworfen hat, war einmal ein Kilometerstein ...

Das Massiv von Altun Shan kommt näher. Die Piste schlängelt sich durch ein mit Baumgruppen bestandenes windiges Plateau. Es hält ein Jeep, reiche Chinesen aus den Ostprovinzen, die hier Abenteurer spielen, sie fotografieren mich. Sie reichen mir ein Sauerstoffspray, »im Hochgebirge unentbehrlich«, wie sie behaupten, und schon brausen sie wieder los. Sie haben es eilig, ihr nächstes Etappenziel Turfan auf der nördlichen Seidenstraße zu erreichen.

Ich bleibe verdattert mitten im Nichts zurück, fast erleichtert, wieder allein zu sein. Die Piste führt in einen Canyon, und später in ein steiniges, vertrocknetes Flussbett. Als fantastische Straßenbauer haben die Chinesen mit Hilfe von Sprengungen Serpentinen auch in großer Höhe auf den steilsten Abhängen angelegt, bis hinauf in Firnschnee und Nebel.

Mein Magen knurrt. Ich ärgere mich über mich selber, dass ich nicht genug Lebensmittel eingekauft habe, denn ich spüre, dass mein Blutzucker sinkt. Ich erreiche einen Pass ohne Namen, der zwischen 3500 und 3900 m hoch sein muss. Im Norden der gespenstische Lob Nur, ein ausgetrockneter See, wo das chinesische Militär 1964 Atomversuche startete. Im Süden ein Meer allerhöchster Gebirge, die sich bis in die Gangesebene erstrecken. Im Westen die Südroute der Seidenstraße und im Osten, ein paar tausend Kilometer weiter, Peking ...

Fiebrige Freude, fast schon ein Trancezustand erfasst mich, als es endlich bergab geht und ich weiß, dass die Takla Makan, die Wüste, »aus der man nie wieder herauskommt«, endgültig hinter mir liegt. Die Nächte scheinen mir um so kälter, als mein Proviant fast aufgebraucht ist. Zum Schutz vor dem Wind lege ich mich nachts in die Entwässerungsrohre, die unter den Straßen durchgehen und verhindern, dass sie vom Regen davongeschwemmt werden.

Morgens ist das Wasser in meinen Flaschen gefroren. Mein Rad schwankt an den Ufern eines Salzsees dahin, auf dem der Schnee liegenbleibt. Ein Schwarm Wildenten lässt mich meinen Zustand der Erschöpfung kurz vergessen. Aber mein Magen ist ausgehungert, die Muskeln gehorchen nicht mehr, die überanstrengten Gelenke schmerzen ständig. Unter Einsatz der letzten Kräfte gelingt es mir, das Rad im Schildkrötentempo noch 12 km weiterzuschieben. Was mich treibt, ist einzig der Überlebensinstinkt.

Auf der Hochfläche von Qinghai (ca. 3000 m) komme ich an ein Häuschen, werfe mein Fahrrad hin, stolpere durch die Tür und lasse mich atemlos keuchend aufs Bett fallen. Völlig verblüfft über diese plötzliche Erscheinung, mein ausgehungertes Aussehen und den wirren Blick, legen die beiden Chinesen, die hier wohnen (es ist, wie sich herausstellt, ein Kontrollposten des Bergwerksgebiets) sofort Holz in den Ofen und machen Feuer. Nachdem ich zwei Liter Tee hinuntergestürzt habe, verschlinge ich drei riesige Portionen Nudeln.

Ein paar Stunden später habe ich mich ausreichend regeneriert, um wieder aufzubrechen. Die Straße besteht nun aus einer Mischung von Asphalt und Sand, die an den Reifen klebt und bremst. Ich durchquere eines jener trostlosen Industriegebiete, die überall auf der Welt gleich entsetzlich aussehen. Aus der Ferne hört man Sprengungen. Die Landschaft besteht nur aus Kohlebergwerken, grünen und schwarzen Hügeln, zwischen denen Bulldozer und schwankende Lastwagen hin- und herfahren, und aus einem Wald aus Telegrafenstangen. Es gibt verlassene Orte, Geisterstädte, während an anderer Stelle, wo neue Vorkommen abgebaut werden, neue wie Pilze aus dem Boden schießen. Die Bergleute tragen ausnahmslos Stoffmasken und leiden unter chronischen Krankheiten, die auf die verpestete und säuregeschwängerte Luft zurückzuführen sind.

Wie oft in kommunistischen Ländern behandelt mich die Rezeptionistin im Hotel wie einen unerwünschten Eindringling, meine Ankunft zwingt sie nämlich, aktiv zu werden. Ihre schlechte Laune und ihr Argwohn sind mir aber völlig egal, ich will nur ein geschlossenes Zimmer, um diesem Pestilenzgestank zu entrinnen. Am Abend esse ich in einem Restaurant, das von einer kinderreichen Familie geführt wird. Es wird geplaudert und gegessen, man spricht über dies und das, wobei meine lange Nase für die Anwesenden ein Kuriosum ist, ebenso meine großen Füße, die sie mit den eigenen vergleichen, und als ich aufstehe, wird ihnen geradezu schwindlig ...

Auf der Quinghai-Hochebene stehen Dutzende von Ölfördertürmen, die das »schwarze Gold« aus der Erde pumpen. Der ewige Wind hat hier die ungewöhnlichsten Felsformationen erzeugt, und der Boden sieht aus wie mit dem Rechen geharkt. Die Wegweiser, die der letzte Sturm ausgerissen hat, liegen noch da. Im Asphalt eingeschlossen entdeckt man alles mögliche: Kleidungsstücke, Universalschlüssel, Schraubenzieher, Taschenlampen – die Straße ist eine echte Fundstätte für touristisch interessierte Archäologen.

Ohne die Salz- und Kohlevorkommen wäre wohl keine Menschenseele auf die Idee verfallen, sich hier niederzulassen. Eine rote Piste führt mich mitten im Sumpf an ein Elektrizitätswerk. Auf meine Frage, ob ich hier übernachten könne, werde ich überdies zu einem guten Abendessen eingeladen. Doch dann erscheinen plötzlich fünf uniformierte Polizisten nebst einem Übersetzer. Mir erstarrt das Blut in den Adern, aber ich versuche, Ruhe zu bewahren. Habe ich doch bislang nur Gebiete bereist, die »für Ausländer gesperrt« sind …

Meine Gastgeber, noch so freundlich bei der Ankunft, haben plötzlich Verrätergesichter. Bekanntlich ist die Provinz Qinghai voll mit politischen Exilanten, Regimeabtrünnigen und Kriminellen, die hierhergeschickt werden, um »leben zu lernen«. Als die Polizisten meine Papiere verlangen, schütze ich geistesgegenwärtig ein dringendes Bedürfnis vor und mache mich dünne. Zitternd hole ich beim Hinausgehen aus meiner vorderen Radtasche Tinte und Feder. Zum Glück sind die Toiletten hell erleuchtet, so dass ich meine »Fälscherarbeit« fachgerecht zuwegebringe. Ich trage in mein Visum ein neues Auslaufdatum ein, das alte habe ich gerade an diesem Morgen mit der Rasierklinge weggekratzt! Nicht ohne mit Grauen daran zu denken, wie es anderen Touristen ergangen ist, die, nachdem sie erwischt wurden, erst einmal ihre »Selbstkritik« verfassen und unterzeichnen mussten (erzwungene Erklärung, gegen das chinesische Gesetz verstoßen zu haben, eine förmliche Entschuldigung sowie das Versprechen, nicht rückfällig zu werden), um dann Fahrrad und Dollars in den Klauen der chinesischen Polizei zu lassen und ausgewiesen zu werden. Glücklicherweise haben die Polizisten hier aber nicht den geringsten Verdacht und merken nichts, sie machen mir sogar noch Mut für die weitere Strecke nach Tibet ...!

In der Nacht schlafe ich in der winzigen Kammer, wo die Arbeiter untergebracht sind, von denen der eine furchtbar laut spricht, der zweite entsetzlich schnarcht und der dritte nicht aufhören kann zu rülpsen. Eine Maus klettert den Riemen entlang in meine Tasche und hofft auf Beute. Durch die Tür zieht es kalt herein. Zum Glück kann mir die Kälte nichts anhaben, denn ich schlafe in einem Heizbett mit wohligwarmer Matratze.

Die Piste verläuft etwas erhöht über glitzernde, ausgetrocknete Salzseen, wo man bis in 18 m Tiefe nur auf reines Salz stößt! Aber nach 33 Tagen Nonstop-Tortur, davon 950 km schlechter Piste, hätte ich eher Lust auf etwas Süßes ... Meine Kleidungsstücke, starrend vor Staub und Schweiß, werden ebenso unbeweglich und hart wie die Landschaft.

Ich erreiche einen schmutzigen, abgelegenen Ort. Dort gehe ich in ein Restaurant, in dem die Gäste, ohne Zweifel Muslime, in kleinen Nischen vor indiskreten Blicken geschützt, es sich nicht nehmen lassen, ihre Mahlzeit fröhlich mit Reisschnaps zu begießen ... als alter Wüstenfuchs lasse ich mir schmecken, was die Uiguren gewöhnlich verzehren – Aprikosen, Lychees, Weinbeeren, Nüsse und dazu süßen, grünen Tee.

In weiter Ferne leuchtet das schneebedeckte Kunlun-Shan-Massiv im Abendlicht. Die Welt der Wüste liegt nun hinter mir. Ich bin in Golmud, in der Hauptstadt der Provinz Qinghai. Es verkehren zahllose Fahrradtaxis, Rikschas, deren Passagiere man hinter Vorhängen in schreiend bunten Farben nicht erkennen kann und die in dem starken Wind, der durch die breiten Straßen fegt, nur mit Mühe vorankommen, so dass man einen Stummfilm in Zeitlupe vor sich zu haben glaubt ...

In meinem Hotel hat der Zufall im gleichen Raum Touristen aus verschiedenen Ländern zusammengeführt: Einen Japaner, einen Spanier, einen Israeli, einen Brasilianer und zwei Franzosen. Jeder von ihnen ist gleichsam eine Karikatur des sogenannten Nationalcharakters. Der Japaner, vorsichtig, schüchtern und höflich, spricht kaum und lächelt, um seine mangelnden Englischkenntnisse zu verbergen. An seiner Weste baumelt ein winziger Kompass mit Thermometer, die Seitentaschen seines Rucksacks sind mit kleinen Vorhängeschlössern gesichert. Der Spanier ist Vegetarier und ansonsten genau das Gegenteil des Japaners. In unaufhaltsamem Redeschwall bringt er seine Tibetbegeisterung voll zum Ausdruck, »ein schöneres Land mit einer harmonischeren Gesellschaft gibt es nicht.« Der Israeli, frisch aus dem dreijährigen Militärdienst entlassen, hat wenig Auslandserfahrung und saust durch die Welt mit dem Tempo eines Sturmbataillons. Der Brasilianer, der netteste von allen, träumt von einer Radtour durch Patagonien. Die beiden Franzosen unterhalten sich über prosaische Dinge, z.B. über gutes Essen, ein Thema, das mir auch zusagt. Danach dreht sich das Gespräch um Visa und Bürokratie, und das nicht ohne Grund: Jeder von ihnen hat nämlich 100 Dollar bezahlt, um sich auf dem winzigen Sitz eines Busses 35 Stunden durchrütteln zu lassen und auf diese Weise nach Lhasa zu gelangen. Beide haben nicht vergessen, Bilder vom Dalai Lama mitzunehmen.

Jeder ist ansonsten mit eigenen Problemen beschäftigt. Bei mir ist es die gebrochene Hinterfelge; zwei Tage laufe ich alle Läden der Stadt ab, was etwas heißen will, aber eine neue gibt es nicht. Schließlich sehe ich mich gezwungen, nur wegen der Felge für 70 Dollar ein chinesisches Mountain Bike, ein »Forever«, zu kaufen. Jetzt stehen beide Maschinen im Hotelzimmer, das für kurze Zeit zur Fahrradwerkstatt wird. Angesichts der schlechten Qualität chinesischer Produkte tröste ich mich mit dem Gedanken an den Radler Ralph Obree, der sein Velo mit eigener Hand gebaut hat und dabei die Lager seiner Waschmaschine als Tretlager verwendete, um dann einen neuen Geschwindigkeitsweltrekord aufzustellen ...

Nach beendeter Reparatur setze ich mich im nächsten Bazar auf den Boden und verkaufe das Fahrradgestell zu einem Drittel des Preises. Die andere Felge und einige Teile behalte ich, »für den Fall, dass ...« Die vielen Menschen auf dem Bazar starren mich an. Für sie ist es ein Rätsel, wieso ein Ausländer hier ein chinesisches Fahrrad verkauft, das zwar Reifen hat, aber keine Räder!

Was mir in der Stadt besonders gefällt, ist der kühle Morgen, wenn durch die Wolken das erste Licht des Tages hervorbricht. Wie bei einem religiösen Ritual sprengt man – allerdings vergeblich – Wasser vor die Häuser, um gegen den Staub anzukommen, Hunde, Kühe und Obdachlose wühlen im Abfall. In den winzigen Küchen entlang der Straße flammen die Gasbrenner auf, die Lastwagenfahrer ziehen die Decken an den Türen der Imbissstuben zur Seite. Die chinesische »alte Garde« praktiziert Tai Chi im Park des Volkes, ohne den es wohl keine chinesische Stadt gibt. Frauen thronen hoch oben auf gestapelten Hühnerkäfigen. Eine von ihnen springt herab, und angetan mit dicker schwarzer Brille, Chirurgenmaske und Baseballkappe packt sie eines der Tiere an den Beinen, versetzt ihm einen resoluten Schlag auf den Kopf, taucht es in einen Topf mit kochendem Wasser und rupft ihm die Federn aus. Die schwimmen dann auf der roten Pfütze, die auf der Erde zurückbleibt …

KAPITEL V

ENDLICH IN TIBET

Ich verlasse Golmud im Morgengrauen, damit ich nicht von der Polizei oder dem CITS (staatliche Reiseagentur, die zu Wucherpreisen Genehmigungen ausstellt) geschnappt werde, denn offiziell habe ich nicht das Recht, diese Straße allein und ohne Erlaubnis *(Alien Travel Permit)* zu befahren. Beim ersten Kontrollposten sind die Militärs voll mit ihren Videospielen beschäftigt, so dass ganze Lastwagenkonvois ihre Fahrt unbehelligt fortsetzen können.

Um die Mittagszeit halte ich in einer *tchaikhana,* wo tibetische Lkw-Fahrer noch vor der Begrüßung unbedingt ein Bild des Dalai Lama von mir wollen. Mit erhobenem Daumen machen sie mir Zeichen der Sympathie und deuten mit dem kleinen Finger nach unten diskret in Richtung der Wirtin – für die Tibeter sind alle Chinesen in Uniform bedauernswerte Geschöpfe, für die sie nur Mitleid empfinden können, denn sie erwartet die furchtbarste aller Reinkarnationen: »Als Schweine werden sie wiedergeboren ...« Im Fernsehen laufen Videos aus dem Westen, es folgt in schwarzweiß ein Rückblick über das Leben von Mao Tse-tung, und danach werden, gesenkten Kopfes, zwei zum Tode Verurteilte vorgeführt. Die Besitzerin zählt ihre Einnahmen und fragt schnippisch: »Bist du Kapitalist-Buddhist?«

Die Strecke von Golmud nach Lhasa ist 1214 km lang und ist die höchstgelegene Asphaltstraße der Welt – dauernd in vier- bis fünftausend Meter Höhe! Im Süden liegen majestätisch vierzehn Achttausender, die »Hüter der kosmischen Ordnung«, und auf ihrer anderen Seite ihnen zu Füßen der Indische Subkontinent mit über einer Milliarde Menschen.

Mit Einbruch der Dunkelheit erreiche ich die erste Passhöhe, den *Kunlun* mit 4767 m. Die Höhenkrankheit hat mich mit keinem ihrer Symptome verschont: Kurzatmigkeit, Nasenbluten, Kopfweh und Durchfall! Und trotz allem breitet sich in mir ein unerklärliches Glücksgefühl aus.

■ *Rast zwischen Golmud und Lhasa (mit Reservefelge um den Lenker)*

Ein Bus keucht heran, wird langsamer, und die Passagiere werfen mit vollen Händen kleine Papierstreifen aus dem Fenster, auf denen »Windpferde« und Gebete gedruckt sind. Für die Tibeter ist jeder Berg den sie besteigen Symbol einer Wiedergeburt und Ort eines Rituals, bei dem sie Gebetsfahnen an Pfähle binden, die für diesen Zweck in die Erde eingerammt sind. Da die chinesischen Busfahrer nicht anhalten, begnügen sich die tibetischen Passagiere damit, winzige papierne Gebetsfähnchen aus dem Fenster zu werfen. Dennoch flattert eine Unzahl von Gebetsfahnen an Strommasten, ja sogar an einem chinesischen Meilenstein, als sollte er auf diese Weise spirituellen Beistand erhalten. Der chinesische Busfahrer, der vor mir anhält weil er einem dringenden Bedürfnis nachgeht, staunt, dass ich so ordinäre Fetzen Stoff fotografiere und nicht den Meilenstein des Chinesischen Reiches.

Zum Glück hatte die Kette meines Rads den guten Einfall, mich nicht bereits vor der Pass-Abwärtsfahrt im Stich zu lassen. Die harten 6000 km in den kirgisischen Bergen und der Sand der Takla Makan haben sie sehr strapaziert. Sie bricht und im Freilauf fahre ich in die herrliche Nacht hinunter …

Laute Kolonnen chinesischer Militärfahrzeuge der japanischen Marke Isuzu – das vordere mit kommunistischen Slogans bedeckt und mit roten Fahnen behängt –, rollen vorbei an stummen, schutzlosen Behausungen, über deren Einsamkeit der Wind wie eh und je die Gebetsfahnen umherwirbelt. Sorgsam sammeln die Tibeter in Tragkörben den wertvollen Yakdung, den sie als Brennmaterial verwenden. Ein Lastwagen und sein Anhänger sind auf der Böschung umgefallen, obwohl die Straße schnurgerade verläuft und weit und breit kein Hindernis zu sehen ist. Sorglos hält der Fahrer seinen Mittagsschlaf. Daneben, auf der Erde, liegt seine Ladung aus Dynamitpatronen in 4700 m Höhe in der prallen Sonne. Ein Stück Stoff mit einem Loch in Augenhöhe ersetzt die zersprungene Windschutzscheibe.

Der Wind ist aus der Weite der tibetischen Hochebene nicht wegzudenken. Er macht vor nichts und vor keiner Grenze halt. Die Menschen versuchen, diesen endlosen Raum, der ihnen die eigene Vergänglichkeit so deutlich vor Augen stellt, einzugrenzen, indem sie die Symbole ihres Glaubens in luftiger Höhe befestigen und in den Wind steigen lassen: Muslime hängen an ihren Hauseingang Flaggen mit Stern und Halbmond, vor den Kasernen- und Kraftwerkmauern, hinter denen sich die Chinesen verschanzen, flattern deren gelbe Sterne auf rotem Grund, und die Tibeter hissen ihre Gebetsfahnen.

Nach und nach nimmt die Erde warme Farben an: Sandgelb, orangerot. Der Himmel ist so hoch, dass ich mir unendlich klein vorkomme, von einer Welle der Euphorie getragen. Auf dem Nordhang des Passes *Fenguo* (5010 m) gehen Schneeschauer nieder, auf seiner Südseite erwartet mich ein Sandsturm. Ich kauere mich flach auf meinen treues Gefährt, um den Elementen möglichst wenig Angriffsfläche zu bieten. Mit Mühe kann ich den kleinsten Gang halten, trotz größter Anstrengung stehe ich fast still. Die Sandböen wollen mir anscheinend die Räder zerfetzen. Seitlich von mir sehe ich plötzlich undeutlich eine kleine Gestalt mit Kapuze, die sich langsam vorwärtsbewegt. Seltsam, die Spitzen seiner Schuhe zeigen abnormal nach hinten. Langsam wendet er das Gesicht gegen den Wind, und in diesem Moment kreuzen sich unsere Blicke. Wie ein Herz und eine Seele fallen wir uns in die Arme, als hätten wir zusammen Schiffbruch erlitten und seien nun gerettet auf unserer Odyssee der Nutzlosigkeit. Weit über uns drehen zwei Raubvögel mit einem Flügelschlag in eine andere Richtung. Chen Yin Chao ist Chinese, 32 Jahre alt und wandert seit dem 14. Januar 1990 mit seinem buddhistischen Pilgerstab durch ganz China … Er hat sich eine Zeit von 10 Jahren gesetzt, um sein Gelübde zu erfüllen, und auf seinem spirituellen Weg bereits 40.000 km zurückgelegt, in Tagesetappen von 30 km, wobei er nichts dabei hat als eine Motorradweste, einen blauen Parka, eine Stofftasche, Jeans und einen Dreiliter-Wasserkanister mit Umhängeriemen … Diese Begegnung ist die bewegendste meiner ganzen Reise. Am Abend warte ich im nächsten Straßenarbeiterlager auf ihn.

Drei Stunden später erspähen die Tibeter mit ihren Luchsaugen einen Punkt, jemanden, der hinkend näherkommt. Ich laufe ihm entgegen. Er ist der Erschöpfung nahe, doch keiner der Lkw-Fahrer hat auf sein Winken reagiert. Chen Yin Chao bittet um einen Eimer heißes Wasser, und als er seine verdrehten Füße massiert – er hat extrem lange Fingernägel –, starren ihn die Anwesenden mit großen Augen an. Chen Yin Chao kam mit Füßen auf die Welt, die buchstäblich um 180 Grad nach hinten gerichtet sind! Sein Gesicht, von langen schwarzen Haaren eingerahmt, überzieht sich mit einem Lächeln, als er uns Zeitungsausschnitte zeigt, die über den Beginn seines Abenteuers berichten. In seiner einfachen starken Gegenwart sind alle Grenzen verschwunden. Tibet, China, die Schweiz …

Am nächsten Tag sehe ich ihn dick vermummt hoch oben auf einem Lastwagen. In weiser Voraussicht läuft er nicht, um sich nicht völlig zu verausgaben oder die Fersen zu erfrieren. Nach dem Sandsturm von gestern fegt heute ein wildes Schneegestöber, das ihn rasch den Blicken entzieht. Ich muss an ein Wort von Bruce Chatwin denken: Bei den Sherpa, so sagte er, erinnern an jeder Straße Steinkegel und Gebetsfahnen daran, dass die Heimat des Menschen nicht sein Haus, sondern sein Weg ist, und dass das ganze Leben nur darin besteht, auf diesem Weg weiterzugehen, immer weiter …

Auf der tibetischen Hochfläche windet und stürmt es das ganze Jahr, deshalb haben die Hirten halbkreisförmige Steinmauern aufgeschichtet, in deren Schutz sie Tee trinken und ihre Mahlzeit verzehren, während ringsum ihre Yak- und Ziegenherden weiden. Oft geben mir die Schäfer gesalzenen *broken tea,* und wir hocken ein paar Minuten um das Feuer aus Yakdung. Für *broken tea* verwendet man die Ästchen des Teebusches – allgemein als der schlechteste Teil der Teepflanze angesehen. Sie werden aber von den Tibetern bevorzugt, weil sie ihnen schmecken, nicht viel kosten und nicht viel Platz einnehmen, da sie bei der Herstellung kompakt zusammengepresst werden.

An einer dieser windgeschützten Ecken winken mir Tibeter zu, ich solle näherkommen. Einer von ihnen facht mit einem Blasebalg aus Tierhaut und einem Stück Weißblech das Feuer an und schenkt mir kochend heißen Tee ein aus einer Konservendose, die mit Stock und Schnur gehalten wird. Ich werfe einige Handvoll *tsampa* (geröstetes Gerstenmehl) in mein Gefäß und mühe mich ab, daraus eine feste Kugel zu formen, indem ich das Gefäß mit einer Hand drehe und das Mehl mit den vier Fingern der anderen zusammendrücke.

Die Tibeter, diese schönen, vornehmen und ruhigen Menschen in ihren abgetragenen Felljacken und den roten Bändern in den langen schwarzen Zöpfen, haben nichts Romantisches an sich. Sie sind einfach da, in ihrem Element. Obwohl sie mich freundschaftlich aufnehmen, fühle ich mich neben ihnen wie ein dummer, unbeholfener Städter. Ich schenke ihnen Bilder vom Dalai Lama. Respektvoll drücken sie sie sofort gegen die Stirn und verstecken sie im Hut, denn die Chinesen haben streng verboten, Bilder vom Dalai Lama zu besitzen. Die Sonne leuchtet golden auf ihren dunklen Gesichtern und den korallen- und türkisfarbenen Ohrringen.

Und wieder stürze ich mich in den Kampf gegen die Elemente, denen ich unablässig ausgesetzt bin: Vorne der Wind, hinter mir die Hunde, und überall die Polizei. Alle Geschöpfe weichen dem Wind aus, nur der Yak nicht. Dieses Hochgebirgsrind ist ein prähistorisches Wesen, und der Wind ist ihm egal, genau wie den Raubvögeln, die sich ihn virtuos zunutze machen. Immer wenn ich an einem Nomadenlager vorbeifahre, verfolgen mich deren Hunde und rennen hinter mir her. Tagsüber sind diese hervorragenden Sprinter zuweilen an Ketten festgemacht, aber nachts bindet man sie los. Erbittert verteidigen sie ihr Territorium. Um sie loszuwerden, muss ich die Steine aus der Vorderradtasche holen, die ich in weiser Voraussicht am Wegrand aufgelesen habe. Nur die dürren Hunde, die in Rudeln schlaff und phlegmatisch an den Klostertoren herumliegen, zeigen kaum Angriffslust. Die Tibeter sehen in ihnen Reinkarnationen der Mönche und füttern sie aus Erbarmen mit ihrem Schicksal. Die Hunde der Nomaden jedoch sind da, um die Herden zu schützen, und das tun sie.

Auf der Fahrt halte ich im Windschutz der Kilometersteine, um mich bei einem Schluck heißem Tee aus der Thermosflasche aufzuwärmen und von meinem Proviant aus Golmud zu zehren: 20 Päckchen Fertignudeln, 20 Tafeln Schokolade, ein Kilo Milchpulver, drei Kilo Zucker, zwei Kilo Brot und Bananen. Das tibetische Essen ist nicht sehr abwechslungsreich – *tsampa* oder Reis, dazu ab und zu einen Bissen Yakfleisch, hart wie Schuhleder.

Ich habe mich jetzt an die Höhe adaptiert und überquere den Pass *Tangu* (5231 m) topfit und in jeder Hinsicht gelöst und zufrieden. Neben mir fährt ein Tibeter auf seiner »Fliegenden Taube«, wie könnte es anders sein, und für ihn sind diese Pisten eine Kleinigkeit. Drei Kilometer weiter ist er schon zu Hause. Mit 40 Stundenkilometern sausen wir den Berg hinunter und freuen uns gemeinsam an der herrlichen Fahrt.

Die Berge werden flacher, fallen in sich zusammen wie ein Soufflé. Schaf- und Yakherden und auch Pferde ziehen, weitab von jeglicher Siedlung, in dieser Weite aus roter Erde umher. Einfriedungen gibt es kaum. Ich bin mitten in den Hochtälern.

Mehrmals stoße ich auf buddhistische Pilgergruppen, die ein beeindruckendes Ritual vollziehen: Mit Lederschürzen bekleidet werfen sie sich, dabei Mantras rezitierend, auf den Asphalt. Anschließend erheben sie sich, gehen die Hände über dem Kopf geschlossen einige Schritte voran und werfen sich erneut zu Boden. Ihre Schuhe sind vorne an den Spitzen mit umgebogenen Reifenstücken geschützt, die Hände stecken in Lederhandschuhen, die auf Bretter genagelt und wie Pferdehufe mit Metall verstärkt sind. Manche haben schlau ihre Schürze mit Schaumgummi gepolstert. Die Alten knien sich nieder, bevor sie sich ganz zu Boden werfen. Kinder müssen wegen ihrer geringeren Körpergröße alles doppelt so oft machen, um die gleiche Entfernung zurückzulegen, die sich in Hunderten, wenn nicht Tausenden von Kilometern misst …

Die Beter sind völlig entrückt, auf Ritual und Glauben konzentriert, und bemerken gar nicht, dass ich ihnen ein Glas heißen Tee hinhalte. Wenn ich sehe, wie langsam sie vorankommen, fühle ich mich auf meinem Stahlross wie der Pilot eines Überschallflugzeugs …! Wasser, Essen, Decken für die Nacht, Gebetsfahnen und das Nummernschild für die Rückfahrt im Lkw werden von anderen Personen in Handkarren zum Ort des Nachtlagers befördert, damit sie sich ganz ihren religiösen Übungen hingeben können.

■ *Yak und Yakman in einem tibetischen Dorf*

Ich fahre durch kleine Dörfer, auf deren Einfriedungsmauern Yakdung und Reisig lagert. Auf den Feldern werden die Yaks vor den Pflug gespannt, rote Quasten schmücken den Hals und Gebetsfahnen ihre Flanken. Unter Singen und Pfeifen ziehen die Bauern die ersten Furchen des Jahres. Nach sechs Monaten eisiger Kälte wird die Straße nach Lhasa eine Freude für alle Sinne: Aus der feuchten Erde quillt jetzt der Duft des Frühlings. Was so lange gelb und braun war wird grün. Vogelgezwitscher erfüllt die Luft. Bald setzen die Bäuerinnen ihre riesigen Strohhüte auf und waschen Wäsche an den Kanälen, die das weite Tal durchziehen.

Die Straße belebt sich erheblich, unablässig strömen mehr Menschen und Fahrzeuge, wie von einem unwiderstehlichen Sog erfasst, immer schneller in Richtung »Hauptstadt« … Als erstes sehe ich von Lhasa eine kolossale Baustelle, die vierspurige Einfallstraße ist noch nicht fertig.

Klopfenden Herzens setze ich mich auf die Steinblöcke, mit denen demnächst ein großer Platz vor der Potala-Palastburg angelegt werden soll, damit am 1. September der 30. Jahrestag der Proklamation der »Autonomen Republik von Xinjiang Zizique«, wie Tibet von den Chinesen 1965 umbenannt wurde, in aller »Würde« begangen werden kann …

Die Chinesen beseitigten radikal die traditionellen Stadtteile und legten breite Boulevards an, um mögliche Zusammenrottungen besser kontrollieren zu können. Vor dem Potala befindet sich bereits als Miniaturausgabe eine Kopie des berühmten Tiananmen-Platzes in Peking, der für die Chinesen das Zentrum der Welt bedeutet. Auf einer Insel im Fluss hat ein reicher Geschäftsmann die Errichtung eines Fünfsternehotels in Auftrag gegeben. Militärlager und das seit kurzem nur 12 km von Lhasa entfernte Hauptquartier der Streitkräfte sind die »Garantie« dafür, dass die tibetische Kultur regelrecht geknebelt wird …

Ein paar hundert Meter vom Potala entfernt steht ein Jagdflugzeug und zeichnet seinen skurrilen Schatten auf einen riesigen, mit behauenen Steinen gepflasterten Platz. Flügel und Schwanz des stählernen Vogels können manuell bewegt werden, und eine Familie »macht hier ihre Butter«, indem sie sich fotografieren lässt und dafür Geld verlangt (an der Butter maß man früher in Tibet den Reichtum).

Winzige, immergleiche Geschäfte reihen sich dicht an dicht, es gibt zahlreiche Restaurants, in denen überdies eine Vielzahl von Menschen wohnt. Am Ende breiter, seelenloser Boulevardstraßen steht man schließlich schwerfälligen vergoldeten Standbildern gegenüber, starr und hässlich wie der monströse Yak von Lhasa. Die Chinesen setzen momentan alles daran, den Potala und den Jokhang ohne Respekt für die Buddhisten in aller Eile zu »renovieren« und eine Touristenattraktion daraus zu machen.

■ *Der Potala-Palast in Lhasa, Tibet*

Mein Blick fällt auf eine alte Tibeterin. Im hektischen Verkehrsstrom der vielen 4x4-Geländefahrzeuge, die mit ohrenbetäubendem Hupen über den frisch asphaltierten Boulevard donnern, geht sie unbemerkt tief vornübergebeugt dahin. Langsam bewegt sich die gebrechliche Gestalt vorwärts, wobei die zwei langen Zöpfe, in die sie rote Wollfäden eingeflochten hat, im Rhythmus ihrer Schritte hin- und herschwingen. Sie allein verkörpert eine ganze Welt, die zum Aussterben verurteilt ist. Zwei Mönche in safran- und purpurfarbenen Gewändern sitzen auf dem Gehsteig und beten Mantras. Daneben vertreibt sich ein Heer zerlumpter Gestalten, ausschließlich Tibeter, die Zeit damit, die Passanten anzubetteln.

Das mythische Lhasa, die »verbotene Stadt«, von dem die ersten westlichen Reisenden immer erzählen, ist erfüllt vom Dröhnen der Ambossschläge, vom Geschrei der Kinder in den Gassen und es verschwindet unwiederbringlich mit dem Vordringen des chinesischen Urbanismus. Die Stadt ist jedoch für die Tibeter nach wie vor ein heiliger Ort, der heiligste schlechthin. Hier befindet sich der *Jokhang,* eines ihrer meistverehrten Heiligtümer, und vor allem der berühmte *Potala,* der einstige traditionelle Sitz des Dalai Lama, der nun seit nahezu 40 Jahren im Exil lebt.

In den entwickelten Ländern lassen die modernen Technologien – Motoren, Video, Internet, Mobilfunk etc. – die Freude an Bewegung und körperlicher Anstrengung überhaupt nicht mehr zustandekommen, und der Begriff der Mobilität hat sich von Grund auf verändert. In Tibet aber zwingt die Weite der Ebenen und Hochtäler, das raue Klima und die großen Entfernungen zu den Weiden den Menschen, lange Strecken zu Fuß zurückzulegen. Auf tibetisch ist ein Mensch ein *a-gro ba,* das heißt »derjenige, der fortgeht«, »derjenige, der auswandert« …

Meine Augen fallen zu vor Müdigkeit, aber sie können sich an der gewaltigen Fassade des Potala, der golden in der Abendsonne liegt, kaum sattsehen: Traum meiner Kindheit, Quelle neuer Energie und neuer Erkenntnis, und das Fahrrad ist wie Religion: 11. Mai 1995, km 20.189, der 415. Tag, an dem ich unseren Planeten mit meinen Rädern mit ihren 2,20 m Umfang und an meiner eigenen Kraft messe, an dem ich lerne, Länder und Gesichter zu sehen, mich zu bewegen und bewegen zu lassen …

Ich verlasse Lhasa endgültig und radle in Richtung Westen. Es treibt mich an den heiligen Berg, den 6714 m hohen *Mount Kailash,* wo der Brahmaputra, in den auch der Fluss von Lhasa einmündet, seinen Ursprung hat. Am Horizont zeichnen sich flache Sandhügel ab, über denen die warme Luft flimmert.

Zur Elektrifizierung des Tals von Lhasa sind die Chinesen am Bau eines gigantischen Kraftwerks – ein Projekt, bei dem das Wasser des Yamdrok-Sees, der auf 4490 m Höhe liegt, zum Brahmaputra geleitet wird. In der Nähe der Baustelle treffe ich einen österreichischen Ingenieur, der die Arbeiten überwacht. Überrascht, jemanden aus dem Nachbarland anzutreffen, der noch dazu deutsch spricht und per Rad unterwegs ist, schlägt er mir eine Besichtigung des Kraftwerks vor, »des höchsten der Welt« präzisiert stolz die chinesische Dolmetscherin in Militäruniform, die uns keinen Moment aus den Augen lässt. Als sie meine Kamera sieht, fügt sie eilig hinzu:

»Fotografieren verboten, Militärzone«!

Vergeblich erklärt ihr der Österreicher, dass Staudämme in der Schweiz zu den Touristenattraktionen zählen, und sogar auf Postkarten abgebildet werden – sie bleibt hart und weigert sich, mich hineinzulassen ...

Jetzt entferne ich mich vom Brahmaputratal, klettere mühsam den Khamba hinauf (4794 m), wo mich ein unvergessliches Panorama erwartet: Als ein riesiger, tiefblauer Fleck liegt unter mir der Yamdrok-See und gleicht mit seinen vielen Armen einem schlafenden Tintenfisch. Wie die meisten der 7000 tibetischen Seen ist er ein Salzwassersee. Die umliegenden Berge und große weiße Kumuluswolken spiegeln sich auf seiner ruhigen, glatten Fläche. Gelb und grün leuchten die salzigen Ufer, auf denen Hirten vorüberreiten. Der Tag geht zur Neige, und die Sonne wirft ihr letztes Licht auf die weichen Böden, wo Schafe genügsam ihre Nahrung suchen.

»Du kannst den Weg nicht beschreiten, bevor du selbst Weg geworden bist.« Diese Worte Buddhas begleiten mich auf der ganzen strapaziösen Fahrt durch den Westen Tibets: 3000 km Piste in einer Höhe zwischen vier- und mehr als fünftausend Metern!

Ringsum vor dem Azurblau des Himmels hohe Gipfel. Kurz vor der Passhöhe ist die Piste nicht mehr zu erkennen. Hier sind die Ausläufer des Nojin-Kangtsang-Gletschers der – sehr beeindruckend – fast senkrecht vor mir hängt. Ich fahre die Kehren hinunter und gelange auf ein Plateau mit Gerstenäckern und Dreschplätzen. Ein fruchtbares Tal öffnet sich, und die Berge bleiben hinter mir zurück.

Eine endlose Sandpiste führt mich durch eine Landschaft von Äckern, die mit Steinmäuerchen eingefriedet sind. Da erhebt sich vor mir an der Abzweigung der Straßen nach Indien und Nepal die Festung von Gyangtse. Pilger steigen die glatten schwarzen Stufen zum Kloster hinauf. Vor den Standbildern bleiben sie stehen und verbrennen ein wenig *ghee* (Butterschmalz) als Opfergabe für Buddha. Eine Frau, den Säugling dick eingepackt auf dem Rücken, durchläuft alle neun Stockwerke des riesigen Chorten (Kloster/Tempel) der »hunderttausend Blumen«, seine 77 Kapellen und seine 108 Öffnungen, um am Ende dieses symbolischen Aufstiegs einen höheren Bewusstseinszustand zu erreichen. Den Buddhas hat man auf das Schienbein oder die blutroten Füße mit *ghee* chinesische Münzen aufgeklebt. Auf einer Fassade leuchtet das Auge der Weisheit und schaut, die chinesische Asphaltstraße ignorierend, weit in die Ferne …

Zu meiner großen Freude treffe ich in Gyangtse vier Radkameraden wieder, die ich in Lhasa kennengelernt habe: Roy, Engländer, um die vierzig, eine Naturgewalt, genügsam im Essen wie ein Kamel, tritt in die Pedale mit der Regelmäßigkeit eines Uhrwerks und ist immer an der Spitze. Andauernd liegt er neben der Piste und wartet auf die Nachzügler: Den Amerikaner Andrew, jüngster der Mannschaft, der genug Chinesisch kann, um für uns zu übersetzen, Rosi aus Neuseeland, die hinter einem zarten Äußeren einen starken Charakter verbirgt, Augen türkisgrün wie ein tibetischer See, und ihren Freund Carl, der Kopf der Gruppe, der, mit einer Höhenmesser-Kombiuhr ausgerüstet, unsere Route auf Millimeterpapier aufs genaueste einträgt.

Mich nennen sie wegen meiner zerzausten Haare, des schweren Gepäcks, meines unbezwingbaren, sturen Charakters und meiner Liebe zum Himalaja ganz einfach *Yak* – ein Name, der mir bleiben wird. Mein Rad heißt gleichfalls *Yak* und ich werde zum *Yakman* – und bin es für heute geblieben …

In unserer Gruppe ist kein »Trittbrettfahrer«, der immer nur den

Windschatten der anderen ausnützen will. Sobald es stürmt, wechseln wir uns an der Spitze ab. Bei jedem Halt auf der inzwischen klassisch gewordenen Strecke Lhasa – Kathmandu (»Arniko«- oder »Friendship Highway«) sind wir sofort von einer riesigen Menge umringt. Die Kinder wollen Kekse, Zigaretten und Geld. Roy, nahezu kahlköpfig, zieht sein T-Shirt hoch und stellt eine haarige Affenbrust zur Schau. Den Tibetern fallen die Augen aus dem Kopf. So etwas haben sie noch nicht gesehen! Wir stürzen uns hungrig auf die »761«, chinesische Militärkekse, hart und kompakt wie Ziegelsteine, die die Kehle austrocknen, aber den Magen füllen. Meine Reisegenossen sind Erdnussliebhaber und versessen auf *Jianlibao,* den Energie- und Sportdrink, der vom chinesischen Institut der Wissenschaften entwickelt wurde und in ganz China beliebt ist. Langstreckenradler sind ständig ausgehungert, Essen wird bei ihnen ganz groß geschrieben. Auch bei Restaurantbesitzern sind wir gern gesehen, denn wir können futtern wie die Scheunendrescher!

Ich könnte ewig so fahren, aber meine vier Begleiter wollen nach Süden Richtung Kathmandu, wo bis zum Anbruch des Monsunregens noch große Hitze herrscht. So fahre ich alleine weiter in Richtung Kailash-Massiv. Der grässliche Zustand der Piste zehrt von Anfang an meiner guten Laune. Die Fahrspuren sind manchmal so tief eingegraben, dass meine Räder komplett darin verschwinden. In dieser einsamen Welt der Sedimente herrscht bedrückende Stille. Die Piste schlängelt sich durch einen Irrgarten runder Flusssteine, brauner Felsbrocken, Sandbänke und ausgetrockneter Flusstäler, in denen nichts gedeiht als ein paar struppige Gräser. Die kupferroten Felsen muten an wie Erdnussschalen oder Elefantenhaut. Hasen flüchten mit gekonnten Sprüngen, als sie mich wittern, Murmeltiere gehen mit schrillem Alarmpfiff in Deckung. Vor mir entrollt sich die Piste wie ein buntes Band, folgt inmitten duftender Rhododendronbüsche der Kegelform der Berge.

Die unbeschreiblich schöne Natur und die Besonderheiten seiner Kultur lassen Tibet mit keinem anderen Land vergleichen. Ein

Hochtal geht in das andere über, die zahlreichen Passhöhen mit mehr als 5000 Metern sind atemberaubend im wahrsten Wortsinn. Von Zeit zu Zeit hüllt mich ein swastika- und muschelgeschmücktes Lkw-Taxi voller Gebetsfahnen von oben bis unten in Staub und erinnert mich an die ozeanische Vergangenheit dieses Hochlandes, wo man den Tee schon immer mit Salz getrunken hat.

Gebeugten Rückens schiebe ich mein Rad, wodurch dieses Sandmeer noch mehr anzuschwellen scheint. Alle Begriffe von Raum und Zeit gehen mir verloren. Jeden Tag wartet nach einem ruhigen Morgen die gleiche Hölle auf mich. Das Plateau ist gänzlich dem Sturm preisgegeben, der sich mir mit aller Gewalt entgegenstemmt und mich nicht vorankommen lässt. Der Sand, dem der Wind immer neue Formen verleiht, verliert an den wilden Ufern des Yarlung Tsangpo (tibetischer Name des Brahmaputra) nach und nach seine Ockertönung und geht in grau über. In der gnadenlosen Sonne fühle ich mich zurückversetzt in eine Epoche der Urgeschichte. Ich atme so tief, als müssten es meine Lungen dem Wind gleichtun. Wie Zirkusclowns in zu weiten Hosen suchen zottlige Yaks bei meinem Erscheinen das Weite.

Das Dorf Saga besteht auf den ersten Blick aus nichts anderem als einer langen, glasscherbenbewehrten Mauer aus grauen Ziegelsteinen. Im Sand liegen Berge von Konservendosen. Aasgeier wühlen im Abfall, den die chinesischen Soldaten einfach über ihren Lagerzaun werfen. Aus einem Kinolautsprecher ertönen englische Worte, die keiner versteht. Eine Bettlerin isst Nudeln, die sie mit einer Sicherheitsnadel aufspießt.

Etwas weiter ein anderes Dorf, Zhongba, malerisch vor verschneiten Bergen gelegen. Hier werde ich bellend von einem ausgemergelten Hund begrüßt, der einen unsagbaren Gestank verbreitet.

Ich gehe in die einzige Restauration, die es gibt. Eine Tibeterin zupft mit reichberingten Fingern an einer Maultrommel, eine andere nimmt mein Reisetagebuch an sich und blättert ungeniert darin herum. Ein chinesischer Soldat steckt eine halbe Stunde lang seinen Kopf in »Die Eroberer« von André Malraux, garantiert ohne ein Wort davon zu verstehen. Ich schaue die Wirtin an, die ihre Portion Nudeln mit Fleisch in einem Tempo hinunterschlingt, als könnte ihr jeden Moment ein Dämon den Teller entreißen. Wir werfen uns ein komplizenhaftes Lächeln zu, das wohltut in dieser Öde.

■ *Rast auf dem »Dach der Welt«*

Ruhig fließen die dunklen Wassermassen des Brahmaputra dahin. 350 km nach seinem Ursprung ist er schon zu einem breiten, mächtigen Fluss angewachsen und wird noch Tausende von Kilometern zurücklegen auf seinem Weg durch Tibet, Indien und Bangladesh. Wieder komme ich auf eine Passhöhe. Vor mir liegen hohe Dünen, vom heißen Wind geformt, der alles austrocknet.

Ich fühle mich verloren wie ein Sandkörnchen und preisgegeben dieser unwirtlichen Welt, die kein Leben zu dulden scheint. Mit letzter Energie ziehe ich meinen Yak durch die tief ausgewaschenen Fahrspuren. Der Sturm, der helle Flugsand, der in seiner Unerbittlichkeit den ganzen Himmel auszufüllen scheint, lässt mich in alle Richtungen torkeln. Ich versinke in diesem Chaos, mitten im Nichts, wo ich fern von der Welt ausgesetzt bin. Vor dieser fantastischen Szenerie von Dünen aus einer anderen Zeit stelle ich mir intensiver denn je die Frage, was mich veranlasst hat, freiwillig diese Tortur auf mich zu nehmen ... Wo ist die Sorglosigkeit geblieben, die ich mir immer erhalten wollte, die mich stets vorantreibt? Wegen meiner Entscheidungen habe ich schon manchmal gelitten, oft gelächelt und immer Neues in dieser Welt entdeckt ... Vor allem aber bin ich mir immer selbst treu geblieben. In West und Ost konnte ich das Gleiche feststellen: Lange unterwegs sein heißt zum Ursprung zurückfinden, ist wie eine Pilgerfahrt.

Außergewöhnliche Anstrengungen werden in der »zivilisierten« Welt, wo körperliches Leiden mit dem Tod in Verbindung gebracht wird und deshalb um jeden Preis vermieden werden muss, oft als reiner Masochismus angesehen. Aber wer hat nicht schon selbst erfahren, dass die Freude an einer Sache wächst, je mehr Anstrengungen sie kostet?

Auf dieser Reise habe ich gelernt, mehr innere Ruhe zu bewahren und die Ereignisse, ob gut oder schlecht, gelassener zu nehmen. Alles ist wichtig, alles ist unwichtig. Leben ist Veränderung. Die Hoffnung, dass es morgen leichter sein wird, hat mich immer, in jeder Lage, vorangetrieben.

Trotz der extremen Härte der Piste, und obwohl ich nicht weiß, was mich erwartet (ohne Karte habe ich keinen Anhaltspunkt), kommt es für mich nicht in Frage umzukehren und den Alptraum noch einmal durchzustehen. Doch im Nachhinein, wenn ich zurückdenke, habe ich dort, in dieser Wüste, wo ich keine Wahl hatte, in mir ungeahnte Kräfte entdeckt, alle meine Energien eingesetzt und intensiver gefühlt als je zuvor.

Erschöpft erreiche ich schließlich einen Weiler, wo Frauen und Kinder bei meinem Anblick Angst bekommen und schleunigst davonrennen. Ich schlüpfe in eines der verräucherten Zelte. Beim Essen heften sich alle Blicke auf meine ungeschickten Hände. *Tsampa* klebt mir an allen Fingern und sogar im Gesicht. Auf drei Steinen kocht ein großer Topf mit Tee. Endlich eine Verschnaufpause!

Meine Hoffnungen werden zunichte, die Dünen scheinen kein Ende zu nehmen. Ich ziehe meinen Yak, als täte ich Buße für begangene Sünden, schleife ihn entlang wie ein Sträfling die Kugel am Bein. Mein Magen ist vor Hunger, Anstrengung und Kälte eingeschrumpft. Die Lungen dagegen arbeiten wie ein tibetischer Blasebalg. Am Abend bin ich todkrank. Mit Erbrechen und Durchfall liege ich, am Ende meiner Kräfte, im windgeschüttelten Zelt. Je näher ich dem Mount Kailash komme, dem heiligsten aller heiligen Berge Asiens, um so mehr scheint er vor mir zurückzuweichen, für immer unerreichbar zu werden. Ich träume von einer usbekischen *tchaikhana.* Das hier habe ich satt, dieses Leben eines Verdammten, eines gottverlassenen Eremiten, eines *sadhus* aus dem Westen. Jeder Meter kostet mich unsägliche Energie. Wenn ich nicht jetzt schon übergeschnappt bin, kann es nicht mehr lange dauern. Im Stundentempo von zwei Kilometern habe ich Muße, Eidechsen, Murmeltiere und Yaks zu beobachten und einem Schwarm Enten nachzusehen, der von den felsigen roten Ufern abhebt und über den See fliegt. Zum Glück ist mein Yak ein durch und durch positives Wesen: Er kennt keinen Rückwärtsgang.

Als ich wieder fahren kann, gleiten die Tage dahin wie Wasserperlen auf einem geschmeidigen glatten Schwanengefieder. An einem vereisten, schneeigen Flussufer winken mich Nomaden in ihr Zelt. Die Männer sind damit beschäftigt, mit bloßen Händen Lammfelle weichzuschlagen, während die Frauen Butter machen. Alle, von den kleinsten Kindern bis hin zu den Greisen, sind voll Staub von Kopf bis Fuß, aber sie besitzen schöne, ausdrucksvolle Gesichter und strahlen einen mit leuchtenden Augen an. Sie geben mir köstlichen Dzo-Milchjoghurt, so viel ich will (ein *dzo* ist eine Kreuzung aus Kuh und Yak), und danach zeigen sie mir, wo ich am besten über den eisigen Fluss komme, in dem mein Rad zur Hälfte einsinkt.

Am anderen Ufer folgt endlos Tal auf Tal. Jeden Tag überquere ich mit bloßen Füßen Gebirgsbäche und fischreiche Gewässer. Zuweilen begegnen mir Nomaden mit einer Herde Yaks, die mit Hörnern, Decken und Lebensmitteln beladen sind und eine haushohe Staubwolke aufwirbeln. Einmal bittet mich ein alter Mann um ein Bild vom Dalai Lama und reicht es seiner blinden Frau aufs Pferd hinauf. Andächtig drückt sie es gegen die Stirn. Dass sie es nicht sehen kann, ist bedeutungslos.

KAPITEL VI

ZUR ERINNERUNG AN MEINEN BRUDER

Zwanzig erschöpfende Tage auf einer Piste, die meine Schuhsohlen stärker strapaziert als die Reifen, und plötzlich, nach einer letzten spitzen Kehre, bin ich da, komme mir vor wie in einer anderen, mystischen Welt: Gebetsfahnen an langen Seilen flattern im Wind, Hunderte von aufgeschichteten Steinkegeln sind zu einem Dreieck angeordnet, dessen Spitze in Richtung des seiner Schönheit gerühmten Sees Manasarovar zeigt, der in 4588 m Höhe der heiligste aller Seen des Asiens ist und als »Mutter aller Flüsse« bezeichnet wird. Im Südwesten ist die Gurla-Mandhata-Kette mit ihrem höchsten Gipfel zu sehen, dem *Memo Nani* (7694 m), der wie ein Kristallriff emporragt. Ein Panorama, das mir den Atem verschlägt!

Manchmal führt uns Menschen eine Kleinigkeit, eine Begegnung, ein Bild, eine Geste, die im Moment nebensächlich scheint, auf einen neuen Weg, einem neuen Schicksal entgegen ... Ein Freund, von Beruf Zeichner, hatte mir in Genf bei der Abreise gleichsam als Anregung ein Bild vom Mount Kailash zugesteckt, das er selbst angefertigt hatte ... Der »Ruf der Räder«, der mich hierher geführt hat, erinnert mich an den »Ruf der Wege«, dem die Ureinwohner Australiens folgen, die so die unsichtbaren Wege ihrer Ahnen wiederfinden. Zwar habe ich noch nie das Bedürfnis verspürt, »Berge zu versetzen«, doch wenn ich einen Berg mit eigenen Augen sehen möchte, scheue ich mich nicht, Tausende von Kilometern zurückzulegen.

Heute ist es endlich so weit: Vor meinen ungläubigen Augen erhebt sich majestätisch die stolze, einsame Silhouette des 6714 m hohen Kailash! Für die Buddhisten der Mittelpunkt der Welt, für die Hindus Heimstätte von Shiva und Parvati und für die Tibeter *Kang Rimpoche,* »Kleinod ewigen Schnees«. Der Mount Kailash ist der Berg der Heiligen, Mystiker, Wallfahrer, Mönche, der umherziehenden Kaufleute und der Forscher. Seine Südseite ist schwarz, von waagrechten und senkrechten Linien durchzogen. Oft donnern Steine abwärts, mit einem Zischen, als seien übernatürliche Kräfte am Werk. Der *Swastika Mountain,* wie er gleichfalls genannt wird, hat offensichtlich Leben in sich.

Am Mount Kailash haben vier große Ströme ihren Ursprung: Brahmaputra, Indus, Sutlej (der in den Indus fließt) und Karnali, ein Nebenfluss des Ganges, den die Inder als heiligsten ihrer Flüsse verehren. Sie versorgen mit ihrem Wasser das Tiefland von Pakistan, Indien und Bangladesh und sind Lebensgrundlage für Millionen von Menschen südlich des Himalaja.

Eine Legende erzählt, dass Naro Bönchung, großer Meister der Bön-Religion, und der berühmte buddhistische Dichter und Eremit Milarepa eine Wette eingingen, wer zuerst oben auf dem Gipfel des Kailash ankäme … überrascht, im letzten Moment eingeholt worden zu sein, lässt Naro Bönchung seine Bön-Trommel fallen, stürzt … Seitdem kann man auf der Südseite des Berges die Spuren seines Absturzes meilenweit sehen: In der Mitte klafft ein tiefer Einschnitt … und Tibet hat sich zum Buddhismus bekehrt. Die buddhistischen Pilger umschreiten den Berg gewöhnlich im Uhrzeigersinn, doch es gibt noch einige wenige Böns, die die Gegenrichtung laufen. Jede Umrundung des Berges (*kora,* 55 km) führt den Gläubigen in ein früheres Leben zurück und tilgt seine Sünden. 108 *koras* bedeuten vollständige Befreiung, »Nirwana« … Bis jetzt hat noch kein Alpinist den heiligen Berg entweiht, doch anscheinend planen die Chinesen, eine staatliche Expedition hinaufzuschicken.

Da ich nicht von der Polizei geschnappt werden möchte – ich habe immer noch keine Erlaubnis für die Region –, lasse ich mein Rad in einem Kloster am Ufer des Manasarovarsees und laufe nach Darchen. Rings um die Lehmhäuser des Dorfs haben *Khampas,* fahrende Händler aus dem Osten Tibets, ihr Lager aufgeschlagen. Sie bleiben die ganze Pilgersaison und machen ihr Geschäft mit Kerzen, Zucker, Schmuck, Messern und Käse. Ihre aggressiv-nervösen Hunde sind anscheinend – zusammen mit den Polizisten – die einzigen Einwohner des kommunistischen China, die ihre Aufgabe ernst nehmen …

Als ich ins Hotel komme, wo auch die örtliche Polizei ihren Sitz hat, löst sich das Problem meiner Illegalität wie von alleine: Der Posten besteht – welche Überraschung! – nur aus einem Beamten, der hier mit Frau und Kind in einem bescheidenen Zimmer wohnt, das gleichzeitig seine Amtsstube ist. (Im Herbst 2001 habe ich erfahren, dass die Chinesen unter dem Vorwand der Ereignisse vom 11. September aus Furcht vor uigurischen Muslimen in Westtibet zahlreiche Kontrollposten errichtet haben; so können sie durchreisenden Touristen jede Menge Geld abnehmen.) Der gute Mann glaubt, dass ich zu einer Gruppe von Touristen gehöre, die im Hotel untergebracht sind und stellt mir bedenkenlos eine Reiseerlaubnis aus, die überdies für mehrere andere Regionen gilt, die ich in Kürze bereisen werde.

Das Hotel ist ein echtes Sammelbecken für Touristen, die nichts gemeinsam haben als ihre Müdigkeit, die gleiche Fotografenjacken, die gleiche Kombi-Uhr mit Höhenmesser (die ich manchmal hätte brauchen können). Sie haben ein Vermögen bezahlt, um bequem in einem Allrad-Jeep hierherzukommen. Im Gegensatz zu den Wallfahrern, die alle Wege zu Fuß zurücklegen, beten und Bußübungen machen, mieten sie sich eine halbe Yakherde, die ihnen Ausrüstung und Gepäck um den Kailash herumträgt. Und das ist dann »das große Abenteuer« …

Es gibt auch Individualreisende, oft jünger und weniger begütert, die die Strecke zum Mt. Kailash per Anhalter geschafft haben, was nicht leicht ist, da Lkw-Fahrer eigentlich keine Ausländer mitnehmen dürfen, wenn sie nicht schwere Strafen mit möglichem Führerscheinentzug riskieren wollen.

Manche bleiben aus unerfindlichen Gründen in der Nähe des Berges. Ein englischer Fotograf, die Polaroid schussbereit, haut die Touristen an: »What did you learn from travelling?«. Eine Schweizerin findet es – »ganz ehrlich« – nicht weiter ermüdend, um den »Heiligen Berg« herumzuspazieren … Ein tschechisches Künstlerpaar, das schon lange buddhistische Meditation praktiziert, mag ihr Urteil nicht teilen; die Chinesen sind ihres Erachtens »gefühllose Roboter«, die Tibeter hingegen finden sie »spirituell«. Dass die Bilder vom Dalai Lama verboten sind, erinnert sie mit Schrecken an die finsteren Jahre unter den Sowjets, vor denen sie geflohen sind.

Ich bin total erschöpft und mache drei Tage gar nichts. Das ganze Treiben stört mich. Die Welt scheint mir nichts als Illusion. Ich sage mir, letzten Endes gibt es nur einen »Checkpoint« – nämlich uns selbst …

Nachdem ich mich erholt habe, hefte ich mich drei Tage den Wallfahrern auf die Fersen und überquere im Mondschein den 5636 m hohen Drölma Pass. Schon um sechs Uhr in der Früh schälen sich aus der Dämmerung ihre Umrisse. Aus einem Kassettengerät, das einer der Pilger von der Gruppe der Rasta auf der Schulter trägt, ertönen Mantras. Das laute Dröhnen Dutzender Lastwagen und die vielen suchenden Lichtfinger ihrer Scheinwerfer verleihen dieser frühen Morgenstunde etwas Metaphysisches. Es scheint, die Fahrzeuge werden einzig und allein durch den Glauben der Betenden fortbewegt, die dichtgedrängt auf den Ladeflächen stehen und Mantras singen.

Es ist Vollmond, vierter Monat des buddhistischen Kalenders, *Saga dawa,* Buddhas Todestag. »*So, so, so*«, rufen Hunderte von Gläubigen, die an Seilen einen riesigen Gebetsmast aufrichten, der aus einem Steinhaufen hervorragt und an dem ringsum Yakfelle befestigt sind. Diese Tradition stammt von dem Guru *Rimpoche,* der die buddhistische Religion von Indien nach Tibet brachte. Eine Kakophonie von Trompeten, Muscheln und Trommeln begleitet die Zeremonie, an der alle fröhlich teilnehmen. Der Mast muss gerade stehen, nur das bringt Glück, Wohlstand und Erlösung von allen Übeln. Neigt er sich in Richtung Mount Kailash, bedeutet das Hungersnot, Unheil und Tod, biegt er sich in die Gegenrichtung, so löst das bei der Bevölkerung gleichfalls Angst und Schrecken aus. Die Musikanten, Mönche des Klosters Gyandrak, machen in ihren prächtigen kirsch- und curryfarbenen Gewändern, die mit Goldfäden genäht sind, gemessenen Schrittes einen Kreis um den Mast. Khampas kommen aus den Zelten und werfen in Richtung des heiligen Berges Hände voll *tsampa* auf den Mast. Einige chinesische Polizisten, Gewehr auf dem Rücken und Knüppel in der Hand, laufen ungeachtet der Zeremonie durch die Menge. Manche der Pilger schneiden sich einen Span vom Mast und stecken den kostbaren Schatz unter ihren schweren Fellmantel.

Direkt über dem Ort des Rituals simulieren auf dem Friedhof Drachom Ngagye Durtrö andere Tibeter ihren eigenen Tod in den verschiedensten Variationen: Sie legen sich nebeneinander auf die Steine, schlingen sich einen Strick um den Hals, durchstechen sich mit einer Nadel die Zunge und wälzen sich blutspuckend auf der Erde. Jeder lässt hier etwas zurück, Symbol eines Teils seiner selbst: Ein altes Hemd, eine Hose, einen Schuh. Ein Mönch murmelt mit geschlossenen Augen unaufhörlich Mantras vor sich hin, als ob es keine Zeit mehr gäbe, als ob nicht schon die ersten Wolken vom Bengalischen Golf heraufgezogen wären und den Mount Kailash verhüllen. Der Indische Subkontinent wird bereits von den ersten Monsunstürmen heimgesucht. »So ruhig wie die Berge im Sturm, so unerschütterlich bleibt der Weise inmitten von Lob und Tadel«, heißt es im Dhammapada.

Die innere Sammlung, zu der diese mystische und gleichzeitig so strenge und nüchterne Landschaft anregt, in Verbindung mit dem Erregungszustand der physischen Anstrengung, die es kostet, überhaupt hierherzugelangen, bringt mir immer deutlicher die Grundfrage zu Bewusstsein: Was veranlasst mich, ewig durch die Welt zu pilgern? Ich denke an meinen Bruder René, der mit 22 Jahren in Neuguinea bei einer Höhlenexpedition ums Leben kam. Es war im Sommer 1979. Die Gruppe drang in einen unbekannten Teil der Kava-Kuna-Höhle vor. Große Müdigkeit, viel Lärm, wenig Licht. René sollte, mit Händen und Füßen an einem Seil hängend, als zweiter einen reißenden unterirdischen Fluss überqueren. Als er schon fast am anderen Ufer angekommen war, löste sich ein Knoten. René stürzte trotz Rücklaufsicherungsrolle in den Fluss und war tot.

Dieser Unfall war ein Wendepunkt in meinem Leben. Er hat mir einmal mehr gezeigt, dass es wichtig ist, seine Träume zu leben und dafür etwas zu wagen. René konnte seinen großen Wunsch verwirklichen: Einen der tiefsten Abgründe der Welt zu erforschen … Das was zählt, ist die Liebe zum Leben, der Glaube ans eigene Tun. Wenn ich jetzt den größten meiner Träume verwirkliche, so denke ich dabei auch an ihn. Ich erinnere mich genau, mit welch glühender Begeisterung und mit welcher Kraft er sich für seine Vorhaben einsetzte, und das gibt mir neue Energie. Ich habe immer das Gefühl, dass er bei meinen Entdeckungsreisen bei mir ist.

Zwei Wochen später hat mein Yak wieder die Piste unter den Reifen. Die Sonne bricht unter der Wolkendecke nochmals hervor und taucht den Himmel in die warmen Farben des Abends. Ich fühle mich missmutig, ein bisschen wehmütig, Kopf und Beine wollen nicht so recht. Wie immer, wenn ich eine Zeitlang irgendwo bleibe, ist der Aufbruch hart. Schlafen möchte ich, mich einpuppen, alles vergessen …

Die Hunde auf den Fersen kämpfe ich mich mühsam gegen den Wind einen Abhang hinauf. Auf den Flanken liegt Schnee, Wasser läuft in Rinnsalen über die Piste, wodurch ich noch langsamer vorankomme. Als ich einmal hinaufschaue, sehe ich oben auf dem Kamm die Umrisse einer Schafherde. Ich versuche, die allgegenwärtigen Gebetsfahnen zu entdecken, die den Gipfel ankündigen. In den vereisten Kurven komme ich gefährlich ins Rutschen. Die durchnässten Füße sinken tief im Schnee ein. Endlich bin ich oben, auf dem 5610 m hohen Ayi, dem höchsten Pass, den ich je mit meinem Rad überquert habe! Eine süße Mischung aus Müdigkeit und Schwere, gepaart mit totaler Wunschlosigkeit, lullt mich ein. Erst als die Sonne fast unter dem Horizont ist, spüre ich die Kälte.

Ich stelle mein Zelt gerne zu denen der Nomaden, so fühle ich mich nicht so allein. Die Tibeter gestikulieren und werfen Steine, um ihre Herde zusammenzutreiben. Die Frauen können mit ihren Tieren sehr ungestüm umgehen: Manchmal packen sie die Ziegen, drehen sie herum und werfen sie mit Gewalt auf den Boden. Sie zögern nicht, auf ungehorsame mit Steinen zu werfen. Blitzschnell sind sie mitten in der Herde und schon haben sie eine Ziege bei den Hörnern, die geschoren werden soll.

■ *Der Ayi-Pass, höchster Pass der Weltumradlung (5610 m)*

Oft werde ich in ein Zelt eingeladen, so rauchig, dass einem die Augen tränen. Wir sitzen dann vor einem Berg Reis oder *tsampa* und essen Joghurt dazu. Zu trinken gibt es wie immer Tee mit gesalzener Butter, soviel man will. Diesen Stunden, in denen ich die tibetische Gastfreundschaft genießen darf, fehlt selten eine humoristische Note: Eine Großmutter macht sich daran, meine Instant-Nudeln roh zu verzehren … Eine Familie schwört Stein und Bein, dass auf meinen Fotos nicht der »echte« Dalai Lama abgebildet sei … Ein Tibeter hält sich meine Trinkflasche an die Nase, und obwohl er bestimmt kein Benzin riecht, macht er doch ein Moped aus meinem Yak und hantiert an Gangschaltung und Bremsgriffen. In Europa wurde ich immer zuerst gefragt: »Warum bist du eigentlich auf Reisen?« Im Orient macht man zuerst die Türe auf, lässt mich niedersitzen und gibt mir Tee. Man lindert Müdigkeit, Hunger und Einsamkeit. Wie das indische Sprichwort sagt: »Alles, was nicht geschenkt wird, ist verloren«.

Die Route dreht nach Süden, führt in einen Canyon heller poröser Felsen. Ich ziehe die Bremsen und halte an, als ich sehe, wie eine Frau, ein rotes Kopftuch auf dem langen grauen Haar, auf mich zuläuft – eine Touristin! Im Schatten ihres Zeltes verwandelt Ichie Watanabe, Schriftstellerin aus Japan, um die fünfzig, meine spartanische Tour plötzlich in eine gastronomische Exkursion: Kaffee, gefriergetrocknete japanische Nahrung, tibetische Suppe, chinesische Spezialitäten ... Seit fünf Monaten bereist sie Tibet im Sattel, begleitet von vier Tibetern: Zwei zu Pferd, ein Koch, ein Lkw-Fahrer. Zwei Leidenschaften haben sie hierher geführt: Das Schreiben und ihre Liebe zu Tibet. Aber sie ist nicht so bekannt wie ihr Mann, Makoto Shina. »Er gehört zu den besten zeitgenössischen Schriftstellern – 100 Bücher und ein Film über die Mongolei produzierte er schon!«, sagt sie.

Seltsam, ohne es zu ahnen, ist sie es, die mich hier, mitten in der tibetischen Wüste, dazu führt, zwei meiner großen Träume mit meinen Mitteln in Angriff zu nehmen: Mit zwei Rädern Japan zu bereisen und später mit eigener Feder ein Buch zu schreiben ...

Durch den Canyon fällt die Piste seit Lhasa zum ersten Mal unter 4000 m ab und mündet in das weite Sutlejtal. Eine einsame Felswüste, der Erosion durch den Wind ausgesetzt, mutet es an wie eine Landschaft auf dem Meeresgrund. In den Felsvertiefungen haben sich seit Urzeiten Eremiten zurückgezogen, um an diesem Ort der Leere ein Leben der Kontemplation zu führen. 1965 haben die Chinesen eine Brücke über den Fluss gebaut, der desgleichen »Elefantenfluss« genannt wird. Nicht weit davon steht eine alte Hängebrücke, Anfang des Jahrhunderts von der englischen Armee errichtet, vollbehängt mit Gebetsfahnen. Am Fluss angelt ein junger Chinese, er trägt den Strohhut der Tieflandbauern. Mit einem Mal kommt er auf mich zu und begrüßt mich mit einem zahnlosen Lächeln.

»This region is in development, you know, in development«. Er wiederholt »in Entwicklung«, um seinem bruchstückhaften Englisch Nachdruck zu verleihen.

»In Entwicklung?« Ich schaue in die Runde: Felsen, die eher nach einer Laune der Urgeschichte aussehen, in einer Landschaft so leer wie jungfräulich.

Stolz fährt er fort: »We project build electric power station next year ...«

Seine Naivität über ein hier geplantes Kraftwerk erschreckt mich. Die ökologischen Folgen der Entwicklung sind ihm unbekannt ... Ich schaue hinunter auf den Fluss, der durch Nordindien und später in Pakistan in den Indus fließen wird, der wiederum in Karachi in den Indischen Ozean mündet, ohne sich unterwegs um Landesgrenzen zu kümmern ... Ich wünsche mir, den Tag zu erleben, wo die Menschen so viel Verstand haben wie die Flüsse ...

Ausgelaugt von der Bergfahrerei erreiche ich die Oase Töling. Dort treffe ich einen chinesischen Lkw-Fahrer, doch nicht einen wie alle andern: Ein junges entschlossenes Gesicht, schwarzweißes Fußballertrikot mit der Aufschrift »Nr. 13«. An ihm ist eindeutig ein Formel-Eins-Fahrer verloren gegangen ... Er nimmt mich mit nach Tsaparang. Hier war einst das Königreich von Guge, im 10. Jahrhundert das wichtigste buddhistische Zentrum Tibets. Die Klostergebäude, architektonisch eine Besonderheit, ziehen sich harmonisch den Abhang hinunter. Die zahlreichen Buddhastatuen des Klosters wurden von den Roten Garden während der chinesischen Kulturrevolution verwüstet. Vom Hauptgebäude aus schweift der Blick frei über das weite Sutlejtal, das von hellen Sandbergen eingerahmt wird. Eine leere unwirkliche Mondlandschaft, in der die wenigen Gerstenäcker am Flussufer einzige Spur des Menschen sind.

Da ich nicht im Besitz des obligatorischen »Kulturscheins« für die Besichtigung bin, schließe ich mich diskret einer Gruppe von Chinesen aus Shanghai an. »China Happy, Nice«, steht vorne auf der US-Baseballmütze, die alle aufhaben. Die Frauen, schön und zerbrechlich, erklimmen die endlosen Stufen mit Mühe; ihr keuchender Atem hallt in den unterirdischen Gängen. Als sie auf den Terrassen ankommen, zerfließt das Make-up, *made in Hong Kong,* unter der stechenden Julisonne wie eine Wachsmalerei, und die schönen Frauen rülpsen und spucken ungeniert. Unberührt von der Schönheit und spirituellen Ausstrahlung des Ortes werfen die Besucher ihre Limonaden- und Wasserflaschen über die Klostermauer … Ich muss an die Worte aus dem Dhammapada denken: »Weder in der Luft, noch inmitten des Ozeans, noch inmitten der Berge, noch in einem anderen Teil der Welt gibt es einen Ort, wo der Mensch den Folgen seiner Handlungen entkommen könnte.«

Vom Mt. Kailash mache ich mich auf Richtung Nordwesten. Auf einer sehr einsamen, horrenden und hochgelegenen Piste will ich bis nach Kashgar fahren, wo vor Monaten meine China-Runde begann. Distanz etwa 1500 Kilometer. Nach ein paar hundert Kilometern erreiche ich Ali, eine Stadt nur ein paar Dutzend Kilometer Luftlinie von der indischen Grenze entfernt. Am Ende einer langen Sandpiste sehe ich Wellblechdächer und purpurrote Wände. Ich bin ausgehungert und es zittern mir die Beine. Meine Nase schält sich, die Unterlippe ist aufgerissen und blutet. Gesicht und Kleidung sind voll Sand, ich schwimme in den Schuhen. Seit mehreren Wochen konnte ich mich nicht mehr ordentlich waschen. Mein T-Shirt ist von dem Salz, das ich ausschwitzte, steif wie eine Ritterrüstung …

Ali – oder Shiquanhe auf chinesisch –, seit dem Chinesisch-Indischen Krieg von 1962 Garnisonsstadt, verdankt seine Existenz einzig und allein seiner strategischen Lage. Die heißen Quellen, die hier, an der Berührungsstelle der tektonischen Platten Indiens und Eurasiens entspringen, werden von den Bewohnern für Heizungszwecke genutzt, und ich entdecke wieder das unsägliche Vergnügen einer einstündigen heißen Dusche …

Fliegende Händler aus der Provinz Kham, erkennbar an den langen Zöpfen mit eingeflochtenen roten Bändern, haben ihre Zelte zwischen den winzigen chinesischen Läden entlang der Piste aufgestellt. Die Glas- und Kachelfassaden an den Häusern rechts und links der stahlbetonierten Hauptstraße hat der Wind an vielen Stellen schon zerschlagen. Junge Chinesen in schwarzen Blousons, Haarschnitt mit Seitenfranse, in weiten Hosen, die Schuhe auf Hochglanz poliert – Wiederauferstehung der europäischen Sechziger –, spielen unter Markisen staubiger Kaschemmen Billard.

Um der Polizei nicht aufzufallen, gehe ich in die erst beste

Gastwirtschaft. Schon ewig habe ich keine anständige Mahlzeit mehr zu mir genommen. Der Besitzer ist höchst erfreut, als ich zwei große Teller Nudelsuppe bestelle, doch freut er sich noch mehr, als ich zwei Stunden später zurückkomme, um nochmals zwei weitere zu verschlingen. Hier lerne ich Liao kennen, einen völlig untypischen Chinesen aus Kanton (bei Hong Kong). Er ist 22 Jahre alt, Journalist und Fernsehreparateur. Er riskiert, mich illegal im Atelier eines befreundeten Malers zu beherbergen, der sich übrigens an buddhistischer Kunst inspiriert. Dank dieser Gastfreundschaft kann ich so das einzige Hotel der Stadt vermeiden, wo noch dazu das PSB sitzt, das anscheinend einen Rad fahrenden Ausländer sucht …

Liao ist mir eine wertvolle Hilfe. Er feilscht für mich beim Kauf von 18 kg Nahrungsmitteln, die ich unbedingt brauche, um mich bis Kashgar selbst versorgen zu können. Ich erschrecke, als ich die Berge von Nudeln, Schokolade, Zucker, Milchpulver, Keksen, Tsampa, Rosinen und Brot vor mir sehe: 100 kg! Noch nie war mein Rad so schwer! Bis Kashgar sind es 1300 km. Wird mein chinesisches Visum bis dahin noch gültig sein?

Ich komme an den See Banggonk-Co, der auf 4250 m Höhe liegt. Die Insel im See ist ein Paradies für Ornithologen, denn hierher fliegen im Sommer die Zugvögel aus Südostasien. Die Landschaft ist weicher, friedlicher. Die Seeufer liegen verlassen. In einer einfachen chinesischen Restauration mache ich halt und esse Fisch mit Soja, Knoblauch und Ingwer.

Etwas weiter schlage ich das Zelt auf, das sich im Wind aufbläht wie ein Heißluftballon. Die Sonne sinkt und spiegelt sich in tausend Purpurfarben im See. Nach und nach überzieht sich der hohe nächtliche Himmel mit Sternen. Alles, was sich regt, jedes Geräusch nimmt hier eine maßlose Bedeutung an: Das Geräusch des Kochers, seine Wärme und sein Licht, der Dampf und die Gerüche aus dem Kochtopf, der Schatten meines Fahrrads, den der Mond auf das Zelt wirft … all das gibt mir eine gewisse Geborgenheit.

Die Kilometersteine – soweit vorhanden – sind für mich wichtige Orientierungshilfen und treiben mich weiter. Als ich bei km

705 ankomme, sehe ich in der Ferne eine winzige Radlerkontur, die immer größer und deutlicher wird: Hiroaki Kawabata, 30 Jahre und aus Osaka, ist im Mai in Islamabad (Pakistan) losgefahren und möchte nach Lhasa. Wir freuen uns beide und teilen Informationen über unsere Routen, die sonst nirgends zu finden sind: Entfernungen, Lagerstellen, Proviantversorgung, Lage und Höhe der Pässe, Zustand der Pisten, Kontrollposten ... Trotz der Verständigungsschwierigkeiten und unserer unterschiedlichen Herkunft fühlen wir uns nahe. Wir reisen auf die gleiche Art und Weise, und es zieht uns hierher. Wir kommen einfach nicht weg von diesen 3000 Kilometern Piste, den höchsten der Erde, die man nur an den beiden Endpunkten verlassen kann: in Lhasa und in Kashgar. Innerlich bewegt und mit neuen Kräften trennen wir uns. Schade, dass wir nicht in die gleiche Richtung fahren.

Die Hochebene von Aksai Chin (desgleichen Natronebene genannt) ist mit über 5300 Metern Höhe eine der unwirtlichsten Gegenden des Planeten, da der Permafrost jede Vegetation und damit jedes Leben unmöglich macht. Auf diesem riesigen Plateau gibt es nichts als Steine, in 100 km Umkreis befindet sich nicht eine Wasserstelle, die ganze Öde und Verlassenheit der Welt scheint sich hier zu konzentrieren. Trotzdem hat die chinesische Armee 1962 dieses Gebiet, das zu Indien gehörte, okkupiert und dort ohne Wissen der Inder diese Piste gebaut. Die Verwirklichung dieses fehlenden Streckenstücks der Transchinaverbindung Peking – Kashgar durch Tibet war ursprünglich ein Projekt Mao Tsetungs.

Das Militärlager von Tianshuihai scheint die entlegenste Radlerunterkunft der Welt zu werden! Nachdem erst zwei Tage zuvor Hiroaki dort war, werde ich von den überraschten Militärs in ihrer Kaserne wie ein Kaiser empfangen. So bleibt mir eine eiskalte Nacht erspart, denn meine selbstaufblasbare Luftmatratze ist schon lange kaputt.

Bemützt und bebrillt, mit Tuch um Mund und Nase fahre ich eisern weiter. In dieser Unendlichkeit aus Stein und Sand kann ich das fast mystische Tibetbild der Europäer kaum teilen, ebensowenig die Vorstellung der alten chinesischen Texte vom »reichen Haus im Westen« …

Die Grenze zwischen Tibet und der großen nordwestlichen Chinaprovinz Xinjiang fällt nicht weiter auf, doch an den Menschen merkt man den Ortswechsel. Nachdem die freimütig-offenen Blicke der schönen Tibeterinnen in den letzten Monaten für mich zur Selbstverständlichkeit wurden, erwartet mich hier die raue Männergesellschaft der Uiguren. Ich verbringe eine Nacht in einem Straßenarbeiterlager. Diese stämmigen Söhne der Wüste, oft mit glattrasiertem Schädel, fragen mich sofort:

»Bist du Muslim? Gibt es in der Schweiz viele Muslime?«

Geborene Schacherer, wollen sie unbedingt, dass ich ihnen für einen Hosenknopf meine Uhr – Made in Switzerland – verkaufe. Als ich ihnen ein Foto vom Dalai Lama zeige, recken sie den Daumen in die Luft; sie sind auch auf seiner Seite, nicht wegen der Religion, sondern weil er wie sie den Chinesen Widerstand leistet. Einer der Männer stopft Kohle in den Ofen, aus dem ein höllischer Rauch aufsteigt, ein anderer schabt gelbe Rüben auf einem umgefallenen Kilometerstein.

Nach einer Nacht in ihrem Zelt fahre ich weiter. Oft muss ich schieben, weil die Piste katastrophal ist oder weil es schneit. Ich passiere zwei Lastwagen, die verunglückt sind und auf der Seite liegen. Die Fahrer stehen daneben, in Decken eingehüllt, und warten vergeblich auf Hilfe. Ich sage mir gerade, dass ich die beiden nicht beneide, da reißt mir die Kette …!

Beim Reparaturversuch gibt mein dafür spezielles High-Tech-Werkzeug seinen Geist auf. Nichts zu machen. So wende ich meine altbewährte »Neandertal-Methode« an: Universalschlüssel und ein großer Stein, der Schlag sitzt und das Ding ist wieder zusammen. Eigenartigerweise hatte ich in Tibet die einzigen zwei Platten direkt vor einem Hotel, einen bei der Ankunft, einen bei der Abreise … als ob mir die Zivilisation einen Streich spielen wollte.

Ein Stück weiter beaufsichtigt ein Offizier Arbeiter, wie sie mit Brechstangen Löcher für Dynamitpatronen in den Fels treiben. Detonationen krachen, Männer bilden eine lange Kette und geben Steine weiter bis an eine Mauer, die mit Mörtel und Kelle aufgesetzt wird.

Wo ich jetzt bin, gibt es in regelmäßigen Abständen Straßenarbeiterlager. Die sind inzwischen zu meinen Karawansereien geworden. Heute abend, am km 278, bin ich in einem dieser Lager zu einem riesigen Topf Spaghetti eingeladen. Nach dem Essen stimmt einer der Männer einen gutturalen Gesang an und spielt auf einem traditionellen Musikinstrument, dem *sas*, bestehend aus Hals, Resonanzkörper und drei Saiten. Zwei junge Uiguren fangen an zu tanzen. Ruckartig bewegen sich ihre Hüften in suggestiven Bewegungen aufeinander zu, wobei sie sich gegenseitig mit einem Tuch, das sie vorher auf der Schulter hatten, auf das Hinterteil schlagen … Junge Leute, die Mütze schräg auf dem Kopf, sitzen enggedrängt auf den Betten und drehen sich mit Zeitungspapier Zigaretten. Sie kauen Sonnenblumenkerne und spucken die Schalen auf den gestampften Lehmboden.

Später werden Hocker gebracht. Der Sänger setzt sich in die Mitte und gießt sich ein Glas *Kung-fu* ein, das er in einem Zug leert. Dann reicht er die Flasche den ältesten in der Runde weiter, die sich der Reihe nach bedienen. Am km 278 lässt man sich wegen des muslimischen Alkoholverbots offensichtlich keine grauen Haare wachsen … Am nächsten Morgen rollt der Koch Berge von Nudeln aus, schätzungsweise mindestens 25 kg! Wir hocken auf den Fersen und essen dazu die kleinen trockenen runden Brote vom Vortag.

Jetzt steuere ich auf den Teil meiner Fahrt zu, der in Anbetracht der kurzen Entfernung den größten Höhenunterschied aufweist. Auf 200 km Strecke verliere ich 4000 m Höhe und überquere dabei zwei Pässe mit über 5000 m! Der heftige Wind türmt Sanddünen von oft mehr als 2 m Höhe auf, welche die Piste verwehen. Ein Bulldozer schiebt sie zur Seite, und Dutzende von Chinesen, mit Schaufeln ausgerüstet, bringen die Sandwände zum Einsturz. Lastwagen kippen Ladungen voll Steine auf die Piste, um sie zu befestigen. Der Sandstaub wirbelt durch die Luft und vernebelt Farben und Konturen. Und keinen Tropfen Wasser gibt es bei dieser Gluthitze!

Der zweite Pass, freigesprengt, droht ganz zu versanden (2001 ist diese Piste unbefahrbar geworden). Nach dieser letzten Höhe fällt die Landschaft endgültig zur Wüste Takla Makan hin ab … Vor drei Monaten fuhr ich begeistert Tag für Tag aufwärts, dem tibetischen Hochland entgegen. Es hat mich ausgelaugt, ich bin abgemagert und habe dauernd Durst gelitten, doch es hat mich überwältigt. Aus all den furchtbaren Strapazen hat sich eine Liebesgeschichte entwickelt. Die kurvenreichen Pisten, die endlos langen Täler, die wilden Felsen lassen mich nicht mehr los. Der konstante Widerspruch zwischen Freude und härtester Qual, den ich in Tibet am eigenen Leib erfahren habe, gab mir die sichere Gewissheit: Hierher würde ich zurückkehren …

Die erste Oase mit Pappelalleen und dem fröhlichen Glucksen des Wassers in den Kanälen kommt in Sicht. In Yecheng, wo die südliche Seidenstraße durchführt, schließt sich der Kreis meiner Rundreise. Ich kann den hier feilgeboten und zu kleinen Pyramidentürmchen aufgeschichteten Aprikosen, Melonen und Wassermelonen nicht mehr widerstehen. Die Frauen mit ihren langen schwarzen Locken und paillettenglitzernden Sommerröcken werfen mir verstohlene Blicke zu. Die Welt liegt in der Hitze wie gelähmt. Bei Einbruch der Nacht sind es immer noch 29 Grad. Wie herrlich!

Am nächsten Tag schaffe ich 160 km! In Tibet hätte ich dafür drei harte Tage gebraucht. Durch meinen Höhenaufenthalt habe ich jetzt so viele rote Blutkörperchen, dass ich nur so flitze.

Dann Kashgar. Vor mehr als 5 Monaten habe ich es verlassen, und nun bin ich wieder da! Der Strom der mit Passagieren überquellenden Busse und die vielen mit riesigen Ballen beladenen Eselskarren versetzt mich in einen Zustand der Euphorie: Die Wüste liegt hinter mir.

Obwohl ich mich über das bunte Leben und Treiben freue, habe ich das Gefühl, dass ich inzwischen ausgeflippt bin: Fast wilder als ein Yak kann ich mich nicht mehr an die Städte mit ihren vielen Menschen gewöhnen! Es geht mir wie dem Matrosen nach vielen Monaten auf hoher See. Der Asphalt der Hauptstraße schwankt unter meinen Füßen. Mit wirrem Haar, bärtig und mit sonnengegerbter Haut, hohläugig und mit flackerndem Blick steuere ich unsicheren Schrittes in eine Kneipe. Beim Anblick der reizvollen Bedienung fürchte ich tatsächlich um meinen Verstand …

Einige Tage lang werfe ich mich auf die üppigsten Mahlzeiten wie ein ausgehungerter Wolf, danach schlage ich den Weg westlich zur kirgisischen Grenze ein. Die Straße führt durch Pappelwälder, die den Sandsturm abhalten. Es ist ein alter Abzweig der Seidenstraße und der kürzeste Weg ins kirgisische Alaital, und auch ins Basislager des Pik Lenin, wo mich meine Freunde aus Bischkek erwarten.

Diese Route zur Grenze zu wählen heißt alles auf eine Karte setzen. Niemand konnte mir sagen, ob sie dort offen ist oder nicht. Trotz der prächtigen grünen Oasen, an denen ich vorbeifahre, beschleicht mich ein ungutes Vorgefühl … 14 km vor der chinesisch-kirgisischen Grenze hält mich die Polizei an. Der Grenzposten ist seit 50 Jahren geschlossen!

Mein Versuch, China diskret zu verlassen, endet also auf dem Polizeirevier. Ein Polizist liegt auf einer Pritsche und spielt mit einem Gummiband. Ein anderer, im Lotussitz, wählt unablässig auf einem Telefon, das sich in einer Holzkiste befindet. Gemeinsam haben wir nur die löchrigen Socken.

Durch die angelehnte Tür sieht man eine chinesische Polizistin, die ihre Weiblichkeit kokett zur Schau trägt. Ungeniert marschiert sie quer durch einen Trupp Soldaten, die unter gleißender Sonne zur Trillerpfeife exerzieren. Als sie unseren Raum betritt, richten sich alle Blicke auf sie. Man bringt mir Tee. Da keiner hier Englisch kann, will man mich nach Artux bringen, das 50 km in Richtung Kashgar liegt. Soldaten halten ein Jeep-Taxi an und lassen alle Passagiere aussteigen, um mich mit meinem Fahrrad unterzubringen. So löst man ein Problem und schafft ein neues. Um Treibstoff zu sparen, stellt der Fahrer, sobald es abwärts geht, den

Motor ab und wir sausen mit ohrenbetäubendem Hupkonzert ungebremst dahin.

In Artux werde ich verhört. Der Polizist fragt höflich, aber festen Tons:

»Warum befinden Sie sich in China?«

In seinem Buch der chinesischen Gesetze sucht er das Kapitel »Illegal Travellers« und vertieft sich darin. Dann sagt er, sichtlich stolz auf seine Leistung: »Sie müssen wissen, ich habe Englisch alleine gelernt. Reisen Sie alleine? Haben Sie im Grenzgebiet fotografiert?«

Wie die meisten Chinesen ist er fanatisch davon besessen, die Gesetze mit peinlichster Genauigkeit einzuhalten. Doch er lässt es sich nicht nehmen, das Verhör zum Abendessen in einem benachbarten Gasthaus zu unterbrechen. Während wir essen sagt er:

»Korrigieren Sie mich, wenn ich Englischfehler mache …«

»Ihr Beruf und Alter; Brüder, Schwestern? Adresse?«

»Ich habe keine Adresse.«

»Sind Sie ein Affe, dass Sie kein Zuhause haben?« Er ist fassungslos.

Noch unglaublicher scheint ihm allerdings meine fünfmonatige Fahrt über 7000 km quer durch Tibet und die Wüste Takla Makan!

Trotz meiner heiklen Lage fühle ich mich nicht bedroht und in keiner Weise schuldig. Wieder auf der Wache nütze ich eine Pause, um Peter Flemings Briefe aus der Tartarei (1935) durchzublättern. Zufällig stoße ich auf folgenden Abschnitt: »… denn ich weiß, wie schnell und leicht der Aufschub auf dem asiatischen Boden gedeiht, wie unauffällig ein Tag mehr, oder selbst zwei oder drei, im komplizierten Labyrinth der chinesischen Kunst der Verzögerung verloren gehen …« Trotz der Revolution von 1949 scheint sich hier nichts wirklich geändert zu haben. Ich weiß, ich muss mich mit Geduld wappnen.

Meine Person bringt den Polizisten in Verlegenheit, doch gleichzeitig ist er fasziniert und er bringt mir eine wohltuende Sympathie entgegen. Dieser Uigure, der im Umgang mit seinen Kollegen eine große Schnauze an den Tag legt, fährt mich mit seinem

Motorrad, dessen Sitz er mit einem Handtuch bedeckt hat, ins unweit gelegene Hotel. Dass ein Ausländer dort fünfmal so viel bezahlen muss wie ein Chinese, überrascht ihn nicht. Aber er feilscht doch für mich, denn er sagt: »Du bist sehr lange unterwegs!«

Am nächsten Tag entdeckt er bei der Gepäckdurchsuchung Bilder vom Dalai Lama, den die Chinesen ja als Verbrecher betrachten. Wohlwollend geht er darüber hinweg. Mein chinesisches Visum von fünf Monaten läuft heute aus, an meinem 35. Geburtstag … Ohne zu bemerken, dass es gefälscht ist, verlängert er es mir um 8 Tage. Er sagt, dass er den Grenzposten in Torugart beauftragt hat, mein Fahrrad zu konfiszieren, sollte ich versuchen, die Grenze mit ihm zu passieren. Danach lädt er mich ins Gasthaus ein und begleitet mich zum Stadtausgang, beinahe traurig, mich abreisen zu sehen. Er befindet sich im Konflikt zwischen Pflicht und Gefühl. Vorher hat er mir noch gewissenhaft 500 Yuan (etwa 50 Dollar) abverlangt. Gesetz ist Gesetz.

KAPITEL VII

VODKA UND IMPROVISATIONSTALENT

Von der Polizei auf freien Fuß gesetzt bin ich immer noch in China. Ich habe restliche acht Tage, und da ich den Pik Lenin besteigen und zu meinen Freunden zurück möchte, bräuchte ich nur noch loszufahren, in Richtung Torugart Pass, den ich vor fünf Monaten überquert habe. Aber zuerst gehe ich zum dritten Mal nach Kashgar, wo mich französische Freunde, die ich in Tibet kennengelernt habe, mit Knallfröschen, Feuerwerk und Sahnetörtchen zu meinem Geburtstag erwarten. Morgens auf der Wache, abends Champagner ..

Da ich befürchte, an der Grenze angehalten zu werden, wenn ich auf dem Fahrrad dort eintreffe, suche ich einen Lastwagen, der mich mitsamt Velo mitnimmt. Ich finde eine Gruppe von Kirgisen, die einen gemieteten Bus vollgestopft haben mit Spirituosen, Fernseh- und Kassettengeräten, die sie bei sich zu Hause weiterverkaufen. An der Grenze laden wir 24 t chinesischen Wodka auf russische Lastwagen um, das sind 48.000 Flaschen!

Ich komme wieder an den gleichen chinesischen Zoll, den ich fünf Monate vorher im Sprint verlassen musste. Er gleicht jetzt einem improvisierten Bazar: Blechbaracken und Zelte, wo Alkohol, Zigaretten und allerlei Ramsch feilgeboten werden. Die amtlichen Gebäude werden demontiert, teilweise hat man schon die Holzbalken gestohlen, dieses Niemandsland ist dabei, eine Gespensterstadt zu werden. Das neue Zollhaus steht bereits etwas weiter unten im Tal und tritt demnächst in Funktion.

Gegen Mittag öffnet der Zoll. Dutzende von Händen strecken ihren Pass an den Schalter. Der chinesische Beamte ergreift meinen, will ihn aber nicht wieder zurückgeben, weil er darin kein kirgisisches Visum findet. Die Lkw-Fahrer und die anderen Reisenden werden anstandslos durchgelassen. Mehrfach versuche ich, mich dem Schalter zu nähern, um wieder an meinen Pass zu gelangen, der seit gut zwei Stunden »verschwunden« ist. Doch wie in China gelernt, lasse ich mir meine Unruhe nicht im geringsten anmerken, gehe kein Risiko ein, beherrsche mich und bleibe freundlich. Etwas mehr als zwei Stunden später knallt der Ausreisestempel endlich in meinen Pass, »aber Sie können nicht nach China zurück«, sagt man mir kategorisch, als sei das eine Drohung. Mir ist das nur recht. Dann können mich die Kirgisen nicht abweisen!

Als Globetreter ohne Rückreisedatum bekommt man das Gefühl, man lebe außerhalb der Zeit und sei völlig frei, denn allem Anschein nach hat man keine Verpflichtungen. Doch das täuscht. Es gibt ständig echte Zwänge: Man braucht ein gültiges Visum, muss den Winter meiden, Ersatzteile oder Post in Empfang nehmen, ist krank etc. Wieder einmal muss ich das am eigenen Leib erfahren.

Es ist Ende Juli 1995. Ich denke daran, wie ich im Februar bei grimmiger Kälte den Triumphbogen passierte … Doch die Partie ist noch nicht gewonnen. Die lange Schlange der Lastwagen reicht bis hin zum kirgisischen Zoll, an dem sich seltsamerweise noch russische Militärs befinden. Die Fahrer, an langes Warten und schwerfällige Verwaltung gewöhnt, fangen an zu kochen oder in ihren Kabinen Tee zu machen. Ich dagegen schwinge mich in den Sattel und stehe ein paar Minuten später vor einem alten Bekannten … Sacha, der junge Offizier, der mich im Februar nach Bischkek geschickt hatte, um dort ein Visum eintragen zu lassen. Er stellt fest, dass ich jetzt wieder keines habe.

»Claude, jedesmal, wenn du hier vorbeikommst, machst du uns Ärger!«

Sein Vorgesetzter gibt ihm unmissverständlich den telefonischen Befehl, mich nach China zurückzuschicken! Er steht auf, deutet mit der Hand in Richtung China und drückt meinen Pass einem Fahrer in die Hand, der entschlossenen Schrittes auf seinen Lkw zusteuert … Ich weigere mich ihm zu folgen, protestiere mit aller Kraft, setze mich neben mein Fahrrad und breche vor Wut in Tränen aus … Ich kann diese Kerle nicht mehr ertragen, diese absurde Welt, die von Despoten in Stücke geschnitten wird!

Seltsam, die Szene rührt die große slawische Seele der Russen. Alles nimmt mit einem Mal eine neue Wendung. Ein Offizier kommt auf mich zu, gibt mir ein Stück Speck, Brot und eine halbe Wassermelone. Er klopft mir auf die Schulter:

»Nur Ruhe, das geht schon in Ordnung«.

Später, als ich Bilder von meiner Reise zeige, umringt mich das ganze Regiment.

Es kommt die Nacht, und die Schranken der Grenze werden abgeschlossen. Ich bin zwar jetzt auf der richtigen Seite, aber noch nicht auf freiem Fuß. Wie soll ich da so schnell wie möglich herauskommen?

Ich werde zusammen mit meinem Yak in ein Büro im 1. Stock eingesperrt. Zum Zeitvertreib krame ich in einer Schublade und entdecke ein Dokument des »Home Office of United Kingdom, Immigration Office« mit dem Titel »The detection of travel document abuse: A Guide for Couriers« – Wie das wohl hierhergekommen ist?

Um 23.30 Uhr bringen meine Gefängniswärter Brot, Konserven und eine Kanne Tee, aber ich muss die ganze Nacht hinter Schloss und Riegel bleiben.

Doch zum Glück sitze ich wegen dieser Visumgeschichte hier nicht ewig fest. Am nächsten Morgen kommen die Militärs und schütteln mir der Reihe nach die Hand. Daraufhin erhalte ich sofort den Einreisestempel für Kirgistan. Ein PS-starkes Fahrzeug voller Zivilisten bringt mich auf ein Plateau von 3000 m Höhe, wo zahlreiche Bunker, die 1982 gegen eine chinesische Offensive errichtet wurden, den Eindruck erwecken, sie seien aus dem Erdboden herausgewachsen. Nach den hohen Gipfeln in Tibet kommen mir diese Berge, auf denen kaum Schnee liegt, lächerlich niedrig vor. Ich werde am Polizeiposten der nächsten Stadt, Naryn, abgesetzt und muss versprechen, mir in Bischkek ein offizielles kirgisisches Visum zu besorgen, was ich aber nicht tun werde. Mein Ziel ist, so schnell wie möglich das Pamirhochland zu erreichen, um zwei Pläne zu verwirklichen, an denen mir sehr liegt: Ich will wie erwähnt den Pik Lenin besteigen (7134 m) und anschließend die Transpamir unter die Reifen nehmen, die auf tadschikischem Boden an der afghanischen Grenze entlangführt.

Jedoch ist die Jahreszeit schon sehr weit fortgeschritten, und bis ich mit dem Rad dort bin, ist es wahrscheinlich zu spät. Und habe keine Zeit mehr, um mich für die Höhe zu akklimatisieren. Aber das Glück ist auf meiner Seite: Die drei Lkw-Fahrer, die ich von der Grenze her kenne, sind bereit, mich zum Fuß des Pik Lenin mitzunehmen. Momentan sitzen sie allerdings noch auf einem abgeschlossenen Parkplatz fest und warten auf die Zollabfertigung.

Die Beamten stellen offizielle Frachtdokumente aus und kassieren dabei völlig inoffizielle Gebühren. Wie diese Beträge festgesetzt werden ist nicht in Erfahrung zu bringen. Der eine zahlt 100 Dollar pro Lastwagen, der nächste 1000 Dollar für drei Fahrzeuge. Die Fahrer leisten passiven Widerstand: Sie parken Heck an Heck, damit niemand an ihre Ladung herankommt. Auf dem Boden haben sie ein Tuch ausgebreitet mit Kaffee, Wodka, Brot und Zigaretten. Man muss ja die Zeit totschlagen. So ist das Leben, sagen die Russen. Sie sagen es auf Französisch: »C'est la vie«. Ein Lkw-Fahrer in den GUS-Staaten muss auf alles vorbereitet sein.

Eine Handbewegung der Miliz, und jedes Fahrzeug hält augenblicklich. Die Polizei ist streng. Sie schenkt einem nichts, ganz im Gegenteil: Die Polizisten bedienen sich in den Lastwägen wie in einem Supermarkt. Das erfordert Nerven wie Draht. Ständig werden wir von der Polizei angehalten:

»Wodka, Fernseher, Geld, Kassettengeräte, Zigaretten?«

Unterwegs liefert Olga, die Geschäftsfrau, die diesen Konvoi finanziert hat, dem Polizeikommandanten einen Fernseher direkt ins Haus. Den Polizisten die uns anhalten schenken wir Kekse und Plastikspielzeug für ihre Kinder. Etwas später klettern zwei Polizisten an Bord und dirigieren unsere Lkw auf einen Platz, der hinter uns abgeschlossen wird. Jetzt wird gefeilscht, die Fahrer ziehen alle Register, nehmen einen Polizisten am Arm, schützen Freundschaft vor, sagen, wie sehr sie sich abrackern für einen Hungerlohn, dass sie nur Geschenke dabei haben für Familie und Freunde. Die Atmosphäre ist gespannt, schließlich haben die

Fahrer noch ein paar tausend Kilometer vor sich, sie stammen aus Ulianowsk (der Stadt Lenins) und sind am Ende ihrer Kräfte, drei Monate haben sie ihre Familien nicht gesehen, drei Monate nichts als Ärger … Wenn uns angetrunkene Polizisten anhalten, greifen wir sofort in die strategische Reserve hinter dem Sitz und halten ihnen eine Flasche Wodka hin. Mit Alkohol fließt alles besser.

Wir fahren Tag und Nacht durch eine hügelige Landschaft. Flüsse winden sich in vielen Schleifen durch das niedere Grasland. Hie und da tauchen Jurten auf, es weiden Schafe, Yaks, Pferde. Im Sommer stürmt ganz Kirgistan auf die Berge, man verlässt die Holzhäuser im Tal für eine Weile. Am Straßenrand stehen Kinder in Grüppchen zusammen und verkaufen Kanister voll *kumis* (frische Stutenmilch). Frauen spinnen Wolle, um Teppiche daraus zu weben. Wir schlafen in den Fahrzeugkabinen, in den Lagern der Straßenarbeiter oder in Jurten, die man in *tchaikhanas* verwandelt hat. Durch die Perestroika sind viele kleine Läden wie Pilze aus dem Boden geschossen. Das tägliche Leben hat dadurch entschieden an Qualität gewonnen. So kann man jederzeit Fleisch am Spieß, Sahne und Honig bekommen. Für Touristen ein wahrer Segen!

Das Ende dieser Reise verläuft, abgesehen von kleineren Tücken der Technik, nahezu problemlos. Kizyl-Kiya heißt der Heimatort meiner Fahrer, eine Kleinstadt, wo jeder jeden kennt. Einer der Passagiere lässt sich absetzen. Als erstes werden die Geschenke an die Familie verteilt. Als man ihn fragt, wie China denn sei, sagt er:

»Es ist traurig, es gibt keine Vögel auf den Bäumen.«

Ich erinnere mich, dass Mao angeordnet hatte, man müsse alle Vögel ausrotten, weil sie die Kulturen auffressen …

Meine neuen Freunde setzen mir einen ledernen Panzerhelm auf den Kopf und fahren mich im Motorradbeiwagen hinaus aus der Stadt, um mir die Landhäuser inmitten von Gärten und Weinbergen zu zeigen. Alle wollen mich einladen. Meine touristischen Probleme werden wirklich lächerlich, wenn man sieht, was diese Menschen ständig alles erfinden müssen, damit sie sich über Wasser halten können: Russisches Benzin verkaufen (mit

Diesel gemischt), illegal Metalle kaufen und sie in China wieder verschachern, usw. Einer der Chauffeure resümiert das Dilemma:

»Wenn es einem gelingt, ein neues Auto (zwischen 1000 und 5000 Dollar) zu kaufen, hat man kein Geld mehr für Benzin … und wenn wieder ein wenig da ist, gibt es kein Benzin mehr …«

Trotzdem bin ich wieder gerne hier, in den GUS-Staaten, wo zwar Mangel herrscht und Resignation, aber eine unheimliche menschliche Wärme zu spüren ist. Wo keiner versteht, warum ich alleine mit dem Rad so lange herumfahre, ohne feste Route, ohne Rückreisedatum.

In einem Monat sind hier Tabak, Mais, Aprikosen und Pistazien reif. Die wunderschöne alpenähnliche Gebirgslandschaft, die Wasserfälle und brausenden Flüsse gefallen mir sehr. Von den Bergen der Alajkette weitet sich das Panorama auf das Pamirmassiv, das größte und höchste nach dem Himalaja: Hundertfünf Gipfel über 6000 m und drei der höchsten der Ex-UdSSR! Ich fahre hinunter ins Kysylsu-Tal, wo, nach Ptolemäus' Meinung, persische und chinesische Kaufleute schon Waren tauschten, bevor die Seidenstraße existierte und wo sich auch der »Steinerne Turm« (kirgisisch *Daraut Kurgan*) befindet.

Die Seidenstraße ist ein Mythos geworden. Doch Straßenräuber gibt es nach wie vor, und ich komme nicht ungeschoren davon …

Auf dem Weg vom Kysylsu-Tal zum Pik Lenin bremst ein Jeep scharf, hält ohne ersichtlichen Grund. Entschlossenen Schrittes steigen fünf Männer aus, darunter ein uniformierter Polizist.

»Sie fahren zum Pik Lenin?«

»Ja.«

»Kostet 100 Dollar.«

Er holt einen Quittungsblock aus der Tasche.

»100 Dollar, nie im Leben!«

Die Männer verlangen meinen Pass und stellen fest, dass ich kein kirgisisches Visum besitze. Ich sitze in der Falle. Sie sprechen vom Polizeikommissariat in Daraut Kurgan, was heißt, wenn sie mich dahin mitnehmen, wird mich der Spaß viel mehr kosten …

Ich begreife, ich muss Geld hergeben, sonst sehe ich meinen Pass nicht wieder … Das ist Erpressung, illegal, aber schließlich zahle ich 30 Dollar, um in das Basislager des Pik Lenin zu gelangen, das ist ein Dollar pro Kilometer, die teuerste Strecke meiner ganzen Tour!

Die Männer händigen mir eine Quittung ohne Angabe der Währung aus, nur mit dem Vermerk »Strafe«. Ich bin wütend und schwöre, dass mir das nicht nochmal passiert! Hernach geben sie Vollgas und brausen davon. Wie die Lkw-Fahrer werde ich durch die Umstände also auch offizieller Sponsor der kirgisischen Miliz!

Als ich dann den Pik Lenin endlich vor mir sehe, bekomme ich eine unbändige Lust, ihn zu besteigen! Die Piste führt immer wieder durch den Fluss, das eisige Wasser ist manchmal so tief, dass meine Radtaschen zur Hälfte darin verschwinden. Meine Werkzeuge werden rosten. Später wird der Weg zu einem Maultierpfad, so dass ich absteigen und meinen Yak über das steinige holprige Gelände schieben muss.

Es wird steiler und steiler und die Gletscher kommen näher. An den Berghängen weiden prachtvolle Pferde. Endlich entdecke ich in der Abenddämmerung die flackernden Lichter des Basislagers in 3600 m Höhe, wo ich schließlich mitten in der Nacht ankomme. Beeindruckend, dieser Ort: Eine Talsohle mit Seen, aus der die Felswände 3500 m hoch senkrecht aufsteigen. Von hier aus ist der Umriss des Pik Lenin sehr gut zu erkennen.

Erstaunlich, dass die Perestroika bis hierher an den Fuß der Pamirkette durchgedrungen ist: Seit Juli ist das Basislager privatisiert, es gehört jetzt einer kirgisischen Familie, die ich aus Bischkek kenne. Man sagt, Millionäre wollten sogar den Pik Lenin kaufen, in Konzessionen von 50 Jahren! Mit Verlängerung!

Leider muss ich dann doch auf die Gipfelbesteigung verzichten. Die Bergsteigsaison ist fast zu Ende. Außerdem ist meine in Tibet erworbene ausgezeichnete Höhenakklimatisierung nicht mehr vorhanden. Ich lasse mein Rad im Lager und passiere immerhin den »Touristenpass« auf dem Weg zum Lager 1, der auf eine lange, von Gletscherspalten zerklüftete Moräne mündet. Aus den Gletschern strömen kristallklare Bäche. Im Süden ist der Lepinski-Grat zu sehen, benannt nach dem Piloten, dessen Maschine hier vor ca. 30 Jahren an einer Felswand abstürzte, der aber das Glück hatte, sich retten zu können. Die Trümmer des Flugzeugs liegen noch da.

Ich klettere bis zum höhergelegenen Lager 2 und muss dabei tiefe Spalten überqueren. 1990 löste sich bei einem Erdbeben ein Teil des Gletschers ab, wobei das frühere Lager 2 (auf 5400 m) zerstört wurde und 43 Bergsteiger ums Leben kamen.

Im Lager 2 lerne ich Serguei Antipin kennen, Bergführer von Beruf, schon seit einem Monat an Ort und Stelle und bereit zum Aufstieg. In weniger als einem Jahr werde ich ihn in Tibet nochmals treffen, als Leiter einer russischen Mount-Everest-Expedition. Ich lerne gleichfalls eine russische Alpinistin kennen, die nicht sehr viel Erfahrung hat, aber trotz mehrerer gescheiterter Versuche den Berg im Alleingang schaffen will. Zwei Tage danach, als eine Gruppe zu später Stunde vom Gipfel ins Lager 3 hinuntersteigt, macht sie erneut einen Versuch. Am nächsten Morgen ist keine Spur mehr von ihr zu finden, bis auf einen Skistock ...

Der Unfall macht mich traurig und ich vergesse ein wenig meine Enttäuschung, dass ich selbst keinen Versuch unternehmen konnte.

Zu meinem Bedauern muss ich zudem meinen anderen Plan aufgeben, die Transpamir bis zur tadschikischen Hauptstadt Duschanbe zu befahren. Die Unzahl militärischer Kontrollposten würden mir ohne ein kirgisisches und auch ohne tadschikisches Visum nur wieder endlosen Ärger bereiten. Die Straße ist zudem häufig Schauplatz von Schusswechseln zwischen Mudschaheddins (islamischen Kämpfern) und der tadschikisch-russischen Armee. Ein Grund dafür ist der Schmuggel von afghanischem Opium.

Schlecht gelaunt kehre ich ins Basislager zurück.

Während der kommunistischen Zeit wurden alle Berge der UdSSR nach Politikern oder revolutionären Begriffen benannt. Wer den Pik Lenin erstiegen hatte, erhielt ein Diplom mit dem Bild des »Vaters des Volkes«, »Väterchen Lenin«, der ja selbst musterhaftes Beispiel gesellschaftlichen »Aufstiegs« gewesen ist

... An einer Wand im Basislager kann man ein solches Dokument in Augenschein nehmen. Meine kirgisischen Freunde meinen dazu mit einem amüsierten Seitenblick: »Bloß keine Zufallsbekanntschaften! Vorsicht, mit wem du umgehst, du ‚wahrheitsliebender, ehrlicher, moralisch hochstehender Sowjetmensch', die Imperialisten warten schon auf dich ...!«

Wenn der einbalsamierte Lenin ahnte, was es heute alles hier in den Bazars gibt: Internationale Zigaretten der Marken Bond, Dallas, Sovereign, Freedom und King, von Plastiktüten, *Made in Turkey*, strahlen rassige Blondinen, lässig ans Motorrad gelehnt, und alle Variationen von Jean-Claude Van Damne, Schwarzenegger und asiatischen Kung-Fu-Meistern ... er würde sich sicherlich in seinem Sarkophag umdrehen ...

Seit einiger Zeit wächst in mir der Wunsch, die Länder Zentralasiens und China hinter mir zu lassen, ich muss jetzt mal in ein wärmeres, sinnlicheres Land, habe Sehnsucht nach dem Meer. Vor allem aber will ich nicht noch einmal einen Winter verbringen wie den letzten, aber im nächsten Sommer will ich zurück nach Tibet.

Ende August, mit einem letzten Blick auf die leuchtende Pamirkette, steige ich mit den Angestellten des Basislagers in einen Bus nach Osh, zweitgrößte Stadt Kirgistans. Unterwegs führt uns ein weißbärtiger Usbeke in großer Eile in seine Jurte. Dort liegt ein junger Mann, sein Sohn, allem Anschein nach todkrank. Sein Blick ist starr in die Ferne gerichtet, der Körper wie leblos. Zu viert heben wir ihn auf einer Decke in den Mittelgang des Fahrzeugs. Die Piste ist katastrophal, die Fahrt chaotisch. Plötzlich beugt sich einer der Passagiere erschrocken über den Kranken und lässt den Bus anhalten. Man bringt ihn nach draußen, drei Bergführer versuchen eine halbe Stunde lang, ihn mit Mund-zu-Mund-Beatmung zu retten, während der Vater in meinen Armen weinend und schluchzend auf dem Boden kniet. Der Atem des Todkranken wird schwächer und schwächer, seine Lungen reagieren nur noch mit einem dumpfen Röcheln, aus dem Mund läuft Blut, sein Blick ist leer, er liegt reglos. Schweigend und ohne

Bewusstsein der Zeit stehen wir in der weiten Landschaft traurig um einen Toten …

In Kashkasu steigen wir am Dorfanfang aus, um, wie es die Tradition gebietet, zuerst die Ältesten zu benachrichtigen. Daraufhin wird der Verstorbene abgesetzt, einige Stunden später fahren wir weiter. Beim nächsten Bach laden wir das ganze Gepäck ab und der Fahrer besprengt mit einem Eimer Wasser das Innere des Busses, um ihn von der Berührung mit dem Tod zu reinigen. Alle waschen sich Hände und Gesicht und stürzen sich hungrig aufs Essen: Brot, gekochte Kartoffeln und Weintrauben. Durch die gemeinsame Mahlzeit kommt das Leben wieder zu seinem Recht und die Angst vor dem Tod verliert ihre Gewalt.

Bei Tagesanbruch erreichen wir Osh. Mitten in der Stadt liegt jener Hügel, wo Babur seine Gebete verrichtete. Der Stein, auf dem er saß, sei weich geworden, heißt es. Dieser türkische Herrscher war ein Nachkomme von Tamerlan und er kam im schönen Fergana-Tal zur Welt. Er fiel mit seinen Heerscharen in Nordindien ein und begründete die muslimische Mogul-Dynastie in Delhi.

■ *Usbekistan: Durchs Fergana-Tal*

Auf längeren Reisen gibt es Tage der Unentschlossenheit, »schwache Momente«, im Gegensatz zu den »starken«, wo Motivierung und Handlung aus einem Guss sind. Für mich sind »antriebslose« Tage jedoch keine Momente der Schwäche, sondern Zeiten, wo ich wieder Energie sammeln, mich körperlich und geistig regenerieren kann. Ich bekomme Lust, die Rollen einmal umzudrehen: Nicht ich ziehe um die Welt, sondern die Welt zieht vor mir vorbei. Cafés und Restaurants eignen sich dafür ideal: Man kann sich sattessen, ausruhen, und macht oft erstaunliche Bekanntschaften. Auch finde ich hier fast immer eine Lösung für meine Probleme.

In Usbekistan, in das ich anschließend weiterreise, ist die schon vorgestellte *tchaikhana* mein Lieblingsaufenthalt, ein Ort, wo man sich verabredet und sich mit Genuss einer gewissen Lebenskunst hingibt. Man vergisst die Zeit, macht es sich auf einem »Sari«, einer Art Liegebett aus Holz, bequem und trinkt grünen Tee. Eine *tchaikhana* befindet sich meist unter schattigen Bäumen, und oft fließt zugleich ein winziger Bach zwischen den Tischen vorbei, um Kühle zu spenden, und vielleicht auch ein wenig Romantik, obgleich hier nur Männer anzutreffen sind.

In einer Tchaikhana in Kokhand im Fergana-Tal komme ich mit dem Polizeikommissar ins Gespräch, der mir verständnisvoll mit ernster Miene die Frage stellt, ob der Schweizer Geheimdienst hinter mir her sei …

»In diesem Jahr wurden in Usbekistan 24 Polizisten umgebracht. Die Usbeken sind nicht reif für die Demokratie« sagt er. Die usbekische Regierung hat tatsächlich alle Hände voll zu tun im Kampf gegen verschiedene Mafiagruppen, die keine Mittel scheuen, um an die Macht zu kommen.

Um Usbekistans Hauptstadt Taschkent zu erreichen, muss ich durch einen Zipfel Tadschikistans fahren. Die Geschäfte bieten den gleichen traurigen Anblick wie die Läden im Kaukasus und in der Ukraine ein Jahr zuvor: Halbleere Regale, Mineralwasser, chinesische Süßigkeiten zu Wucherpreisen, staubige Fruchtkonserven, die wahrscheinlich schon ungenießbar geworden sind. Die beiden Verkäuferinnen schneiden auf dem Ladentisch eine Wassermelone auf und bieten mir Mineralwasser und Kekse an.

Woanders treffe ich einen Bauern, der sich, da er arbeitslos ist, leere Flaschen besorgt und ihnen in alten Badewannen ihre jungfräuliche Reinheit zurückgibt, worauf er sie mit »Wodka« eigener Herstellung füllt und Etiketten aufklebt, die er sich Gott weiß wo beschafft hat, alle mit bekannten Markennamen wie *Russian Vodka, Terminator Vodka, Gorbatchev Vodka, Yeltsin Vodka, Smirnoff Vodka* usw. Die ganze Familie arbeitet mit, aber nicht einer von ihnen sieht aus wie ein Gauner ... Das Universalheilmittel Wodka scheint das Land wieder auf die Beine zu stellen, nachdem es vom Krieg und korrupten Politikern ruiniert wurde.

Diese Familie will mich partout nicht mehr gehen lassen. Die Großmutter, eine Seele von Mensch, macht sich so ihre Gedanken:

»Sind es Dschinns (im Islam gute oder schlechte Geister), die dich dazu treiben, so allein durch die Welt zu ziehen? Willst du kein Haus, willst du nicht im Garten unter den Bäumen Tee trinken und es dir gemütlich machen?«

Und sie lacht, wenn sie mich im Schlafsack auf dem flachen Boden liegen sieht:

»Hast du das in Tibet gelernt, mit dem Kopf auf einem Stein zu schlafen?«

Am nächsten Morgen sind wir zu einer tadschikischen Hochzeit eingeladen. 130 Personen haben sich in einem Hof versammelt, ringsum hängen Teppiche. Die Musikanten stimmen traditionelle Melodien an, und eine paillettengeschmückte Tänzerin, die eigens für diesen Anlass bestellt wurde, müht sich auf einem Podium nach besten Kräften ab. Ihr rundes Puppengesicht ist lückenlos geschminkt. Sie geht von einem Tisch zum andern, ihr Busen wogt, man drückt ihr Fünfhundertrubelscheine in die Hand ...

Endlich ertönt eine Fanfare, das Hochzeitspaar erscheint und nimmt auf einem verschlissenen Thron Platz. Frauen in weiten Pluderhosen und in langen flammenden Gewändern beginnen zu tanzen, die Männer schließen sich an. Wenn einer Frau ein Tänzer gefällt, schiebt sie ihm einen grünen Schein unter seine *tiubiteika* (traditionelle Kopfbedeckung der usbekischen Männer). Ich finde sie furchtbar ernst, die Neuvermählten. Unbeweglich kleben sie auf ihrem Thron, wie ein abgedanktes Herrscherpaar. Unaufhörlich schenkt man mir ein, und ich muss immer austrinken. Heute ist Höflichkeit oberstes Gebot! Mich schreckt der Kult, den sie mit Ihren großen Wägen treiben, die Unterwürfigkeit, die sie ihren Frauen abverlangen, die Tadschiken dagegen sind erstaunt, dass jemand so leben kann wie ich! Sie können das nicht begreifen und sind sicher: Sobald meine Reise vorüber ist, werde ich ein »normales« Leben führen, so wie sie ...

Am nächsten Abend bin ich wieder an der usbekischen Grenze, wo mich zwei untersetzte Zöllner königlich empfangen. Von den Eiern, die sie in der Tchaikhana nebenan bestellen, verschlingt jeder von uns fünf Stück! Als ich meine russische Landkarte ausbreite, stelle ich fest, dass sie von Geografie so viel verstehen wie von ihrem Cholesterinspiegel. Doch sie sind rührend. Es gibt doch noch Landesgrenzen, wo einem das Herz aufgeht!

Die Straße führt durch Weinberge, Mais- und Baumwollfelder breiten sich aus so weit das Auge reicht. Plötzlich hält ein Fahrzeug. Ich schrecke zusammen. Ein Jahr nach den beiden Überfällen in der Ukraine stelle ich fest, dass ich die Angst noch immer nicht ganz verarbeitet habe ... Aber die vier Insassen des Fahrzeugs schütteln mir begeistert die Hand, stecken mir einen Schein zu und rufen: »Welcome to Usbekistan!«

In 50 km Entfernung deutet noch nichts darauf hin, dass ich jetzt bald die größte Stadt Zentralasiens erreiche – Taschkent. Doch sehr rasch kommt mit überdimensionalen Straßen und regem Busverkehr städtisches Tempo auf. »Sport is envoy of peace« (Sport ist Botschafter des Friedens) steht in gigantischen Buchstaben auf der monolithischen Fassade des bewussten Hotels Usbekistan. Das Glück ist mir auch diesmal hold: Ich stehe dem gleichen Portier gegenüber, der mich vor neun Monaten im Gepäckraum übernachten ließ! Er öffnet die Tür, als sei ich ein alter Stammgast. Am Morgen bringt er mir einen Gutschein für das Frühstück. Im staubigen Raddress stehe ich vor dem Buffet, Gesicht und Beine von der Sonne gegerbt, mit wilder Frisur, zum großen Befremden der Angehörigen einer iranischen Delegation, die im Hotel logieren und sich fragen müssen, wie ich wohl hier gelandet bin … Aber der Buffetchef hat mich schon erkannt und mir ein diskretes Lächeln zugeworfen, das die letzten Hemmungen vor der reichgedeckten Tafel beseitigt …

Heute Taschkent, morgen Karachi, übermorgen Colombo … Die Bilder wirbeln durcheinander. Übergangslos soll ich nun aus der Resignation und Herzlichkeit dieser zentralasiatischen Welt in die sinnliche Tropenüppigkeit Sri Lankas katapultiert werden …

Einige Tage vor dem Abflug nach Pakistan wird mir fatalerweise mein Adressbuch gestohlen. Einer der schlimmsten Verluste, wenn man reist, weil darin Erinnerungen und Emotionen auf engstem Raum konzentriert sind … Aus diesem Grund ist es mir, genau wie mein Tagebuch und die Filme, tausendmal wichtiger als manches andere. Dass es mir in den letzten Tagen meines Aufenthalts auf diese Weise abhanden kommen muss, setzt mir arg zu. Aber es tut meinen Gefühlen keinen Abbruch: In diesem Reisejahr ist meine Seele für die slawische Melancholie empfänglich geworden, hat sich mit ihr angefreundet, und ich weiß: Komme ich einmal wieder, komme ich zu Freunden.

Und wieder einmal bestätigt sich: Bei der Abreise wiegen die Emotionen schwerer als das Gepäck.

KAPITEL VIII

VON EINEM EXTREM INS ANDERE

Am 21. September 1995, nach Zwischenlandungen in Islamabad und Karachi, Ankunft in Colombo. Alles ist hier anders: Klima, Kultur, Atmosphäre, Lebensweise, Religion ... Bisher kam ich nicht schneller vorwärts als meine zwei Räder mich trugen, aber jetzt habe ich mit einem einzigen Flügelschlag 4000 km zurückgelegt und ich finde mich unter tropischer Sonne wieder!

In der Hauptstadt Colombo setze ich mich erst einmal auf eine Terrasse und beobachte das exotische Leben und Treiben. Berittene Polizisten mit Helmen, weißen Handschuhen und ledernen Patronentaschen regeln den Verkehr mit schnellen und gekonnten Armbewegungen. Straßenverkäufer pressen vor den Augen des Kunden Säfte, bieten Kokosnüsse und Mangos an. Trotz des dichten Gedränges stößt keiner an den andern an. Ich spüre, wie mir die nahezu greifbare Sinnlichkeit des Indischen Subkontinents unter die Haut geht. Gerüche und Farben mischen sich in den herrlichsten und abscheulichsten Kombinationen. Die Fassaden aus der Zeit des britischen Kolonial-Empire mit einer unglaublichen Vielzahl von Banken, Galerien, Fluggesellschaften, Telefon- und Faxzentralen werden noch immer mit der gleichen Sorgfalt blankgewienert wie zu Königin Victorias Zeiten.

Ich logiere im »Ex-Service-Men Club« in unmittelbarer Nähe des Stadtzentrums. Wie in fast allen billigen Hotels Südostasiens sind die Wände dünn und reichen nicht bis zur Decke. So kann zwar die Luft besser zirkulieren, aber man bleibt nächtens auch nicht vor den unüberhörbaren Liebesspielen der Pärchen in den Nachbarbuden verschont – und wenn die Nacht kommt, breitet sich intensiver Haschischgeruch aus ...

Nach den GUS-Ländern ist die Welt extremer Individualisten, die ich hier antreffe, ein harter Schock. Ein »Indienveteran« aus Irland verkauft Schmuck, um seinen Aufenthalt um jeden Preis zu verlängern, ist aber blind für das Leben um ihn herum. Ein Pole, ursprünglich nach Kanada ausgewandert, hat alles hingeworfen und sich ganz dem Buddhismus verschrieben; er macht mir eine Schüssel Avocado-*tsampa* … Ein junger Israeli mit Kahlkopf vergisst mit Hilfe der Meditation die Schrecken seiner Armeezeit. Ein Isländer, total abgebrannt und vor einigen Monaten in Colombo gestrandet, behauptet – und belegt es mit Zeitungsausschnitten –, er sei von der Polizei in Sri Lanka angegriffen worden. Ein kanadischer Maler, älteres Semester, ist seit 10 Jahren in Indien, hat kürzlich das Schweigegelübde, das er sich in einem Kloster auferlegt hatte, gebrochen und ertränkt mich in einer ununterbrochenen Flut von Worten … Fröhliche australische Surfer bringen ihre Surfboards nur mit Mühe durch die Türe. Diese zukünftigen Indienfahrer, die meist nur wegen eines indischen Visums nach Sri Lanka kommen, kennen nur ein Leitmotiv: »Ich liebe Indien, alles ist dort spottbillig, und man lässt mich in Ruhe …«. Ihre Anspruchslosigkeit gibt mir zu denken …

Manch einer begibt sich auf die große Reise mit der uneingestandenen Illusion, der einzige echte Abenteurer zu sein, der eine Nase hat für das Authentische, der das letzte Restchen einer untergehenden Epoche aufspürt. Dieser Absolutheitsanspruch, dem man Einbildung und vielleicht sogar Überheblichkeit ansieht, beschwört zuweilen groteske Rivalitäten zwischen den Touristen herauf, über welche die Einheimischen nur verständnislos den Kopf schütteln können.

Ich verlasse Colombo am nächsten Tag auf der Westküstenstraße in Richtung Süden und möchte nach einer Inselrundfahrt von etwa einem Monat Dauer wieder zurück sein. Die Straßen in Sri Lanka sind für Radtouristen tödlich: Lastwagen ohne Türen rasen in selbstmörderischem Tempo durchs Land und vollführen die wildesten Überholmanöver. Zur Beruhigung der anderen Verkehrsteilnehmer zieren die Hecks dieser Ungeheuer Bezeichnungen wie »King of the Road« oder »Fully insured« (voll versichert) … An den Eingängen überfüllter Busse hängen Trauben von Menschen. Die Fahrer lassen sich nicht aus der Ruhe bringen. Mit Vollgas, Hand auf der Hupe und kardamomkauend, damit sie wegen Alkoholverdacht nicht »blasen« müssen, sind diese Irrsinnsfahrer höchstens von einer heiligen Kuh zum Stehen zu bringen.

Ich nütze die morgendliche Frische um voranzukommen. Unter der brennenden Tagessonne entstehen auf Unterarmen und Oberschenkel bald Blasen, und gegen Ende des Vormittags muss ich anhalten, weil die Sonne unerträglich wird. Wenn ich in einer Stadt ankomme, gehe ich zuerst in ein einfaches Restaurant, wo ich mir einen guten Curryreis servieren lasse. Anschließend setze ich mich in eines der vielen Cafés mit Old-England-Atmosphäre: Knarrender Holzfußboden, abgelaufene rote Teppiche, Ober mit goldbetresster Uniform, Mütze und weißen Handschuhen – vollendete Höflichkeit und »broken English« … Vor einer Tasse Tee lasse ich mich durch die Lektüre der örtlichen oder der englischen Presse zu einer geistigen Weltreise inspirieren. Oft tut die ermüdende Verdauung und die Hitze das ihre, mein Kopf sinkt auf die Tischplatte und ich in tiefen Schlaf …

Dem hiesigen Nationalsport Cricket fehlt es nicht an Nachwuchs. Überall, vor Schulen, in den Hinterhöfen und zwischen den Lehmhäusern spielen es die Kinder. Zuweilen versperren Menschenmengen die ganze Straße, weil sie eine Fernsehübertragung verfolgen. In den Flüssen liegen Elefanten im Wasser und werden von ihren Besitzern mit braunen Kokosfasern abgeschrubbt, während andere Personen danebenstehen und sich waschen oder die Zähne putzen … Frauen lassen sich, kokett wie Amazonen auf der Stange alter Herrenräder sitzend, von ihren Freunden spazierenfahren. Mit eleganter Hand halten sie den Schirm – Sonne, Regen und indiskrete Blicke können ihnen nicht viel anhaben … Losverkäufer fahren mit Rikschas durch die Gegend und versprechen mit kreischenden Lautsprechern jedem Käufer Glück und Reichtum.

Ja, Sri Lanka ist exotisch, ist ein »tropisches Paradies«. Alles, was man dort braucht, ist für wenig Geld zu haben. Eigentlich das ideale Reiseland. Aber ich habe, nach mehr als einem Jahr auf den Straßen Innerasiens, diesen plötzlichen Überfluss, der mir in den ersten Tagen so angenehm war, schnell satt … Seltsam, die

Schikanen der Grenzkontrollposten und Behörden der GUS-Länder, die so oft in einem gemeinsamen Essen ihren Abschluss fanden, fehlen mir … Kein spontanes Kennenlernen, keine Einladungen zu Familienfesten. An Ausländer ist man hier gewöhnt, ist nicht drauf erpicht, sie näher kennenzulernen. Obwohl alles voller Menschen ist, fühle ich mich sehr einsam.

Doch ich bemühe mich, Philosoph zu bleiben und genieße die Postkartenlandschaft: Palmenstrände, tropische Wälder, sanfte Hügel, prächtige alte Tempel. Eines Tages habe ich Gelegenheit, ein Ritual mitzuerleben, das offensichtlich exorzistischen Charakter hat: Ein älterer Mann mit schwarz gefärbtem Gesicht, die Stirn mit kunstvoll geschnittenen Palmblättern bekränzt, dreht und wendet sich in unkontrollierbaren Zuckungen zum Rhythmus einer Trommel. Sein Mund ist mit Blumen gefüllt, in den Mundwinkeln brennen Fackeln. Er gerät in Trance, überschlägt sich, die Menge weicht ängstlich zurück, bis er schließlich erschöpft zusammenbricht. Sein Körper zuckt noch immer, wie ein Huhn, dem man den Kopf abgeschlagen hat. Mehrere Männer müssen ihn mit Gewalt festhalten. Man nimmt aus seinem Mund die Blumen, entfernt seinen Schmuck und die Amulette und legt ihn auf eine Bahre, wo man den Körper mit Wasser besprengt. Der große Unterschied zwischen den Kulturen kommt mir wieder einmal voll zum Bewusstsein …

Im Zentrum von Sri Lanka, in Kandy, befindet sich der berühmte Tempel mit dem Zahn Buddhas. Jeden Tag um 18 Uhr werden von den Mönchen die Türen geöffnet, die in das Heiligtum führen, und man kann den Zahn bewundern, der hier auf einem roten Kissen zur Schau gestellt wird. Die wenigen Singhalesen, die gekommen sind, um ihn zu verehren, ertrinken in der Flut der Touristen, die nur fotografieren wollen.

Sri Lanka klammert sich verzweifelt an seine glorreiche Vergangenheit, als wollte es die gegenwärtige Situation, den Krieg mit den »Tamil Tigers« und die tiefe wirtschaftliche Krise, vergessen. Von ehemals blühenden Städten sind oft nur Reste von Tempeln übriggeblieben. Arbeiter schaffen Steine herbei, um riesige Stupas wieder aufzubauen. Auf vielen archäologischen Stätten arbeiten sonntags Lehrer als Reiseführer. »Help us to save the ancient glory of Sri Lanka« steht auf den Eintrittskarten …

Die Berge der Insel sind auf den ersten Blick nicht sehr beeindruckend, dafür aber viel steiler als der Himalaja! Durch die Täler ziehen sich riesige Tee- und Eukalyptuspflanzungen. Oben auf den Hügeln sieht man die Gärten und die Bungalows der Besitzer, daneben große Teefabriken, wo einige der besten Teesorten der Welt getrocknet, geschnitten und verpackt werden und wo man ihn probieren kann. Weiter unten liegen die mehr als bescheidenen Unterkünfte der Arbeiter, deren Blechdächer gleichzeitig als riesige Werbefläche dienen. Die aggressiven Schriftfarben kontrastieren unerfreulich zu den zarten Grünabstufungen der Plantagen und zum matten Rot der Erde.

Meist sind es nur Frauen, die den Tee pflücken. Sie werfen die Blätter in einen Korb auf ihrem Rücken, der mit einem Band an ihrer Stirn befestigt ist. In ihren leuchtenden Saris lächeln sie mir verschämt zu, wenn ich an ihnen vorbeifahre. Erstaunlich, wie sie trotz der harten Lebensbedingungen und der schweren Arbeit ihre bezaubernd weibliche Anmut bewahren.

Auch mehr als fünfzig Jahre nach dem Ende der Kolonialherrschaft 1948 findet man auf Sri Lanka noch immer schmucke Dörfer mit viel altbritischer Romantik wie im nordenglischen Lake District. Was es hier nicht alles gibt! Sorgsam gepflegte viktorianische Landhäuser, Cottages im Tudorstil, 18-Loch-Golfplätze, Pferderennbahnen, Billardclubs, Lion's- und Rotary Club usw. Die Singhalesen setzen heute noch leidenschaftlich auf die Pferde der Londoner Rennen …

Als ich Sri Lanka Richtung Indien verlasse ist es mein Ziel, von der Südspitze bis zum Himalaja hinaufzufahren. Ich freue mich bei dem Gefühl, nun bald wieder in meinem Element zu sein, denn die Berge lassen mich einfach nicht los. Ich muss das Flugzeug nehmen, weil die Fährverbindung wegen des Krieges im Norden von Sri Lanka eingestellt ist. Kaum sitze ich im südindischen Trivandrum im Sattel, da bricht aus dem schwarzen Himmel ein Wolkenbruch nieder, der die Straße in wenigen Sekunden in einen Bach verwandelt. Alles rennt, rettet sich, flüchtet ... Lastwagen durchpflügen die Flut und »verabreichen« mir jedesmal eine ordentliche Dusche. Wir sind mitten in der Regenzeit.

Ein paar Kilometer weiter der berühmte Kovalam Beach. Alles wie gehabt: Ein herrlicher Strand, Mekka des Tourismus seit den siebziger Jahren, in keinem Reiseführer fehlend. Die indischen Händler übertreffen sich an Charme und Einfallsreichtum, um den Badegästen, die in der Sonne braten, etwas anzudrehen. Am Strand eine Terrasse nach der andern, alle gleich, Handtücher auf Schaukelstühlen, niedrige Tischchen mit Blumen und Kerzen. Die Speisekarten laden ein zu gastronomischen Weltreisen, haben jedoch nicht ein einziges indisches Gericht anzubieten! Musik auf der Nostalgiewelle: Bob Dylan, Rolling Stones, Bob Marley. Auf den Fernsehschirmen flimmern westliche Filme, zahlreiche Traveller stehen davor, mit dem Rücken zum Meer ...

Unweit dieses »Club Med für Globetrotter« sitzen Männer und Frauen unter Werbeplakaten und klopfen den ganzen Tag Steine zu Straßenschotter klein ... für zahllose der tägliche Alltag ...

Bei Kanniyakumari ist das Kap Comorin, die Südspitze Indiens. Hier treffen sich das Arabische Meer und der Golf von Bengalen. Meine Fahrt geht nun immer nach Norden. In etwa sechs Monaten möchte ich wieder in Tibet sein.

Knarrend ziehen zahllose Büffelfuhrwerke mit ihrer schweren Last von Ziegelsteinen dahin. Die mehrfarbigen Hörner der Tiere sind mit Zimbeln und Glöckchen fröhlich geschmückt. Am Straßenrand streiten sich Geier um die Überreste eines verendeten Büffels. Die vielen großen Verbindungsstraßen Indiens, übertrieben »National Highways« genannt, sind oft in einem traurigen Zustand: Gruppen von Parias reparieren die Schotterdecke mit primitivsten Mitteln. Sie schleppen Körbe mit Steinbrocken herbei, über die sie heißen Asphalt ausgießen.

An der Landstraße bekommt man überall in einer *dhaba* eine billige Mahlzeit. Diese volkstümlichen Restaurationen werden oft nicht ganz fertiggebaut, damit der Besitzer keine Steuern zu zahlen braucht. Lkw-Fahrer kehren hier gleichfalls ein, um die heißesten Stunden des Tages mit essen und dösen totzuschlagen. Es gibt überdies Becken mit einer Wasserpumpe, in denen sie sich den Staub vom Leib spülen können. Das Dekor ist ebenso kitschig wie gegensätzlich: Kalender mit Pin-up-Girls, Poster von den Schweizer Alpen, Werbung für das neueste Mobiltelefon und über der Kasse der allgegenwärtige und flötenspielende göttliche Offenbarer Krishna mit dem blauen Gesicht …

■ *Südindien – East meets West*

Mit geschickten Händen formen die Bäcker *chapatis,* indem sie den Teigbatzen von einer Handfläche in die andere klatschen. Sie kauen *pan,* eine Mischung aus Betelnuss, verschiedenen Gewürzen und manchmal Tabak, die in ein Betelblatt gewickelt ist. Dann spucken sie alles auf den Boden, wo ein ekelerregender dunkelroter Fleck zurückbleibt.

Die unkomplizierte Atmosphäre unter den Fernfahrern gefällt mir, so rau sie ist. Sie haben die üblichen Vorurteile gegenüber den Schweizern. Wie die ganze Welt glauben auch sie, wir sitzen alle auf unseren Geldschränken und haben eine goldene Armbanduhr. Außerdem stellen sie sich vor, dass im Westen *free sex* zur Tagesordnung gehört – meine 26.000 km in 19 Monaten nehmen sie mir allerdings nicht ab … doch ich gebe mir gar keine Mühe, sie zu überzeugen. Die »Kings of the Road« sind erst in ihrem Element, wenn sie auf den Führersitz ihrer Maschine klettern. Eine schwarze Dieselwolke, ohrenbetäubender Lärm, und die endlose Landstraße hat sie wieder.

Die Tage reihen sich aneinander wie Steine eines Dominospiels. In den Dörfern glauben die Leute manchmal, ich hätte einen Motor an meinem Rad, weil sie die Trinkflaschen für Gasflaschen halten. Das Bedürfnis, erklären zu wollen, was einem unerklärlich scheint, ist wohl universal. Wenn es für eine Situation keine rationelle Erklärung gibt, erfindet der Mensch eben eine.

Die muslimischen Heere aus Zentralasien, die Indiens reiche Gangesebene überfluteten, erreichten nie Indiens südlichsten Bundesstaat Tamil Nadu. So konnte diese Region ihre ursprüngliche Religion, den Hinduismus, beibehalten. Ich spaziere unter Tempelarkaden umher, *swamis* – spirituelle hinduistische Lehrer – sprechen Mantras für Familien, die gekommen sind, um Opfergaben darzubringen, damit es z.B. gelingt, den Sohn auf eine gute Schule zu schicken, einen Fernseher oder einen Kühlschrank zu kaufen … Typisch für Südindien sind die *gopuram,* hohe pyramidenartige Türme, die von oben bis unten mit weiß- oder buntbemalten Götterfiguren verziert sind. Gelegentlich stürzen manche altersschwache Statuen auf die Volksmenge nieder, wie in einem Anfall des Zorns gegen den unaufhaltsamen Einbruch der modernen Zeit, die auch die Heiligtümer nicht verschont. Die Götter lassen sich nicht gerne stören …

Das Labyrinth der reichverzierten Säulen bevölkert sich nach und nach mit einem Heer von Bettlern, die den Gläubigen die Möglichkeit geben, gute Werke zu tun, wie es ihre Religion verlangt und was die fehlende Sozialversicherung teilweise ausgleicht. Natürlich sieht man hier desgleichen *sadhus,* jene Asketen, für die nur Gottes Gesetze gelten (deshalb erlauben ihnen z.B. die Bahnhofsvorsteher, ohne Fahrkarte zu reisen). Ich treffe sie regelmäßig auf stillen, menschenleeren Landstraßen, wo sie ruhigen Schritts ihres Wegs ziehen.

Auf der Fahrt erlebe ich den indischen Alltag, kann beobachten, wie die Menschen leben. Mit Hilfe einer Fahrradfelge verzwirnen Bauern Hanffasern, um Seile daraus zu machen. Frauen sitzen am Fluss und waschen. Die leuchtenden Saris heben und senken sich im steten geduldigen Rhythmus ihrer Bewegungen, die die Wäsche mit dumpfem Schlag auf Steine niedersausen lässt.

Die Frauen verstehen es, aus allem, was sie finden, etwas zu machen: Sie vermengen Büffeldung mit Stroh und klatschen die Masse an Lehmmauern, Felsen oder Baumstämme, die, sobald sie trocken sind, gutes Brennmaterial für die Küche abgeben. Jeder Fladen ist auf diese Art und Weise mit dem Abdruck einer Frauenhand persönlich signiert … Mit einer langen Stange, an deren Ende eine Art Sägesichel befestigt ist, holt man sich die Äste zum Feuermachen von den Bäumen. Deshalb sind an allen Straßen die Bäume bis in eine Höhe von 5 bis 6 Metern völlig kahl …

Eines Tages hält mich ein Sadhu an, entwirrt sich die Haare, die ihm fast bis zum Boden reichen und bittet mich, eine Aufnahme von ihm zu machen. Mit einem Schlag ist eine Volksmenge hinter ihm versammelt, die sich den Hals verrenkt, um auf dem Bild zu sein. Das »Polaroid-Syndrom« hat sich, wie an allen touristischen Orten, auch hier schon ausgebreitet!

In ganz Indien spürt man, wie eng das tägliche Leben mit der Religion verflochten ist. Zufällig bin ich in Trivanomulai, einer kleinen Stadt im Süden, als dort gerade ein großes Fest gefeiert wird. Inmitten der begeisterten Volksmenge steht reichgeschmückt mit Skulpturen, Bananenblättern und Blumengirlanden ein kolossaler Festwagen, auf dem ein hölzerner Turm aufgerichtet ist, von dem die Statue Schiwas herabschaut. Die Räder, mit einem Durchmesser von über zwei Metern, sind aus Stein! Hunderte von Männer und Frauen ziehen mit aller Kraft an zwei langen Ketten, um ihn von der Stelle zu bewegen. Flöten und Trommeln und die immer lauteren Anfeuerungsrufe der Menge begleiten den Zug, für dessen Passage am Vortag die elektrischen Kabel der Straßen abmontiert wurden. Doch Schiwa, der Gott der Zerstörung (und der Wiederauferstehung) lässt es sich nicht nehmen, Straßenbeleuchtung und Balkone wegzureißen, und als sich seine Fahrt in einer leichten Abwärtsneigung der Straße etwas beschleunigt, bekommen die Menschen Angst vor diesem Gott, der sie zu zermalmen droht …

Nach dem kleinen Monsun, wenn die Ernte eingebracht ist, kommt in Indien die Zeit der Hochzeiten. Blumengeschmückte Wagen fahren die Frischvermählten mit blinkenden Lichtern durch die Stadt. Aber leider muss für die fantasievolle Beleuchtung auf einem zweiten Fahrzeug ein Generator hinterhergefahren werden, der einen höllischen Lärm veranstaltet!

Südlich vor Madras (Chennai) beschließe ich, einen kleinen Umweg nach Sriperumbudur zu machen. Hier ist das Grab von Rajiv Gandhi, dem Sohn Indira Gandhis, der 1991 mitten im Wahlkampf in einem Selbstmordattentat ums Leben kam. Der Ort ist denkbar einfach und nüchtern: Ein Foto unter einer Glasglocke, geschmückt mit einer Girlande orangefarbener Blumen. Daneben ein Standbild von Indira Gandhi. Ein Plakat verbietet, die – nun schon heilige – Erde der Stätte mitzunehmen, die auf bestem Wege ist, ein regelrechter Wallfahrtsort zu werden. Andenkenverkäufer und Händler mit Weihrauch, Blumen und allerlei Utensilien der hinduistischen Religion bieten ihre Waren und Devotionalien feil.

Im Staat Andhra Pradesh kommt in einem kleinen Hotel ein Geschäftsmann auf mich zu, als ich mich mit meinen schweren Taschen abmühe. Er lädt mich zu einer Tasse Tee ein und wir kommen ins Gespräch.

»Brain Drain, Bevölkerungslawine, Korruption, das macht uns Indern gar nichts aus, wir können mit jeder Situation fertig werden. Die Engländer oder die Amerikaner sind dazu nicht imstande, nie im Leben werden sie lernen, sich an Indien anzupassen.«

Er wohnt in einem erbärmlichen Kämmerchen genau wie ich, doch am nächsten Morgen erscheint er wie aus dem Ei gepellt mit Anzug und Krawatte und begibt sich problemlos in die Welt der Bankiers und Finanzleute. Seine tägliche Metamorphose ist für ihn ein Kinderspiel.

Einmal bin ich bei einer Familie eingeladen, die der höchsten, der Bramahnenkaste angehört. Bei ihnen wird nur reinstes Oxford-Englisch gesprochen. Der Großvater, in frühen Jahren an Kinderlähmung erkrankt, ein ehrwürdiger alter Mann, empfängt regelmäßig das Magazin *National Geographic* und bewahrt jedes

Heft sorgfältig auf. Und das seit 1954! Dank seiner umfassenden Kenntnisse gehört er zu den wenigen Personen, die in der Lage sind, meine Route auf einer Landkarte zu verfolgen. Er ist hochgebildet und dabei ein gütiger und bescheidener Mensch (wie ich später erfuhr, hat er drei Schulen gegründet).

»Die Lösung«, sagt er mit einem Blick auf die Weltkarte, die zu unseren Füßen ausgebreitet liegt, »hat nichts zu tun mit Wirtschaft oder Politik. Sie kommt einzig und allein aus der Philosophie …«

Vor Hyderabad verschwinden die Baumwollfelder, es kommen weite Flächen vergilbten Graslands. Die Umgebung der Stadt rühmt sich zahlreicher islamischer Kunstschätze: Das Fort von Golconda und die Paläste, Moscheen und Grabmäler der Könige Qutb-Shahi. Im historischen Stadtzentrum sitzen vor dem Charminar, einem viereckigen Triumphbogen mit vier Minaretten, reiche Geschäftsleute, die goldene Uhr am Handgelenk, auf den blitzenden Motorhauben ihrer weißen »Ambassador« (indische Luxuslimousine). Nur zwei Schritte weiter ist der Eingang einer großen Moschee, wo fromme alte Männer, wie aus einer anderen Zeit, unter den steinernen Säulen stehen.

Ziellos lasse ich mich treiben, trinke in den engen Gässchen den besten *tchai* von ganz Indien. Trotz des Alkoholverbots der muslimischen Regierung fließt in den Hinterstuben der Läden in Andhra Pradesh der Alkohol in Strömen.

Im Land mit der größten Filmproduktion der Welt gehe ich natürlich hin und wieder ins Kino. Heute sehe ich *Ore Rickshaw,* das harte Leben eines Rikschafahrers, die Geschichte seiner Ehe und der Revolte der Dorfbewohner, die unter den Angriffen der Polizei und der heimtückischen lokalen Mafia, der *dacoit,* zu leiden hat. Die Filmmusik stammt zum Teil von Gadar, bekannt als Sympathisant der in Nordostindien aktiven maoistischen Bewegung.

Als ich nach dem Film auf der Straße stehe, bin ich wieder fasziniert von der Realität, vom echten pulsierenden Leben.

KAPITEL IX

INDIEN IN NORDRICHTUNG

Nach und nach komme ich in den Norden Indiens. Neben den Reisfeldern sieht man hier zudem Weizenäcker, am frühen Morgen ist es kühl, es wird immer mehr Hindi gesprochen. Die Treterei wird langsam monoton auf den 1000 km des National Highway Nr. 7 …

Kurz vor Sevagram stehen blaugekleidete Männer vor der Statue Amdekars. Dieser außergewöhnliche Inder, ein brillanter Jurist, war alleiniger Verfasser der indischen Verfassung; selbst ein »Unberührbarer«, kämpfte er zeitlebens für die Abschaffung der Kasten. Die Männer in Blau steigen unter Beten und Gesängen einer nach dem andern auf eine Leiter und hängen Amdekars Statue orangefarbene Blumengirlanden um den Hals.

In Sevagram, einem Dorf genau im Herzen Indiens, hat Mahatma Gandhi, »die Große Seele«, im Jahre 1944 seinen *Ashram* gegründet. Das war vier Jahre bevor er mit dem Zug nach Neu Delhi reiste und ermordet wurde. Die wenigen Gebäude des Gandhi Khot, in traditioneller Bauweise aus Lehm und Holz, sind in ihrer Einfachheit beredter Ausdruck dessen, was Gandhi ein Leben lang anstrebte. Man hat den Eindruck, nichts hier hat sich verändert, weder der Wartesaal noch Gandhis Arbeitszimmer (ein niedriger Tisch, ein Brett, ein Kissen), auch nicht die Küche oder die Toiletten, die er wie einen Tempel respektierte (und wo er übrigens Bücher und Trinkwasser aufbewahrte). An diesem schlichten Ort, nur über Telefon und Eisenbahn mit der Außenwelt verbunden, empfing Gandhi ausländische Staatsoberhäupter, hier kämpfte er für die indische Unabhängigkeit von England.

Morgens um 4.45 Uhr findet das erste Gebet statt, im Freien, denn die Natur, so sagt Gandhi, ist ein Tempel Gottes. Zwei Personen spinnen am Spinnrad, gegenüber liegt der Platz Gandhis, wie auf einem Schild zu lesen steht. Gandhi wollte unbedingt erreichen, dass jede indische Familie ein Spinnrad besaß. Er war überzeugt, die Industrialisierung würde die indische Kultur zerstören, und nur durch die Entwicklung der Selbstversorgung könne man die Traditionen erhalten.

Einige Tage teile ich das Leben des Ashrams, in dem eine Atmosphäre tiefer Religiosität spürbar ist. Oft sitze ich unter dem Baum, der von Gandhi im Jahr 1936 gepflanzt wurde und lasse neue Kräfte in mich einströmen. Der Verwalter des Ashram spricht bescheiden von den 27.000 km, die er in Indien zu Fuß zurückgelegt hat. Und nicht nur das. Er hat nach Gandhis Tod an der Seite von Vinoban Bhav zudem den langen Marsch für die indische Landwirtschaftsreform mitgemacht …

Wenige Ausländer besuchen diesen vom Tourismus weit abgelegenen Ashram. Der einzige den ich antreffe ist Xavier, ein Franzose, der seit 1975 regelmäßig nach Indien reist und hier in der Nähe an der Renovierung eines Museums mitarbeitet, bei der man sich wieder auf traditionelle Methoden besinnt. Seinen kleinen kantigen Händen sieht man es an, dass er sich vor keiner Arbeit scheut. Vor einigen Jahren ist er sogar vor lauter Wahrheitsdurst 3000 km durch den Himalaja marschiert …

Das erste orangefarbene Licht des Morgens wirft meinen langen Schatten auf die abgeernteten Felder. Männer gehen auf der Straße, tragen in der linken Hand eine verrostete Konservendose, eine Plastikflasche, einen Topf mit Erde … jeder improvisiert sich seine Toilette so wie er kann.

Die Landschaft ist in Dunst gehüllt und ich passiere viele Baustellen. Sowohl Männer als auch Frauen tragen auf dem Kopf schwere Körbe voller Steine herbei. Entgegenkommende Radfahrer drehen sich zuweilen nach mir um und landen dabei vor Neugierde auf dem Boden!

Elegant gekleidete Familien stehen vor den Wasserfällen des Narwada, eines der längsten Flüsse des Indischen Subkontinents, und lassen sich von den Fotografen mit alten russischen Kameras der Marke Zenith mit ernsten Gesichtern verewigen. Wie auf der ganzen Welt sind Religion und Geschäft auch hier innig verflochten. In den Läden sitzen hinter Muschelvorhängen namenlose

■ *Akrobatik auf der Stange*

Künstler und sorgen dafür, dass sich das Pantheon von Göttern keine Nachwuchssorgen zu machen braucht, aus Stuck reproduzieren sie Götter in Hülle und Fülle. Etwas weiter spricht ein Mann mit nacktem Oberkörper auf die Menge ein, die sich vor ihm angesammelt hat. Eine seiner Töchter vollführt hoch auf einem Bambusstämmchen akrobatische Verrenkungen, im Anschluß kommt auf Befehl des Vaters ein kleiner Junge an die Reihe. Jetzt muss er seine Kunst zeigen. Die schaulustige Menge hat kein Gefühl für die traurigen Augen der Kinder. Für sie ist das Unterhaltung und weiter nichts.

Mein Ziel ist nun Varanasi oder Benares, die berühmte heilige Stadt in Nordostindien. Die ohnehin schon dicht besiedelte Gangesebene zieht Heerscharen von Besuchern aus ganz Indien an, denn jeder Hindu sollte mindestens einmal in seinem Leben nach Benares pilgern. Familien, ja ganze Dorfschaften reisen nach Benares, um die Stufen der Erlösung, die *ghats* zum Ganges hinabzusteigen, den Bettlern Almosen zu verteilen, Schiwa Blumen und Opfergaben darzubringen und um im Wasser des Ganges unterzutauchen und sich so von allen Sünden zu reinigen. Im Fluss schwimmen tote Tiere, auf seinem ganzen Lauf fließen die Abwässer der chemischen Fabriken in ihn, doch gläubige Hindus schreckt das nicht. Mit allergrößter Selbstverständlichkeit begeben sie sich in das schmutzige Wasser und zögern nicht, davon zu trinken. Ein junger Mönch aus Tibet meint mit einem frommen Seufzer:

»Wenn es stimmt, was die Hindus sagen, dass man davon ein neuer Mensch wird … dann müssten alle Chinesen hier untergetaucht werden …«

In Benares ist der Ganges so breit und träge, dass man die Fließrichtung kaum erkennt. Wie in all die überfüllten Städte an seinem Lauf bringt er zudem nach Benares etwas Kühle mit. Benares liegt oberhalb des Flusses, eingeschnürt wie in ein Korsett und ein Labyrinth von Gässchen, so unentwirrbar und komplex wie die ganze indische Welt. Unter lädierten Sonnenschirmen sitzen Brahmanen im Lotussitz und warten, selbstsicher ihrer Unentbehrlichkeit bewusst, auf die frommen Pilger.

Von allen Pilgerstädten am Ganges ist Benares die fotogenste. Hierher zieht es Touristen aller Welt und aller Couleur: Globetrotter, Hippies, die aus dem siebten Himmel des Pilzrausches noch nicht wieder auf die Erde zurückgefunden haben, Folklorefans, ausstaffiert mit Himachal-Pradesh-Hut und *Khadi*-Weste, oder andere, die mit rasiertem Kopf und safrangelbem Gewand durch das ganze Land ziehen, von Ashram zu Ashram. Seltsam, die Gruppentouristen scheinen mir noch die echtesten zu sein, weniger anmaßend und mehr sie selbst. Selbsternannte Touristenführer bieten ihre Dienste an: »Hey Baba, change money, good grass, Manali, Opium, everything possible …!«

Wenn die Sonne in den Zenit steigt und die Straßen lichtüberflutet daliegen, wird der Verkehr immer lauter, schwillt an zu einer Kakophonie mit ohrenbetäubendem Gehupe und Geklingel, das nie endet … schlauerweise haben die Rikschafahrer ihre Klingel mit dem Bremsgriff gekoppelt! Auf den Dächern spielen Kinder und lassen bunte Drachen steigen, und auf den Straßen liegen die Kühe in gleichmütiger Ruhe inmitten von Krach und Lärm. Heilige Kühe, doch noch keiner hat daran gedacht, sie vor den Auswirkungen der modernen Zeit zu schützen, die ihnen in ihrer Tagesration auch Plastiksäcke beschert und anderes Verpackungsmaterial, das nicht unbedingt genießbar ist …

Einige Tage schaue ich mir Benares an und ruhe mich aus, sodann trete ich entschieden in die Pedale in Richtung Bangladesh.

Jeden Tag herrscht jetzt Nebel. Die großen Bäume verlieren ihre Konturen, es gibt nichts Festes mehr in dieser mysteriösen Landschaft, die im Dunst verschwimmt.

Bodgaya, unweit des »Baumes der Erleuchtung«, unter dem Buddha sieben Wochen meditierte, hat sich zu einer schmucken und wohlhabenden Stadt entwickelt, die sich gewaltig unterscheidet vom restlichen Bihar, dem ärmsten Staat der Indischen Union.

Der Tempel ist Mittelpunkt der Stadt, unablässig wandeln tibetische Wallfahrer – meist Flüchtlinge, die seit der Besetzung Tibets durch die Chinesen in Indien wohnen – mit Gebetsschnüren in den Händen im Kreis um ihn herum. Der Tempel ist von einer Einzäunung umgeben, um die Bettler fernzuhalten, die sich angewöhnt haben, den konzentriert Betenden die Taschen zu stehlen … Ähnlich wie in Tibet werfen sich die Gläubigen auf lackierte Bretter aus Mangoholz nieder und rezitieren andächtig Mantras. »Wenn es einem gelingt, sich in zwei, drei Monaten hunderttausendmal niederzuwerfen, hat man sich große Verdienste erworben«, heißt es. Die muskulösen Arme der Mönche in ihren safrangelben Westen lassen darauf schließen, dass sie diese Bußübung vielleicht schon hunderttausendfach exerziert haben, wenn nicht noch öfter … Als enthusiastischer Radfahrer weiß ich aus Erfahrung, was es heißt, immer wieder die gleiche Bewegung zu wiederholen, aber bin ich dadurch weitergekommen …? Habe ich mir dadurch Verdienste erworben …?

Es ist beeindruckend zu sehen, wie dynamisch und pragmatisch die Tibeter sind, die man sich gerne als vergeistigte Wesen vorstellt: Sie verbringen hier den Winter, wohnen während dieser Zeit in großen Zelten und verkaufen Essen an die Wallfahrer – aber nicht nur ihre traditionellen *momo* (im Dampf gegarte Raviolis), sie haben alle möglichen Gerichte auf ihrer Speisekarte, sogar italienische Pizza kann man bei ihnen bekommen … Wenn sich der Frühling ankündigt, brechen sie die Zelte ab und kehren in ihre Exilgemeinschaft nach Dharamsala im nordwestlichen Indien im Himalaja zurück.

Etwas weiter streife ich im dichten Nebel durch die Ruinen der buddhistischen Universität von Nalanda und denke dabei an den berühmten chinesischen Wanderpilger und Geografen Xuanzang, der sich 637 und 642 hier aufhielt. Wie es damals wohl hier ausgesehen hat? Ich bin ein großer Verehrer von Xuanzang und lasse meine Gedanken schweifen.

Bei meiner Fahrt durch Bihar muss ich an einen alten Mann denken, den ich 1990 in Nordindien auf meiner ersten großen Radtour kennengelernt habe. Er hieß Sree Kant Singh und hatte sein heimatliches Bihar verlassen, um an die Gangesquelle zu pilgern. Vorne an seinem Fahrrad hatte er ein Schild befestigt, auf dem in Hindi das Ziel seiner Reise und seine Adresse geschrieben stand. Er hatte mich sofort beeindruckt durch seinen schönen Blick, sein vornehmes Gesicht und den weißen Bart, der ihm das Aussehen eines Druiden verlieh. Wir baten damals einen Passanten, uns zusammen auf unseren Rädern zu fotografieren. 1991, als ich wieder in der Schweiz war, ließ ich das Bild als Postkarte veröffentlichen.

Durch diese Erinnerungen bekomme ich mit einem Mal Lust, den Mann zu suchen. Ich frage beim nächsten Polizeiposten und zeige die Postkarte. Kann man mir sagen, wo sein Ort ist? Ich muss 50 km zurück, und auf einer morastigen Straße erreiche ich schließlich ein abgelegenes Dorf. Leider ist Sree Kant Singh, Ex-Mitglied des örtlichen Fußballclubs, vier Monate abwesend. Sein hochbetagter Bruder bittet mich ins Haus. Es dauert nicht lange, da bringt ein Nachbar eine Schüssel mit dampfendem Reis. Bald drängt sich das ganze Dorf um mich und ich werde ohne Rücksicht auf den Morast in allen Gassen ausgiebig im ganzen Dorf herumgeführt. Man zieht mich rechts am Ärmel, links an der Hand, will mir dieses und jenes zeigen … eine gemeinsame Sprache haben wir nicht, aber wir verstehen uns prächtig …

Vier junge Leute schwingen sich auf ihre verrosteten Drahtesel, denen man lange Regenzeiten, holprige Straßen, ständige Überladung und vorsintflutliche Technologie auf den ersten Blick ansieht. Wir fahren zusammen los und schmettern auf Hindi alte Schlager, als würden wir uns schon ewig kennen. Beim Fortgehen denke ich, vielleicht freuen sie sich über ein Souvenir, und wir tauschen die Uhren. Meine Swatch gegen eine Orient, eine

Marke, die nur dem Namen nach eine japanische ist und sicher bald stehenbleibt …

Ich erlebe häufig ungewöhnliche Situationen und unerwartete Begegnungen voller Poesie. Die Langsamkeit und Ruhe des Radfahrens macht meine Sinne empfänglich für Eindrücke aus der Natur, für Gerüche und Geräusche. Humuserde, Weihrauch, Blumen und Eukalyptus, religiöse Gesänge, Vögel und Insekten – sie alle verhelfen dem Träumer in uns zu seinem Recht und entwickeln einen Instinkt, der im Stadtleben verlorengeht.

Frauen tragen auf dem Kopf hochaufgetürmt Berge von Reisig nach Hause. Sie bewegen sich voller Anmut, leichtfüßig, mit gleichmäßigen Schritten. Wenn sie schwitzend auf einer Anhöhe angekommen sind, neigen sie den Kopf nach hinten, lassen die schwere Last zu Boden gleiten, um einen Moment ausruhen zu können. Bihar muss man absolut meiden, wegen der Armut und der *dacoit,* die dort ihr Unwesen treiben, sagen alle Inder. Dort findet man keine Zweirupien-Limonade, auch keine *chapatis,* Gemüse ist selten, und zuweilen gibt es nicht einmal Reis, sondern nur Erbsen- oder Kartoffelbrei.

In Benares gab mir ein Radlerkollege die Adresse einer großen Familie, die in Menari ein Kartoffelkühllager besitzt, »einfach rechts, bei der Stadtausfahrt …« Es gibt hier 25 solcher Lagerhäuser! Zum Glück ist bereits das zweite das Richtige, und zu meiner Überraschung ist meine unvorhergesehene Ankunft in diesem Haus etwas ganz Selbstverständliches! Nach einer Tasse Tee werde ich von meinen Gastgebern im 1. Stock des Geschäftsgebäudes in mein Quartier geführt, ein Zimmer mit Licht und fließendem Wasser! Kumar, einer der Besitzer, lädt mich ein, zu seiner Familie mitzukommen. Wir stehen vor einem mehrstöckigen Haus.

»In welchem Stock wohnst du?« frage ich.

»Hier wohnen nur wir. Wir sind 106 Personen!«

Kaum sind wir über die Türschwelle, da hängt schon ein gutes Dutzend Kinder an mir und traktiert mich mit englischen Vokabeln. In der Küche empfängt mich vornehm ein kahler dunkelhäutiger alter Mann mit reichberingten Fingern – zweifellos der Familienpatriarch. Der schlichte *dhoti,* mit dem er bekleidet ist, mindert seine ungewöhnlich starke Ausstrahlung in keiner Weise. Seine lebendigen Augen sprechen von langer Lebenserfahrung. Zu seinen Füßen sitzen auf dem Boden an die zwanzig seiner Enkelkinder und essen. Stolz stellt er mir seine *joint-family* vor, deren Mitglieder alle von der gleichen Linie abstammen. Diese Form der Familie war früher das Ideal hier, verschwindet heute aber immer mehr.

Es gibt Tage, wo das Nomadenleben schwer fällt. Der National Highway Nr. 2, der ursprünglich auf die Mogulkaiser zurückgeht und über die Gangesebene eine Verbindung zwischen Kabul und Kalkutta herstellen sollte, ist manchmal ein solches Chaos, dass ich kaum vorankomme. Sind die *King of the Road* den Ochsenfuhrwerken tatsächlich überlegen? Nicht unbedingt. Hinter einer mit Bambus, Stroh und Eisenstangen überladenen Rikscha staut sich leicht eine Schlange von 100 Lastwagen. Mit Mühe arbeite ich mich durch stinkende Dieselwolken und ein Hupkonzert voran.

Bereits 15 km vor Kalkutta merkt man die Verschmutzung der Luft, sie wird bräunlich. Man sieht, was man atmet. Lebewesen und Dinge werden stumpf, verlieren ihren Glanz und die Klarheit der Konturen. Kali, die in Kalkutta so gefürchtete schwarze Göttin, hat anscheinend auf die Riesenstadt und ihre 15 Millionen Einwohner abgefärbt …

Mein treuer Yak, der jetzt schon mehr als 30.000 km in den Rädern hat, überquert jetzt die Howrah-Brücke mit ihrer kolossalen Metallkonstruktion. Ein irrsinniges Chaos von Lastwagen, Handwagen, gelbschwarzen Taxis, Vieh und Fußgängern. Die Brücke zittert und man hat den

Eindruck, dass die Million Schicksale, die jeden Tag über sie hinwegfluten, sie in eine spürbare Bewegung versetzt, so als würde sie sich mit einem langsamen Atem heben und senken. Der Hoogley-Fluss, den sie überquert, mündet 150 km weiter südlich in den Indischen Ozean.

Kalkutta scheint mir eine wahre Hölle, und ich habe nur einen Wunsch: Schnell wieder weg von hier! Trotzdem bleibe ich dann fast einen Monat.

KAPITEL X

UMWEG DURCH EIN VERGESSENES LAND

Die rasante Entwicklung Kalkuttas, das vor dreihundert Jahren nichts weiter war als ein kleines Dorf in den Sümpfen, geht auf die Engländer zurück, die den Naturhafen im Gangesdelta nutzen wollten, um dort eine Handelsniederlassung zu gründen. Dieses Kontor war der erste Schritt für die Kolonisierung des ganzen Indischen Subkontinents.

Heute ist Kalkutta zur ärmsten aller großen Städte Indiens herabgesunken. Die ständig wachsende Flut der Armen flüchtet sich unter die Howrah-Brücke oder haust auf Straßen, deren Verkehr so dicht ist, dass er stillzustehen scheint. Das Gesicht in Auspuffhöhe, sitzen diese Parias auf dem Boden und teilen sich ein Töpfchen Reis, das sie auf einem Reisigfeuer kochen. Schon vor Sonnenaufgang sind *coolies,* deren magerer, ausgezehrter Körper über erstaunliche Kräfte verfügt, bei der Arbeit und schieben Handwägen, transportieren unglaubliche Lasten auf Kopf und Rücken. Überall ersetzt billige Arbeitskraft Baumaschinen, die für die meisten Unternehmen unerschwinglich sind. Mit Hilfe lächerlich anmutender, schwindelerregender Bambusgerüste, die mit Hanfseilen zusammengehalten werden, errichtet und renoviert man mehrstöckige Häuser. Auf ebensolch wackligen Gerüsten stehen Maler, den Pinsel in der Hand, und bedecken ganze Fassaden mit Werbung, wobei sie sich oft an Szenen aus den neuesten Filmen inspirieren, die sie leidenschaftlich-akkurat bis ins letzte Detail ausgestalten. Durch die Straßen wälzt sich eine laute Menschenmenge, deren Vielfalt jede Vorstellung übertrifft. Luxuslimousinen und Schiebekarren stehen Seite an Seite, absoluter Reichtum gleich neben schlimmster Not. Schockierend für jeden Ausländer, aber normal im Dschungel dieser monströsen Stadt. Kalkutta ist aber dennoch die kulturelle Hauptstadt Indiens und hat bedeutende Künstler, Dichter, Regisseure und Schriftsteller hervorgebracht.

Gleich nach meiner Ankunft verabschiedet sich mein hinteres Schaltwerk, schon länger altersschwach, für immer in die »ewigen Jagdgründe«. Es ist aus Aluminium und kann nicht geschweißt werden. Da ich nun schon mal hier bin, bestelle ich per Fax in der Schweiz Ersatz sowie desgleichen Reifen und andere Verschleißteile. Bis das Paket kommt, fahre ich eben ohne Gangschaltung, genau wie die Inder. Die Stadt ist ohnehin ganz flach.

Die ersten Tage erhole ich mich von meinen Strapazen: Reichliche Mahlzeiten, Herumspazieren, Gespräche, Schreiben, Ruhe. Ich habe Glück: Das größte indische Musikfestival findet gerade statt, fast jeden Tag kann ich ein Konzert besuchen. Ich spreche mit etlichen Ausländern, die freiwillige Sozialarbeit leisten oder Dienst tun in Heimen für Leprakranke, in Waisen- und Sterbehäusern. Genau wie die Aristokratie im 19. Jahrhundert ihre jungen Leute auf Reisen schickte, um ihrer Erziehung den letzten Schliff zu geben, gehört es heute in einer bestimmten Gesellschaftsschicht wohl zum »guten Ton«, irgendwo auf der Welt »für eine gute Sache zu kämpfen«, und Kalkutta ist für karitativen Tourismus bestens geeignet. In den Augen dieser braven Leute, die sich nicht vorstellen können, dass man aus anderen Gründen hier sein könnte, bin ich natürlich ein reiner Egoist, nur darauf erpicht, mein Leben zu genießen … Glücklicherweise gehören jedoch die meisten Freiwilligen nicht zur Kategorie »Wohltäter der Menschheit« – was sie hergeführt hat, ist einzig ihre persönliche Überzeugung.

Obwohl mein Aufenthalt nichts zu wünschen übrig lässt und ich viele interessante Leute kennenlerne, wird mir nach über drei Wochen die Zeit lang – ungeduldig warte ich auf den Moment, wo ich mein Paket beim Zoll in Empfang nehmen und dieser aufreibenden Stadt den Rücken kehren kann. Nach der Bezahlung von »nur« 150% Zoll kann ich anschließend endlich losziehen.

Gleich wird mir wieder leicht ums Herz, als wäre eine schwere Last von mir genommen. Fahrtwind füllt meine Lungen, und obgleich vom vielen Herumsitzen noch ganz eingerostet, »reiße« ich die wenigen Kilometer bis zur Grenze von Bangladesh in wenigen Stunden »runter« – noch am gleichen Abend komme ich an. Der Zöllner sucht das Visum in meinem Pass.

»Mister Juli?«

Juli ist mein Geburtsmonat …

»Sind Sie aus Swaziland?«

»Nein, Switzerland …«

»Dann dürfen Sie ohne Visum nicht nach Bangladesh einreisen …«

Heiliger Strohsack! Das Bangladesh-Konsulat in Kalkutta hatte mir doch hoch und heilig versichert, dass ich kein Visum bräuchte! Und jetzt soll ich wieder zurück! Mich ergreift eine furchtbare Wut, ich verfluche die Unzuverlässigkeit der Beamten. Umkehren ist nicht meine Sache. Die ganze Strampelei, für nichts und wieder nichts. Und dennoch muss ich beigeben.

Drei Tage später stehe ich am gleichen Grenzposten mit einem frischgestempelten Visum im Pass. Der Beamte erkennt mich wieder, fragt, ob ich es ihm übelnehme – und überreicht mir zur Begrüßung einen süßen Tee.

Bangladesh ist das dichtest bevölkerte Land der Welt. Bei jedem Halt habe ich Indien »hoch zehn«: Noch mehr Gaffer, die mich umzingeln, ärmer sind, neugieriger sind …Touristen zieht es hierher keine. Schon der Name Bangladesh lässt unweigerlich an Armut und die allerschlimmsten Naturkatastrophen denken.

Die Straßen sind wie ausgestorben, vielleicht wegen des Ramadan, der in diesem streng muslimischen Land von allen befolgt wird. Doch hinter den Vorhängen aus Jutesäcken und alten Saris werden Mahlzeiten serviert wie immer, und ich brauche ja nicht zu fasten … Indien liegt nur wenige Kilometer hinter mir, und schon wird Rindfleisch gegessen, denn die Kühe, die illegal aus Indien ins Land geschafft werden, haben hier nicht das Glück, heilige Kühe zu bleiben …

Mitten durch das Land fließt der Ganges, vermehrt durch die Wassermassen seines Nebenflusses Brahmaputra. Die Straße wird ständig von den zahllosen Verzweigungen des beginnenden riesigen Flussdeltas unterbrochen, und man muss mit Fähren oder

Booten übersetzen. Autos sieht man sehr selten, dafür aber um so mehr Rikschas, auch auf dem Land.

Die Landschaft ist sattgrün, denn die fruchtbare Schwemmlanderde lässt alles gedeihen. Das tiefliegende Land ist jedoch extrem überschwemmungsgefährdet. Viele Dörfer liegen in Sumpfgebieten, die primitiven Brücken dort sind nichts weiter als Bretter, die auf überkreuz in den Boden gerammten Bambusstöcken liegen …

In der Hauptstadt Dhaka hat vor einigen Tagen die Opposition mit großen Straßendemonstrationen versucht, Premierminister Khaleda Zia zum Rücktritt zu veranlassen. Am Tag meiner Ankunft ist Ausgangssperre verhängt, die Stadt wird von der Armee kontrolliert, Autoverkehr ist verboten. Es herrscht ungewohnte Stille. Für mich ist das ein Glück, denn jetzt teile ich die Straße nur noch mit Tausenden von Rikschas, die, mit allen Regenbogenfarben prächtig geschmückt, über die breiten Boulevards segeln und die modernen Gebäude in eine surrealistische Filmkulisse verwandeln.

Von meinem Hotel im Stadtzentrum kann ich die politischen Kundgebungen und Ansprachen direkt verfolgen. Einige Tage nach meiner Ankunft wird ein neuer Premierminister gewählt. Christian, ein angehender Fotograf und ich geben uns als Reporter aus, um Einlass in die Wahllokale zu bekommen, die von bewaffneten Militärs bewacht werden. Da es fast nur Analphabeten gibt, ist jede der 14 politischen Parteien an ihrem Symbol erkennbar: Kuh, Banyanbaum, Fisch, Armbrust, Ananas usw. Die Wähler setzen mit dem Daumen einen Fingerabdruck auf die Wählerliste und verschwinden hinter einem Jutevorhang, um ihren Wahlzettel auszufüllen. Männer und Frauen wählen an verschiedenen Stellen, aber wir als »Fotografen« haben zu beiden Zugang. Der Regierung ist daran gelegen, den Staaten, von denen sie subventioniert werden, zu zeigen, dass Bangladesh ein demokratischer Staat ist …

Im Gegensatz zu Indien, das dank seiner natürlichen Ressourcen und seiner technologischen Entwicklung schon lange den Eigenverbrauch decken kann, hängt Bangladesh fast völlig von internationaler Hilfe ab. Außer geringen Mengen Jute, Reis, Ziegelsteinen und ein paar weiteren unbedeutenderen Produkten exportiert es nichts. Die Brücken sind »Made in Japan«, die Kondensmilch, im Tee in Mengen konsumiert, kommt aus Dänemark, usw. In den großen Städten gibt es ein Formular zu kaufen, das man, mit Namen und Adresse versehen, im beigefügten Umschlag in die USA zurückschickt, um an einer Lotterie teilzunehmen. Die glücklichen Gewinner erhalten eine Arbeitserlaubnis für die Vereinigten Staaten … Diese Formulare, die man auch in anderen Ländern findet, sind in Bangladesh ganz besonders begehrt. Noch nie habe ich ein Land gesehen, das so wenig Zukunft zu haben scheint, ein Land, dessen Jugend nur einen Traum hat: weg.

Außerhalb eines Dorfes bietet sich mir ein grausames Bild: Metzger sind dabei, sechs Kühe zu schlachten und in Stücke zu teilen. Für jemanden aus dem Westen, der noch nie gesehen hat, wie die Kuh von der grünen Wiese als Fleischstück auf den Teller gelangt, ist dieses Schauspiel ziemlich brutal. Die Tiere werden durch einen Messerstich in die Halsschlagader getötet, man lässt sie ausbluten und zerteilt den Körper in große Stücke, die sogleich in die umliegenden Dörfer transportiert werden. Aus den Rikschas schauen blutige Beine hervor, Köpfe, Rippen … der Muezzin ruft zum Gebet. Seine heisere Stimme tönt weit über endlose Reisfelder und verebbt.

Auch weit südlich von Dhaka verstopfen die Straßen zahllose Rikschas zur Güter- und Personenbeförderung. Bei der kleinsten Steigung müssen die Fahrer absteigen und ihre Fahrzeuge ziehen, weil sie dermaßen überladen sind, dass sie beinahe zusammenbrechen. Aber einen Passagier wegen eines Hügels aussteigen zu lassen oder nicht zu befördern wäre für den Fahrer ein Eingeständnis von Schwäche.

Gleich bei meiner Ankunft in der Hafenstadt Chittagong habe ich die angenehme Überraschung, Christian, den französischen Fotografen wiederzutreffen. Nach dem Essen im Restaurant interessiert sich eine Gruppe von jungen Leuten, alle fein ausstaffiert und in hautengen Jeans, für unsere Rechnung, um festzustellen, wie reich wir sind … geradezu schwerreich, wenn man weiß, dass die Tasse Tee vierzigmal billiger ist als in der Schweiz …

Wir sehen uns in der Stadt um und stoßen am Hafen auf einen riesigen Schiffsfriedhof, wo Tanker aus aller Herren Länder abgewrackt werden. Männer klettern auf Ankerketten entlang und schneiden sie mit dem Schweißbrenner in Stücke. Recycling ist hier eine Frage des Überlebens.

Chittagong liegt in einer Sackgasse, nach Myanmar (Burma) ist die Grenze seit langer Zeit geschlossen. Es scheint mir noch armseliger als Dhaka. Die vielen Bettler, Blinden, Aussätzigen nehmen die halbe Straße ein, ihr brennender Blick und die geöffnete Hand flehen mich an, der ich durch meine bloße Gegenwart Reichtum und Wohlstand verkörpere. Sowie ich aus einem Restaurant komme, laufen zerlumpte, völlig unterernährte Kinder mit aufgeblähten Bäuchen hinter mir her. Obwohl ich seit Jahren viel in armen Ländern anderer Kulturen gereist bin, halte ich das hier nicht mehr aus. Was hat mich dazu gebracht, mir dieses Elend anzuschauen, wo ich doch nur danebenstehen kann und nicht die Möglichkeit habe, etwas zu tun oder zu ändern?

Ich verlasse Chittagong in Richtung Norden, um über Indien und Nepal nach Tibet zurückzukehren. In Patagram, dem letzten Dorf vor der indischen Grenze, lerne ich Mithu kennen, der zu den gebildeten und fähigen Personen gehört, die ihr Land nicht verlassen und gleichfalls nicht die Verwaltungslaufbahn eingeschlagen haben. Konfrontiert mit der Korruption in der Regierung und dem großen Elend hat er beschlossen, sich voll für sein Land einzusetzen, weil er es liebt. Nach seinem Studium der politischen Wissenschaft auf der Universität von Dhaka kehrte er in sein Heimatdorf zurück, wo er als erstes zwei Schulen aufbaute. Danach plante er ein Laboratorium zur Verbesserung der Landwirtschaftsproduktion, aber es gelang ihm nicht, die notwendige Finanzierung aufzutreiben … die meisten Entwicklungsgelder aus dem Ausland werden veruntreut. Gleichsam als Beweis für seine Worte zeigt er mir ein Buch, das die Zensur in Dhaka verboten hat, er sich aber in Indien beschaffen konnte, und in dem die Ungerechtigkeit in Bangladesh beim Namen genannt wird: »Shame« von Taslima Nashrin.

Indien. Die Ankunft bedeutet wieder eine radikale Veränderung, die sich als erstes in einer Lastwagenkolonne von 15 km Länge manifestiert. Dieses Land, das mir vor einigen Wochen so arm vorkam, scheint mir heute geradezu fürstlich reich!

Nach zwei Tagen Fahrt erreiche ich Darjeeling an den Hängen des Himalaja. Ohne dass ich es groß merkte, habe ich 2000 m Höhenunterschied überwunden! Schluss mit Ventilator, Moskitonetz, Anti-Mückenmitteln und anderen »Utensilien« des Tieflands mit seiner feuchten Hitze. Die angenehme Kühle Darjeelings zog bereits die englischen Kolonisten an, die seit 1835 dort mit Vorliebe in die »Sommerfrische« gingen. Heute ist Darjeeling bei wohlhabenden Indern und Touristen gleichermaßen beliebt.

Besonders interessiert mich hier das Museum der Bergführerschule, das speziell dem Himalaja gewidmet ist. In einem altmodischen Gebäude wird ein Sammelsurium der verschiedensten Dinge zur Schau gestellt: Ausgestopfte Vögel, Warmhaltesocken, Steigeisen, Eispickel, Kleidungsstücke von früher etc. Die Geschichte der Himalajabesteigungen illustrieren zahlreiche Schwarzweiß-Fotografien, von denen viele von den damaligen Bergsteigern signiert oder mit Widmungen versehen sind.

Von Darjeeling fahre ich nördlich ins kleine Sikkim, wo ich, allerdings ohne recht daran zu glauben, versuche, eine Erlaubnis zu bekommen bis an die tibetische Grenze weiterzufahren. Ich weiß, dass ich dort nicht nach Tibet einreisen kann, denn der Übergang ist gesperrt, seit der Dalai Lama 1959 hier aus Tibet geflohen ist. Und so ist es dann auch: Die Erlaubnis wird mir verweigert, und ich steuere in Richtung Nepal.

Nachdem ich die Terai-Ebene hinter mich gebracht und eine erste Bergkette überwunden habe, erreiche ich Kathmandu. Für die Vorbereitung meiner Reise nach Tibet benötige ich drei Wochen. Es beginnt mit der Beantragung eines Einzelvisums, das man bei der chinesischen Botschaft in Nepal jedoch nicht erhalten kann. Deshalb schicke ich meinen Pass per DHL-Kurierpost nach Hong Kong zu einem Freund, der mir das chinesische Visum besorgen wird. In der Zwischenzeit mache ich 10 Tage Trekking, um mich für die kommenden Höhen zu adaptieren. Die Strecke von Kathmandu nach Lhasa ist mit vielen hohen Pässen »gespickt«, einige sogar höher als 5000 m! Ich überhole mein Fahrrad, kaufe warme Kleidungsstücke und besorge mir für einige Wochen Proviant.

■ *Junge Mönche in Sikkim bestaunen meinen Yak*

Kathmandu liegt auf 1200 m Höhe in einem wunderschönen Tal und seine Architektur ist etwas ganz Besonderes. Wohl gibt es einige neue Betonbauten, aber zum größten Teil besteht es aus Häusern traditioneller Bauweise aus Holz, reich mit Schnitzereien verziert. Tempel, Märkte und Paläste verleihen der Stadt einen Charme, dem man sich nur schwer entziehen kann. Aber sehr rasch stellt man fest, dass auch Kathmandu unter allen Übeln der asiatischen Städte leidet: Verkehrschaos, irrsinnige Verschmutzung, ungehemmte touristische Entwicklung …

Claude mit Baba Laxmangiri, Kathmandu · Nepal, 1996

Kirgistan · Winter 1994/95

Kirgistan · Winter 1994/95

West-Tibet · 1995

Der Mt. Kailash, Tibets heiliger Berg · 1995

Ost-Tibet · 1996

Wüste Takla Makan, China · 1995

Buchara, Usbekistan · 1994

Zentral-Tibet · 1995

Wüste Takla Makan · 1995

Provinz Bihar, Indien · 1995

Zentral-Tibet · 1996

Chen Yin Chao, Tibet · 1995

Tibetische Mönche, Kanzou, China · 1996

Tiananmen-Platz, Peking · 1996

Bodhgaya, Bihar, Indien · 1995

Radelkamerad Ruedas, Süd-Bolivien · 1998

Simon und Ruedas, Antigua, Guatemala · 1998

Am Fuß der Nordseite des Mt. Everest auf 6500 m, Tibet · 1996

Ruedas beim Schlauchpumpen, Salar de Uyuni, Boliven · 1998

Über den Salar de Uyuni, Boliven · 1998

Stéphane Dourrouj, Demokratische Republik Congo · 2000

Demokratische Republik Congo · 2000

Kobra auf dem Vorderrad, Simbabwe · 1999

Baja California, Mexiko · 1998

KAPITEL XI

CHINESISCHES DILEMMA: WER NICHT ZAHLT, WIRD AUSGEWIESEN

Ende April 1996 verlasse ich Kathmandu ohne Bedauern aber mit viel Gepäck auf dem »Friendship Highway« Richtung chinesischer Grenze. »Freundschafts-Straßen« und »Freundschafts-Brücken« machte China seinen Nachbarstaaten – und auch fernen Ländern – als Gegenleistung für ihre politische Gefolgschaft zum Geschenk. Bis Lhasa sind es rund 1100 km, bis Chengdu in Zentralchina etwa 3400 km, fast alles Piste. Dazwischen liegen zahllose Pässe über vier- und fünftausend Meter.

Auf der anderen Seite des Grenzflusses liegt die kleine Stadt Khasa. Ausgesprochen hässlich und seelenlos zieht sie sich an den Serpentinen entlang den Berg hinauf. Sofort werde ich in das offizielle Touristenhotel geführt. Einer der beiden Angestellten erkennt mich wieder, er hat mich ein Jahr vorher in der Nähe des Kailash gesehen. Seine Sympathie für mich hindert ihn jedoch nicht daran, von mir für Reiseerlaubnis und Beförderung im Vierradauto bis Lhasa 100 Dollar zu verlangen. Dazu bin ich nicht bereit. Ich bin wild entschlossen, nur auf meinem Yak weiterzufahren!

Ich steige in einem kleinen Hotel ab, das von einer Chinesin geführt wird. Dort treffe ich zwei andere Touristen, einen Dänen und Paul aus Irland, dem man die frühere Drogenabhängigkeit ansieht und der mit einer Militärplane über den Schultern und einem Pilgerstab in der Hand barfuß seines Wegs zieht …

Am nächsten Tag machen wir im Regen einen Erkundungsgang ans andere Dorfende. Wir entdecken im Abstand von einigen hundert Metern zwei Kontrollposten mit einer einfachen Schranke – und beschließen, unser Glück zu versuchen …

Um 3 Uhr in der Früh verlassen wir das Hotel so diskret wie möglich. Meine beiden Begleiter zu Fuß und ich mit dem Fahrrad, das ich schieben muss. Ich bete, dass ja kein Hund auf uns aufmerksam wird. Schweigend gehen wir durchs Dorf, nur das

Geräusch der Reifen, unsere Schritte oder unsere Schatten könnten uns verraten … Doch wir rechnen damit, dass die Polizisten, wie in China üblich, um diese Zeit total betrunken sind – was beim ersten Posten gleich zutrifft! Im Schein der matten Deckenglühbirne sehen wir durch die offene Tür zwei Polizisten in tiefem Schlaf liegen. Beim zweiten Posten ist es nicht anders, und wir laufen bis sechs Uhr früh weiter. Dann nehmen wir das erste Frühstück ein, einen Schluck heißen Tee aus der Thermosflasche. Es dauert nicht lange, da hält ein Lastwagen aus Nepal und meine beiden Begleiter können mitfahren. Ich steige in den Sattel und trete mit Schwung in die Pedale. Einige Stunden später bin ich mit 10 cm hohem Schnee bedeckt! Die Piste ist nicht mehr zu erkennen.

Das sanfte, ruhige Weiß hüllt alle Formen ein und weckt in mir das Gefühl der Einheit mit der Welt. Ich spüre, dass alles, was auf der Erde lebt, mit mir verbunden ist. Den ganzen Tag auf der Fahrt nach Nyalam (3700 m) fühle ich mich wie neu geboren. Im tibetischen »Snowland Hotel«, das seinen Namen sehr zu Recht trägt, gönne ich mir einen Tag Aufenthalt zur Höhenakklimatisierung.

Am übernächsten Tag fegt trotz strahlender Sonne ein kräftiger Wind, herrscht bittere Kälte, was mich nicht »in die Gänge« kommen lässt. Im Gebirge muss man seinen eigenen Rhythmus finden, unsere gewohnten Größenordnungen haben hier keinen Bestand: Entfernungen, vor allem Steigungen, misst man nicht in Kilometern, sondern in Wegstunden. Vor dem großen Himalaja wird der Mensch lächerlich klein und schwach. Die Sonne geht schnell unter und danach erstarrt diese Welt aus Stein in einer Kälte, die einen zwingt, immer in Bewegung zu sein. Ideal für unruhige Geister, jedenfalls für einen *Yakman* mit Fahrrad …

Heute abend schlage ich, wie noch so oft in Tibet, mein Zelt neben *dropkas* (Nomaden) auf. Ihre Zelte aus Ziegenfell sind zu klein, um mich auch noch zu beherbergen, aber sie winken mich oft herein und kredenzen mir *tchang* (Gerstenbier). Wie in Russland bekommt der Gast unaufhörlich nachgeschenkt, sein Glas muss immer voll sein, kein Wunder also, dass ein Fünfliterkanister im Nu leer ist.

In dieser Höhe wachsen keine Bäume mehr, deshalb verwenden die Schäfer für ihre einfachen Öfen Yakdung. Selbst wenn man mit einem Rohr ins Feuer bläst, produziert es allerdings mehr Rauch als Wärme. Doch um das bisschen bin ich froh, denn als ich in mein Zelt schlüpfe, ist es bereits steifgefroren vor Kälte. Mein Schlafsack, nur für den Sommer ausgelegt, ist schon dünn und durchgelegen, und so nützen auch die vier Schichten Kleidung, die ich auf dem Leib habe, nicht viel. Zusammengerollt wie ein Igel schlottere ich die ganze Nacht vor Kälte und sehne das Morgengrauen herbei …

Auf den kurvenreichen, doch nicht sehr steilen 10 Kilometern vor dem Pass Lalung (5050 m) sitzt ein betrunkener Tibeter auf seinem Karren und lässt sich von seinem treuen Pferd ziehen. Wir haben etwa die gleiche Geschwindigkeit, nach meinem Kilometerzähler etwa 5 km/h. Die Gesichtsfarbe des Tibeters lässt, so gut wie ein Höhenmesser, Schlüsse zu, auf welcher Höhe wir uns befinden. Um uns das herrliche Panorama der Berge, fast achttausend Meter hoch …

Auf der nächsten Passhöhe (4950 m) machen zwei Lkw-Fahrer Brotzeit. Mit dem Messer schneiden sie sich getrocknetes Yak- und Ziegenfleisch und trinken dazu *tchang,* und das in dieser Höhe … Ich hole Becher und Taschenmesser heraus, zwei Utensilien, die man hier immer dabei hat, um mitzuessen oder mit andern zu teilen. Gastfreundschaft ist in dieser Weite und Einsamkeit selbstverständlich. In 5000 m Höhe steigt mir das Bier schnell in den Kopf und bringt mich beim Weiterfahren ganz schön aus dem Tritt …

In der Hochebene von Tingri findet man zahllose Überreste von Festungen, die von den Chinesen gegen mögliche nepalesische Angriffe errichtet wurden. Von hier aus hat man freien Blick auf die Massive des Cho-Oyu (8201 m) und des Everest (8848 m). Ich bleibe zwei Tage, um mich weiter zu adaptieren und meinen Yak wieder in Schuss zu bringen. Danach breche ich auf, die Piste ist sandig. Ein Fluss muss überquert werden, so tief, dass ich ihn nicht mehr durchfahren kann. Ich bin gezwungen, alles Gepäck abzunehmen und im eisigen Wasser, das mir bis zur Mitte der Oberschenkel reicht, fünfmal hin- und herzuwaten. Am anderen Ufer nehmen wilde Esel – auf tibetisch *kiang* – vor mir Reißaus. Ihre spielerischen Bewegungen lassen die Landschaft noch strenger erscheinen. Mir wird bewusst, dass ich auf meinen vielen Reisen im Laufe der Jahre wohl anpassungsfähiger geworden bin, aber mein Durchhaltevermögen im Kampf gegen die Elemente in einem so unwirtlichen Land wie Tibet täglich neu beweisen muss. Wenn ich diese Tiere beobachte, wird mir klar, dass die Lebewesen, die aus einer bestimmten Umgebung stammen, dort am besten überleben können. Die Technologie macht dem Menschen heute immer mehr Dinge möglich, doch wird sie sicherlich nie an die Natur heranreichen können.

Der Lamna Pass (5150 m) führt mich nach Rongbuk, wo das höchste Kloster Tibets liegt (auf 4950 m). Aus dem Talende erhebt sich der Mount Everest – Tschomolungma (Muttergöttin der Berge) nennen ihn die Tibeter –, der Traum aller Alpinisten. Ich denke an meinen Großvater, der begeisterter Bergsteiger war und mir wohl seine Leidenschaft vererbt hat. Diese Berge und Gipfel hätten ihm sicherlich gefallen …

Da bemerke ich die Gestalt eines Mannes, der wie zum Gebet auf dem Erdboden kniet und den Blick auf den Everest gerichtet hat. Wie sich herausstellt, ist Edward Amerikaner, um die 50 und Professor der Meteorologie. Seit langem träumt er davon, ein Segelflugzeug um den höchsten Berg der Erde fliegen zu lassen. Zur Vorbereitung seines Vorhabens misst er alle drei Stunden, Tag und Nacht, Windgeschwindigkeiten, Temperatur und Luftfeuchtigkeit, dabei jedesmal den Everest fotografierend. Selbst der eisigste Wind kann ihn nicht davon abhalten. Seit zwei Wochen lebt er wie ein Eremit in einem Raum des Klosters, ernährt sich von ungekochten Nudeln, heizt mit Yakdung und schläft auf tibetischen Teppichen, die er auf einer Schicht Steine ausgerollt hat. Auf der nepalesischen Seite des höchsten Berges der Welt führt ein Team unter seiner Leitung die gleichen Messungen durch.

»Schau dir diesen Vogel an«, sagte er und deutet auf das Klosterdach, »es gibt keine menschliche Erfindung, die es ermöglicht, ihm an Flugtechnik gleichzukommen. Nicht ein einziger Pilot hat so viele Flugstunden wie er!«

Im Innern des Klosters ist es fast so kalt wie draußen. Obwohl man den Wind nach wie vor heulen hört, spürt man ihn hier nicht und das tut gut. Tashi Tsering, einer der Mönche, ist neugierig auf meinen Yak und holt sein eigenes Fahrrad herbei, ein Mountain Bike, das er von einem englischen Bergsteiger geschenkt bekam. Es ist in jämmerlichem Zustand. Ich pumpe die Reifen auf, schmiere Naben und Radgabel, die von den häufigen Sandstürme arg mitgenommen sind. Dadurch, dass es hier nichts gibt, was überflüssig wäre, handelt man spontan, und jeder Handgriff hat seine Richtigkeit. Jetzt konkret etwas tun ist mehr wert als Worte. Manche Leute im Westen treiben ihre absurden Leistungsvorstellungen oder ihre Geldgier so weit, dass sie ihr Fahrrad auf der Schulter auf den Kilimanjaro, den Cotopaxi oder auf den Aconcagua tragen (wann auf den Everest?). Tashi Tsering, der radfahrende Mönch, benutzt sein Fahrzeug dagegen nur, um jeden Tag in seinem Tragkorb Yakdung in sein 5000 m hoch gelegenes Kloster zu befördern …

Sieben Kilometer weiter, am Basislager des Mt. Everest, endet die Piste. Die kurze Saison, in der Besteigungen möglich sind, hat soeben begonnen. Der Wind zerrt an Dutzenden von Zelten in allen Farben, die etwa 200 Bergsteigern in 14 Expeditionen gehören. Ringsum Geröll und Stein, über uns der gewaltige Berg. Jede Expedition bringt der *Chinese Mountaineering Association* (CMA) 4000 Dollar ein, nur für die Erlaubnis, den Berg zu besteigen, deckt aber nicht einen eventuellen Notfall mit Rettungsmaßnahmen. Tausende von Kilometern von ihrer Heimat entfernt haben Bergsteiger aus aller Herren Länder die größten Opfer gebracht, um diesen Berg besteigen zu können, ohne allerdings auf ihre Gewohnheiten, ihr landesübliches Essen und ihre Technologie zu verzichten. Ich fühle mich wie auf einer kulinarischen Weltreise … jeder, der beim indischen Team vorbeikommt, erhält einen *Masala-tchai* (Gewürztee mit Milch). Die Italiener verwöhnen sich, Feinschmecker die sie sind, mit Käsespezialitäten, Rotwein und Pasta. Und das russische Team hat sich sogar eine Sauna installiert! Mit ihnen verbringe ich einige Tage der Wiedersehensfreude. Serguei, den ich ein Jahr zuvor im Basislager des Pik Lenin in Kirgistan kennengelernt habe, ist der Expeditionsleiter! Im Zelt der Russen gibt es immer einen Grund zum Feiern: Man trinkt auf den Jahrestag des Siegs der Russischen Armee gegen die Nazis, stößt an auf die Liebe, auf den Everest … Sacha, der beste Kartenspieler der Expedition, hat schon 2000 Flaschen Bier gewonnen, die er nach der Expedition in Kathmandu trinken muss …

Es ist verrückt: Von hier, mitten im abgelegenen Tibet, das allein so groß ist wie Westeuropa, kann man mittels Satellitentelefon oder per Internet jeden Punkt auf der ganzen Welt erreichen …! Dass diese Kommunikations- und Unterhaltungsmöglichkeiten hier zur Verfügung gestellt werden, deutet hin auf den Konflikt zwischen Abenteuerlust und dem Bedürfnis nach Komfort und Sicherheit. Den Alpinisten soll es helfen, trotz der Ungewissheit, die mit dem Aufstieg verbunden ist, in guter seelischer Verfassung zu bleiben. Sicherlich gibt es darunter auch bergsteigerische Einzelgänger, besessen von der Herausforderung, sich mit dem Berg zu messen, dass sie hierher immer wiederkommen – wenngleich ihnen dabei manchmal Hände und Füße erfrieren. Mancher hier hat schon mehrere Besteigungen hinter sich. Und dann gibt es noch die anderen, die alles dran setzen, für die es Lebensziel ist, einmal auf dem höchsten Berg zu stehen, jenen magischen Punkt zu erreichen, von dem niemand ganz unverändert zurückkehrt, wie es heißt. Nach dem Abstieg sind die vielen Leiden vergessen, die sie auf sich nehmen mussten.

Milarepa, der dichtende tibetische Eremit sagte:

In der Einsamkeit der Berge
Geschieht ein stiller Tausch
Du tauscht den Trubel der Welt
für grenzenloses Glück

Auf der nepalesischen Seite ist der Schwede Göran Kropp dabei, seine Everestbesteigung vorzubereiten, er will es im Alleingang ohne Sauerstoff versuchen. Es gelingt: Am 23. Mai 1996 hat er den Gipfel erreicht. Er legte nicht nur die gesamte Strecke Stockholm – Nepal mit dem Fahrrad zurück und transportierte seine ganze Bergsteigerausrüstung und die Nahrungsmittel für die Expedition, sondern beförderte sie auch selbst zu Fuß bis zum Basislager! Purist vom Anfang bis zum Ende, pedalte er zudem einen großen Teil der Rückreise nach Stockholm. Kropp hat es fertiggebracht, alleine und mit geringsten Mitteln eine Höchstleistung zu vollbringen, die andere mit einem großen Aufwand an Logistik und oft sehr viel Eitelkeit angehen und trotzdem nicht immer schaffen. Ich respektiere ihn sehr. Leider hatte ich nie Gelegenheit, diesen Antihelden persönlich kennenzulernen, aber ich fühle, dass wir uns nahestehen, weil unsere Fahrten ähnlich motiviert sind, und natürlich auch weil wir das gleiche Fortbewegungsmittel ausgesucht haben. Ich freue mich für ihn, dass er es geschafft hat. Ich selbst gebe mich damit zufrieden, den majestätischen Anblick des Everest auf mich wirken zu lassen, der um so strahlender vor mir liegt, je unerreichbarer er mir ist.

Zwei Tage gehe ich zu Fuß die Gletschermoräne des Rongbuk hinauf, wo riesiger Zackenfirnschnee aufragt wie in einem Märchen. Erstaunlicherweise erreiche ich das ABC-Lager (Advanced Base Camp), das in 6400 m Höhe auf einer Geröllhalde liegt, ohne dabei allzu sehr unter der Höhenkrankheit zu leiden. Hier ist der eigentliche Ausgangspunkt für den Aufstieg auf den Mt. Everest, dessen Nordseite mit ihren Gletschern und Felsen sich majestätisch darbietet. Die norwegische Expedition stellt mir eines ihrer Zelte zur Verfügung, dazu eine dreilagige Isoliermatratze und einen dicken Schlafsack.

Endlich bin ich einmal warm genug, um gut zu schlafen! Aber die beiden Nächte, die ich dort verbringe, werden trotzdem furchtbar, weil mich die Höhenkrankheit nun doch erwischt. Ein stumpfer Druck lastet auf der Stirn, ich fühle mich schlapp. Trotzdem steige ich weiter bis auf eine Höhe von 6500 m, um den Weg, der zum North Col in über 7000 m führt, genauer in Augenschein zu nehmen.

Als ich nach einem langen Marschtag das Basislager wieder erreiche, bin ich zum Umfallen müde, aber glücklich und zufrieden. Mehr als Länder und politische Grenzen sind die Hauptetappen meiner Reise Berge, Jahreszeiten, Begegnungen, Lichtstimmungen, Gerüche und Farben, und ich bin ganz aus dem Häuschen, dass es mir gelungen ist, so nahe an die Nordseite des Himalajariesen gelangt zu sein.

Aber mein Jubel ist von kurzer Dauer. Kaum erreiche ich mein Zelt, da kommen schon entschlossenen Schrittes Beamte vom CMA und verlangen meinen Pass. Ein junger Chinese hält mir, in vollem Bewusstsein seiner Allmacht, einen Auszug aus irgendeinem Gesetz vor die Nase.

»Zwischen 5000 und 50.000 Yuan (ca. 500 bis 5000 Dollar)«, sagt sein Begleiter, und als ich nicht darauf eingehe, nimmt er mein Fahrrad an sich.

»Sie waren ohne Erlaubnis auf 6400 m, und jetzt müssen Sie zahlen.«

Sie konfiszieren meinen Pass und befehlen mir, ihnen ins Büro zu folgen, wo die allgegenwärtige Flagge der *Popular Republic of China* aufgehängt ist. Der Chef bleibt bei seiner Entscheidung und wiederholt: »Fünfhundert Dollar!« Ich habe das Gefühl, ich bin in der Falle und setze mich dafür um so wilder zur Wehr. Schließlich werfe ich wütend 100 Dollar auf den Tisch. Die verschwinden elegant in der Jackentasche des Chefs, als wenn nichts wäre, und man gibt mir meinen Pass zurück. Diese Ganoven könnten anstelle der Berge eines Landes, das sie besetzt halten, ebensogut Heroin verkaufen ... Der Himalaja, den Tibetern heilig und den Bergsteigern eine Herausforderung, ist eine sehr gute Einkommensquelle für China und die chinesischen Beamten ... Ich verlasse diesen verdammten Ort und gehe in die heiße Sonne hinaus mit der terroristischen Lust, alles in die Luft zu jagen. Um das Gesicht seines morschen Reiches zu retten, hat China eine Vielzahl lokaler Vasallen eingesetzt, deren Willkür und Ignoranz die Macht der Herren in Peking garantieren.

Die Wolken, die jetzt den Everest verhängen, scheinen mir rechtzugeben in meinem Wunsch, das Basislager so schnell wie möglich zu verlassen, doch im Grunde habe ich es nicht eilig, in Lhasa anzukommen. Vor dem Phang Pass (5000 m) schiebe ich mein Stahlross die sandige Piste hinauf, ungeachtet des tibetischen Sprichworts »Ein Pferd, das seinen Reiter nicht den Berg hinaufträgt, ist nicht wert, Pferd genannt zu werden. Ein Reiter, der nicht absteigt, wenn es bergab geht, ist nicht wert, Reiter genannt zu werden«. Das schlechte Wetter kommt mir gerade recht, um den PSB-Kontrollposten (Police Security Bureau) zu passieren, an dem sich kein Polizist blicken lässt. Aber vorsichtigerweise sprinte ich danach ordentlich los, damit mich die »Radfresser« nicht doch noch erwischen.

Einige Kilometer weiter erwartet mich eine angenehme Überraschung: Ein Zelt, genau wie meines, ist neben der Piste aufgeschlagen. Und ein Fahrrad liegt daneben! Ich bin natürlich gespannt und mache mich mit der Klingel bemerkbar. Aus dem Zelt schaut ein zerzauster Haarschopf. Stefan ist Deutschschweizer und vor über einem Jahr in Australien losgefahren. Er übernachtet hier nur aus dem einen Grund: Um früh am nächsten Morgen den Kontrollposten unbemerkt zu passieren. Eine Methode, mit der er erfolgreich ganz Osttibet durchquert hat …

Wir trinken heißen Tee, und er gibt mir ein Blatt mit genauen Informationen über die Gegend, trägt mir Höhenangaben und Kontrollposten ein, die er mit Hilfe von Kilometerzähler, Höhenmesser und GPS aufgezeichnet hat. Ein Geschenk von unschätzbarem Wert! Mit der Zeit kommen wir China-Radtouristen schon auf den Dreh, wie man die weltgrößten Produzenten von Polizisten und Fahrrädern austrickst …

Im allerersten Morgengrauen sitzen wir auf und fahren los, jeder in eine andere Richtung.

An den darauffolgenden Tagen nehme ich herrliche Bergpässe unter meine Reifen, darunter den Gyatso (5220 m) und den Yung (4968 m). Danach gelange ich ins Brahmaputratal, wo noch die aus Backsteinen gemauerten »Telegrafenmasten« stehen, die die Engländer 1904 errichteten. Für zwei Yuan fährt mich ein Schiffer mit seinem kippligen Boot aus Ziegenfell über den Fluss. Ab dem anderen Ufer führt die sandige Piste auf den Donge (4860 m) und den Suge (5300 m).

Mit seinen zahlreichen hohen Pässen, den unvorstellbaren Entfernungen, den Hunden der Nomaden und den chinesischen Polizeiposten, die um jeden Preis vermieden werden müssen, verlangt Tibet von Radlern so viel Zähigkeit und Schlauheit, dass die Ankunft in Lhasa für jeden eine richtige Erleichterung ist. Ich treffe etwa ein Dutzend, und die meiste Zeit verbringen wir mit Essen, dem Erzählen von Tricks und Verhaftungen und Stadtrundgängen. Aus Einzelgängern werden gesellige Genießer. Radfahrer lernen sich überall schnell kennen, und sobald sie sich irgendwo aufhalten, haben sie den Hang zum Faulenzen und eine gemeinsame Leidenschaft, das Essen. Und man bleibt fast immer länger hängen, ohne dass man es eigentlich wollte.

■ *Straße in Lhasa, Tibet*

Ich bin also in Lhasa, immer noch ebenso weit von Tokyo entfernt wie vor einem Jahr … aber das ist mir egal. Meine Reise hat von ganz alleine ihren eigenen Rhythmus gefunden, ist endgültig wichtiger geworden als alles andere, hat sich gegenüber meinem ursprünglichen Plan verselbständigt. Manche argumentieren, die täglich neue Unvorhersehbarkeit meines Lebens müsse mir Angst machen, aber das stimmt nicht. Sie gibt mir ein großes Gefühl der Freiheit, macht jeden Tag zu einem neuen Lebensanfang. Man verliebt sich in die Straße, grenzenlos, wie in eine Frau. Eine Reise ist eine Liebesgeschichte voller Wege und Umwege …

Lhasa hat sich seit meinem letzten Aufenthalt sichtlich verändert. Die neue vierspurige Autostraße ist jetzt fertig, rechts und links hell erleuchtet, führt sie zum großen Platz ins Stadtzentrum, der vor einem Jahr gleichfalls noch im Bau war und nun mit den behauenen Steinen gepflastert ist. An die hundert Soldaten strömen hier zusammen und ziehen mit Pauken und Trompeten die Nationalflagge hoch …

Am nächsten Morgen steige ich auf den Chak Pori. Auf diesem Hügel befand sich vor 40 Jahren die medizinische Fakultät. Ich schließe die Augen und versuche mir Lhasa als Hauptstadt des souveränen Tibet vorzustellen, so wie es damals gewesen ist. Heute ist die ganze Gegend von Militärlagern und Gefängnissen umklammert, wo Folterungen zur Tagesordnung gehören. Im ganzen Jokhang-Heiligtum verteilt befinden sich Kameras, die die Besucher ständig überwachen. Über dem Eingang hat man ein Mikrofon installiert. In diesem Jahr gab es bereits gewaltsame Zusammenstöße zwischen der Armee und den Mönchen, weil diese ihre Bilder des Dalai Lama nicht hergeben wollten, vor allem in den Klöstern von Ganden und Sakya, die danach per Militärdekret geschlossen wurden. Die Reinkarnation des Panchen-Lama, ebenfalls aus der Glaubensgemeinde der Gelugpa und noch ein Kind, wurde von der chinesischen Regierung entführt und mit den Eltern nach Peking gebracht. Das kommunistische Regime, in dessen Augen Religion bekanntlich nichts anderes sein soll als »Opium fürs Volk«, hat sich eine andere »Reinkarnation« des Verstorbenen ausgesucht, die sie durch alle Mittel zu legitimieren sucht …

Nach fast zwei Wochen Ruhepause bin ich wieder unterwegs, Richtung Osten mit Fernziel Chengdu, Hauptstadt der Provinz

Sichuan. Hinter dem Pass Milna (Höhe etwa 5000 m) ist es vorbei mit dem milden Sommerwetter Lhasas. Doch ich habe wieder soviel Energie getankt, um auch den knochenharten 2400 Kilometern des alten osttibetischen »Sichuan-Highways« gewachsen zu sein. Auf dieser Piste fiel die chinesische Armee bei ihrer Invasion 1950 und 1959 in Tibet ein, und sie ist für Einzelreisende verboten. Sie besteht aus nichts anderem als Geröll, Erde und Sand und kann sich durch die Wolkenbrüche des sommerlichen Monsuns in einen entsetzlichen Morast verwandeln. Noch nie in meinem Leben habe ich Flüsse gesehen, die mit solcher Gewalt über ihre Ufer treten und dabei ganze Waldflächen wegreißen und phänomenale Massen von Schlamm in Bewegung setzen. Das Tosen des Wassers ist ohrenbetäubend. Es hört sich an, als ob es Tag und Nacht ununterbrochen regnete. Hin und wieder stoße ich auf chinesische Militärs, die Ablaufgräben ausheben und wasserabwehrende Steinmauern errichten. Oft bin ich gezwungen auf der verwüsteten Piste mit nackten Füßen zu gehen, bis zu den Knien im Schlamm oder im eisigen Wasser, und jedes Mal muss ich mehrmals hin und her, um meine schweren Taschen und mein Fahrrad hinüberzutragen. Es vergeht nicht ein Tag, an dem nicht ein Schlauch oder ein Reifen zu flicken oder eine Speiche zu ersetzen wäre. Ich hoffe, dass der Proviant aus Lhasa dank meines spartanischen Lebens ausreicht, denn hier kann ich nur in der Nacht durch die Ortschaften fahren und somit nicht das geringste kaufen. Um nicht Gefahr zu laufen, an den Kontrollposten am Ein- und Ausgang der Ortschaften festgenommen zu werden, stehe ich täglich um 1.30 Uhr in der Nacht auf, falte das Zelt zusammen, schnüre die Taschen fest, blockiere die Klingeln und stopfe Kleidungsstücke in die Kochtöpfe, um das geringste Geräusch zu verhindern.

Mein Kilometerzähler hat den Geist aufgegeben und Stefans Karte mit den Angaben wird um so wertvoller für meine Orientierung. Die Piste ist spurlos und so gut wie tot. Sobald, meist unter sintflutartigen Regenfällen, die Nacht anbricht, gibt mir das Summen meines Kochers nicht nur die Vorfreude auf eine wohlige warme Mahlzeit, sondern auch das tröstliche Gefühl, dass ich doch nicht ganz alleine bin mit dem beängstigenden Tosen des Flusses. Meine zwei Kubikmeter Zelt werden für mich zu einem Paradies.

Mit blassen Lichtern kündigt sich Gongpogyampa an, die erste etwas größere Stadt. Aus der offenen Tür des PSB-Gebäudes fällt ein Lichtstreifen auf die Straße, doch es gibt keinen anderen Weg! Außerdem versperrt eine verschlossene Kette die Straße, doch glücklicherweise so hoch, dass ich darunter durchschlüpfen kann. Und dann lege ich mich ins Zeug! Die Atmosphäre hat etwas Unheimliches an sich; die letzten Zecher gehen lärmend nach Hause, der Schein ihrer Taschenlampen zittert in der Dunkelheit wie Irrlichter. Da ich ohne Licht fahre, stoße ich ständig auf Sandhaufen und ramme in tief ausgefahrene Wagenspuren, in denen das Wasser steht. Am Stadtende das gleiche Szenario: Ein Kontrollhäuschen, Lichterschein, die Kette, die ich diesmal auf leisen Sohlen umgehe. Licht, auf Reisen normalerweise Hoffnung auf eine freundliche Begegnung, jagt mir hier nur Angst und Schrecken ein.

■ *Begegnung in der osttibetischen Provinz Kham*

Der Kontrollposten von Bayi ist nach den Berichten verschiedener Radfahrer schwer passierbar, doch heute bleiben die Polizisten wegen des sintflutartigen Regens in ihren Häusern. Ich brause bei Tageslicht durch die Stadt und befürchte bei jedem Laden, dass ein Soldat oder ein Polizist herauskommt. Danach, völlig außer Atem, halte ich an der letzten Kneipe an und stelle fest, wie einen die kleinen Freuden – zwei Kekse und ein *tchai* – wieder seelisch aufmöbeln können. Ohne weiter Zeit zu verlieren verlasse ich den Ort. Die Piste fällt nun auf fast 2000 m Höhe in ein Tal mit subtropischem Klima. In der Nähe einer Militärbaracke verfolgt mich ein Hund und macht zwei Soldaten auf mich aufmerksam, die herauskommen und mich rufen. Zum Glück geht es bergab und ich bin gerade noch schnell genug, um ihnen, die unerklärlich langsam reagieren, vor der Nase davonzufahren …

Die 50 Kilometer Haarnadelkurven zum x-ten Pass führen vorbei an Gerstenäckern, die terrassenförmig an winzigen Wasserläufen angelegt sind. Auf den Flachdächern der steinernen Häuser trocknet das Getreide. Diese Landschaft erinnert mich an den pakistanischen oder indischen Himalaja. Später kommen Täler, die sich durch die intensive Waldabholzung der Chinesen unwiderruflich in Wüsten verwandelt haben. In den folgenden Tagen stoße ich mehrmals auf Konvois chinesischer Militärfahrzeugen, die enorme Baumriesen abtransportieren.

In der ganzen Gegend stehen prachtvolle traditionelle tibetische Wohnhäuser, die aber tür- und fensterlos sind und offensichtlich überstürzt verlassen wurden. Sie stehen im Nebel und sind Zeugen einer Katastrophe. Die Bewohner haben sich damals bitter zur Wehr gesetzt, doch es blieb ihnen nach der Invasion nur die Wahl zwischen Flucht und Selbstaufgabe. Die beeindruckende Anzahl der heruntergekommenen chinesischen Kasernen zeigt, welch massive militärische Mittel dabei hier eingesetzt wurden.

1800 km hinter Lhasa erreiche ich Litang, eine Stadt, die 1956 von der chinesischen Armee dem Erdboden gleichgemacht wurde. Heute bietet der inmitten von Wiesen auf 4000 m Höhe liegende Ort einen hässlichen Anblick, wie viele chinesische Städte:

farblos, mit Straßen aus Betonplatten und Fassaden aus bläulichem Glas und weißen Kacheln.

Vom Hagelregen bis auf die Haut durchnässt rette ich mich in die erstbeste Kaschemme. Die Risse in den Bretterwänden hat man mit Zeitungspapier überklebt. Wie jeden Tag besteht mein Abendessen aus einem Teller Yakfleischsuppe und einem Stück Brot. Meine Hände sind so kalt und starr, dass ich nicht einmal die Stäbchen halten kann.

■ *Täglich Suppe in China …*

Die Polizei lässt mich hier erstaunlicherweise in Ruhe. Es wird gerade ein neues Kloster eingeweiht, man begeht das größte tibetische Fest seit 10 Jahren. Das kommt mir alles sehr gelegen und ich bleibe eine ganze Woche. Für einige Tage schlagen die besten Reiter am Stadtrand ihre Zelte auf, Hunderte weißer Zelte, verziert mit stilisierten blauen Yakhörnern. Während der Festtage veranstalten sie einen eigenartigen Wettkampf: Sie kommen im Galopp angeritten, beugen sich tief zur Seite und versuchen, mit der Hand möglichst viele der weißen Tücher aufzuheben, die eigens dafür auf den Boden gelegt wurden. Wer Pech hat, rutscht ab und landet im Dreck, während sein feuriger Hengst wild davonstürmt. Bei Erfolg wie Misserfolg gehen lautstarke Wellen der Begeisterung durchs Publikum. Mit ihrer seltsam-exotischen Ausstaffierung – nepalesisches Leopardenfell, große Sonnenbrille auf der Nase und Halbedelsteine in den dicken Zöpfen – sehen die temperamentvollen Reiter aus wie Straßenräuber vergangener Zeiten. Tänze werden aufgeführt und Gesänge tönen durch die Straßen.

Das Kloster wird mit großem Pomp eingeweiht. Ein Toyotajeep-Konvoi fährt die Hauptstraße entlang. Hinter getönten Scheiben, vor Blicken geschützt, sitzen chinesische Beamte. Polizisten in Zivil, mit Mobilfunk und Ferngläsern, laufen über die Klosterterrassen. Der Regen tropft von den Filzhüten der osttibetischen Volksgruppe der *Khampas,* deren Gesichter das scharfkantige Aussehen von Apachen haben. Sowie die offizielle Ansprache zu Ende ist, stürzen sie sich in das Heiligtum, das nun endlich wieder aufgebaut wurde. Niemand kann diese geborenen Läufer aufhalten, nicht einmal die *Geishes* – Polizeimönche von beachtlicher Statur –, und schon gar nicht zu reden von den jungen Chinesen in paramilitärischen Uniformen, die erfolglos versuchen, sich ihnen in den Weg zu stellen.

Wieder auf der Piste verliere ich erneut das Gefühl für die Entfernungen, so oft bin ich gezwungen abzusteigen und zu Fuß zu gehen. Mönche des Klosters Lo-Zogang, das hoch oben auf einem steilen Hügel liegt, haben mich gesehen und winken mich zu sich heran. Einige von ihnen kommen mir entgegen und helfen mir, meine schwere Maschine zu schieben. Am Holztisch der riesigen, rußgeschwärzten Küche des Klosters fühle ich mich ins Mittelalter zurückversetzt. Die Mönche bringen mir einen Teller Reis vor und so viel Tee mit gesalzener Butter, dass meine Leber bald zu zerreißen droht!

Als ich am nächsten Tag aufbreche, geben sie mir einen großen Beutel *tsampa* und ein riesiges Stück Butter mit auf den Weg. Genug, um damit meine Schuhe, den Sattel und die Fahrradkette bis nach Japan einzufetten! Einer von ihnen hackt mir noch dazu mit dem Beil ein gutes Kilo geräuchertes Yakfleisch herunter. Ich schenke ihnen den Rest der 300 Fotos vom Dalai Lama, die ich dabeihatte. Dass sie nach den vielen Kilometern im Regen etwas zusammenkleben scheint dem *Rimpoche* (spiritueller Lehrer bei den tibetischen Buddhisten) egal zu sein; mit großer Sorgfalt wickelt er sie in ein heiliges Tuch.

KAPITEL XII

PEKING: 40.000 KM SIND VOLL

Am 22. Juli 1996 erreiche ich die Ebene, in der Chengdu liegt, Hauptstadt der Provinz Sichuan (oder Szechuan) – Hurra, endlich wieder Asphalt unter den Reifen! Ein riesiges Mao-Standbild beherrscht den großen Platz im Zentrum, der ein einziges Durcheinander ist von Fahrrädern, Lenkstangen, Gepäckträgerlasten und Radgeklingel. Ich werde Zeuge, wie zwei verängstigte Chinesen festgenommen und von Polizisten in Zivil mit Handschellen abgeführt werden. Ein paar andere Händler, darunter Kalligrafie-Verkäufer, packen gleichfalls hastig ihre Ware ein und verschwinden, um von der Polizei nicht gefasst zu werden.

Das moderne Leben im heutigen China, das sich nun seit kurzem dem internationalen Handel geöffnet hat, führt zum Verschwinden der Traditionen und zur Landflucht, verschärft die wirtschaftlichen und sozialen Unterschiede drastisch. In Chengdu gibt es US-amerikanisches Fast-food und Boutiquen mit der (vor)letzten Mode aus Paris und New York. Überall ragen Baukräne in den Himmel, werden Hochhäuser gebaut – die traditionellen Teehäuser Sichuans muten an wie Relikte aus vergangenen Zeiten. Doch nach wie vor sitzen Chinesen der älteren Generation mit dicken Brillengläsern pfeiferauchend in bequemen Rohrsesseln und vertreiben sich die Zeit mit dem Brettspiel Go und Kartenspielen. Aus den Käfigen, die an den Bäumen aufgehängt sind, tönt Vogelgezwitscher und Grillengezirp. In Parks und auf Gehsteigen sieht man Chinesen, die, den Säbel oder den Fächer in der Hand, mit großer Konzentration ausgewogene, elegante Bewegungen vollführen – sie praktizieren den Nationalsport Tai Chi.

In dieser Stadt muss ich dann am eigenen Leib erfahren, dass die Polizei von Sichuan so scharf ist wie seine Küche – die schärfste von ganz China! Als ich zum Büro des PSB marschiere, weiß ich schon im voraus, dass ich kein leichtes Spiel haben werde, denn mein Visum ist bereits seit 10 Tagen abgelaufen ... Leider kann ich diesmal mit einer Rasierklinge das Dokument nicht verändern. Der Beamte scheint mir auf den ersten Blick weder gut noch schlecht, aber pedantisch auf die gewissenhafte Einhaltung der Gesetze bedacht.

Über fünf Stunden sitzen wir in seinem Büro, das nach Langeweile und Staub riecht. Ich werde immer angespannter. Herr Hu senkt die Augen auf meine Chinakarte und entdeckt so interessante Eintragungen wie »Army camp« oder »Bridge full of police«, die mir ein Amerikaner vor einigen Wochen hinkritzelte, in dem Glauben, er würde mir damit einen Dienst erweisen … »PSB Chengdu« vergaß er leider! In seinem schlechten Englisch löchert mich Herr Hu mit Fragen, überzeugt, dass er in mir ein wichtiges Mitglied des internationalen helvetischen Spionagenetzes vor sich hat … Nachdem er mich meine Fingerabdrücke sechsmal unter seinen Bericht setzen lässt, konfisziert er meinen Pass. In einer Woche soll ich wiederkommen. Mich beschleicht das ungute Gefühl, diese Geschichte wird mich noch teuer zu stehen kommen …

Wenn Peking, wo ich bei der Schweizer Botschaft einen neuen Pass bekommen kann, nicht 3000 km entfernt wäre, würde ich jetzt einfach abhauen. Einige Tage bin ich damit beschäftigt, meinen Yak wieder ordentlich herzurichten und versuche, mir vorzustellen, wie die Polizei meinen Fall regeln wird. Zu ungeduldig, die ganze Woche zu warten, kehre ich schon vor Ablauf der Woche zum PSB zurück. Kaum habe ich den Raum betreten, bringen mich der Beamte Hu und ein anderer Polizist zurück in mein Hotel, wobei sie ohne Hemmungen eine Einbahnstraße in Gegenrichtung durchfahren (und dabei einen Radfahrer anbrüllen, weil er ihnen im Weg ist). Im Hotelfoyer angekommen fällt mir plötzlich ein, dass ich pro-tibetische Zeitschriften in meinen Packtaschen habe. Ich stelle mir vor, wie sehr sich Offizier Hu über dieses Beweismaterial freuen würde. Während die beiden die Gästeliste kontrollieren und auf den Direktor warten, entdecke ich einen Freund, den ich eilends bitte, sofort in mein Zimmer zu gehen und die bewussten Papiere herauszuholen. Das ist mein Glück, denn nachher durchsuchen die beiden wirklich meine ganze Habschaft. Wohl finden sie nichts Verdächtiges, aber leider für mich stellen sie fest, dass ich genug Travellerschecks habe, um ihre Strafgebühren bezahlen zu können. Dass ich diesem allmächtigen Hu so ohnmächtig ausgeliefert bin, macht mich rasend.

Zurück in seinem Büro verkündet er mit der größten Seelenruhe die Entscheidung:

In verbotenes Gebiet eingereist, Polizeiposten in Chinakarte eingetragen: 500 Yuan; Visum zehn Tage überschritten: 5000 Yuan. Insgesamt also 5500 Yuan (ca. 660 Dollar). Und: »Sie haben genau 10 Tage Zeit, um China zu verlassen, keinen Tag mehr …«.

Er bemerkt auch, dass das Gesetz erlaubt, die Geldstrafe durch 10 Tage Gefängnis zu ersetzen, fügt aber entschieden hinzu, in meinem Fall käme das nicht in Frage. Ich flehe ihn nun an, mein Visum doch um 20 Tage zu verlängern, damit ich eventuell mit dem Fahrrad bis Hong Kong käme. Doch er bleibt unerbittlich.

Ich überlege Alternativen. Ein Hin- und Rückflug nach Hong Kong würde mich zweifellos an die 400 Dollar kosten. Es muss doch ein Mittel geben, diesen Hu zu erweichen! Trotz meiner langen Reiseerfahrung, wo ich gelernt habe, mit meinen Gefühlen umzugehen, reißt mir jetzt die Geduld. Zu viel ist zu viel! Ich habe nichts mehr zu verlieren. Ich heule vor Wut und Empörung. Die Gesetze sind hier manchmal so absurd, dass man sich gar nicht schuldig fühlt, sie zu verletzen. Dass ich unbeherrscht meine Gefühle zeigte, ist für die Chinesen natürlich ein Eingeständnis meiner Schwäche, ich habe das »Gesicht verloren« …

Die Würfel sind gefallen. Ich zahle die 660 Dollar für das zehntägige Visum. Paradoxerweise hat mir die chinesische Polizei unbeabsichtigt – allerdings für teures Geld – ein Grundgebot des tibetischen Buddhismus beigebracht: Sich lösen …

Zehn Tage, nicht einen mehr. Ich könnte China endgültig verlassen, die Tür hinter dem »Reich der Mitte« zuknallen, aber ich habe keine Lust, mit einer schlechten Erinnerung von hier fortzugehen. Außerdem will ich immer noch nach Tokyo. Der Flug nach Hong Kong wird mir ein neues dreimonatiges China-Visum ermöglichen.

Die Ankunft in Hong Kong – damals noch von China unabhängig – ruft in mir einen echten Kulturschock hervor: Überfluss, Freiheit, Sauberkeit, Konsum, Hochhäuser … Genau das Gegenteil des kommunistischen China. Hier kann vieles leicht erledigt werden: Ich lasse mir aus der Schweiz Geld anweisen, kaufe englische Bücher und – *tax free* – eine Menge Filme, dazu eine neue Chinalandkarte, da meine von der Polizei in Chengdu konfisziert wurde. Als der große »Hahn« – so nennen die Chinesen wegen des Umrisses ihr Land (die Mandschurei ist der Kopf, Sinkiang sind die Flügel, und die südliche Insel Hainan die Füße) – ausgebreitet vor mir auf dem Boden liegt, erfasst mich die Reiselust von neuem.

Wieder zurück in Chengdu, hole ich mein Rad und verlasse diese Stadt in Windeseile in Hauptrichtung Peking. Je mehr ich nach Norden und vor allem in höherliegende Gebiete gerate, um so häufiger finde ich Menschen, die zwar unter chinesischer Flagge leben, aber auf ihrem Territorium an der eigenen Lebensweise und Kultur festhalten: Im Tiefland das Bauernvolk der *Han*, das den Konfuzianismus und Taoismus für den Kommunismus eingetauscht hat, in den Mittelgebirgen die *Hui*, ein muslimisches Hirtenvolk aus Zentralasien, und auf den Hochebenen die buddhistischen Tibeter, die meist als Nomaden durchs Land streifen.

Als ich die Kehren eines Berges von 4440 m hinaufstrample, nähert sich ein Reiter und wirft mir ein Seil zu. Ich mache es am Lenkstangenkopf fest und lasse mich hinaufziehen. Oben angekommen, verschwindet der Reiter in Richtung seiner Zelte. Ich verliere weiter keine Zeit, denn plötzlich beginnt ein Hagelschauer und verfolgt mich während der ganzen rasenden Talfahrt. Zum Glück kann ich mich hier am Ende der Welt in eine Kneipe flüchten, wo Tibeter um die Wette trinken. Das grässliche Wetter kratzt sie nicht, sie gaffen mich an, als ich mich hungrig auf eine Schale Reis stürze. Immer mehr Bierflaschen sammeln sich auf der Theke, wo eine Mao-Tse-tung-Büste herumsteht. Vor der Türe haben die Säufer ihre Pferde festgemacht, die treuen Tiere werden irgendwann ihre stockhagelvollen Reiter nach Hause bugsieren.

Später laden mich zwei Chinesen in eines der beliebten Karaoke-Restaurants ein. Männer sitzen um einen runden Tisch und essen Sichuan-Fondue. Es geht gleichfalls rau her, sie rauchen, grölen, spucken auf den Boden, trinken das Bier aus Teegläsern und lassen am Mikrofon ihrem musikalischen »Talent« freien Lauf …

Einer meiner Begleiter, Thang Tian Roy, ist Besitzer einer der besten Kung-Fu-Brennereien – Kung-Fu, das ist 52%iger Reisschnaps. Er bietet mir seine Destillerie als Nachtquartier an, und am nächsten Morgen gibt er mir zwei Flaschen mit auf den Weg. »Für unterwegs, wenn dir die Energie ausgeht!« grinst er. Er ahnt nicht, dass mir diese Flaschen noch gute Dienste erweisen werden …

Trotz des großen wirtschaftlichen Aufschwungs der chinesischen Küstenstädte bieten die Landgebiete mit ihren Musterdörfern aus der Revolution nach wie vor ein Bild desolater Armut. Die Häuser sind aus Stein und bestehen aus einem einzigen Raum, in dem die ganze Familie wohnt. Die in die Holztüren eingeschnitzten roten Sterne sind sehr gut sichtbar. Es gibt heute noch Chinesen, die mit dem Pinsel revolutionäre Sprüche auf die abgebröckelten Fassaden schreiben.

In den Bergwerksgebieten sind in völliger Anarchie Städte wie Pilze aus dem Boden geschossen. Die Bergleute kämpfen täglich ums Überleben und schützen sich unter Tage mit irgendwelchen improvisierten Masken oder Brillen, doch ist die Luft dermaßen verseucht, dass Gesundheitsprobleme unter ihnen gang und gäbe sind. Aus Lastwagen, deren Planen nicht richtig verschlossen sind, regnet es schmutzige Kohlestücke auf die Fahrbahn.

Mit einem Schlag verändert sich die Landschaft vollkommen: Die Straße wird zur Piste und führt durch hohe Dünen. Ich bin in der Wüste Mu Us Shadi im autonomen Gebiet der Inneren Mongolei. Die dicke Sandschicht auf der Piste und die starken Windböen lassen mich kaum vorankommen. Als ich im Schutz einer verfallenen Mauer Pause mache, packen mich drei Hirten mitsamt meinem Yak auf ihr dreirädriges Fahrzeug. Kurz darauf sinkt unser Gefährt in eine tiefe Wasserlache ein. Der Treibriemen schleift, der Auspuff raucht wie ein Vulkan und der Motor scheint explodieren zu wollen. Die drei Chinesen ziehen die Schuhe aus, steigen aus und schieben, doch ich darf ihnen nicht dabei helfen. Schließlich erreichen wir ihr Haus inmitten der Dünen. Wir sitzen auf Strohmatten auf einem *Kang* (an den Seiten geschlossene Erhöhung, die durch Warmluft aus dem Ofen geheizt wird) und essen Hirse, mit heißem Wasser begossen, dazu Ziegenkäse. Hinterher kommt das Wesentliche des Tages: Ein Würfelspiel und ein Tablett mit kleinen Gläsern mit Reisschnaps. Wer verliert, muss sein Glas unter dem Gelächter der anderen auf einen Zug leeren. Ich lege mich in den Schlafsack, denn mir tanzt schon alles vor Augen ... vor Müdigkeit!

Auf einem Hügel hat die chinesische Regierung ein Mausoleum zu Ehren von Dschingis Khan errichtet. Der große Mongolenherrscher, der an der Spitze des größten Reiches aller Zeiten Nordchina zwischen 1211 und 1216 besetzte, wird hier als chinesischer Held gefeiert! Im Hauptgebäude steht seine Statue, und die neuen Herren des Landes reisen in japanischen Luxuslimousinen an, um ihm in Anzug und Krawatte einen Besuch abzustatten. Fahnen mit mongolischen Schriftzeichen und Jurten-Modelle aus Zement dürfen natürlich nicht fehlen. Alle Mittel sind recht, um die Geschichte im Namen der Ideologie zu verdrehen ...

Am 12. Oktober 1996 erreiche ich endlich Peking. Mein Fahrrad hat nun 40.680 km hinter sich, das entspricht dem Erdumfang am Äquator. Wenn ich auch nicht so viel Staub aufwirble wie die Rallye Paris – Peking, so bin ich doch um ein paar Radlängen voraus ...!

Um Peking zu einer modernen Metropole zu machen werden Wolkenkratzer aus dem Boden gestampft und die alten Viertel mit dem Bulldozer dem Erdboden gleichgemacht. Peking ist eine sehr verschmutzte Stadt, kein Wunder, es wird wie eh und je mit Kohle geheizt und gekocht, dabei weht oft nicht das geringste

Lüftchen. Ich gehe an den Ort, der für die Menschen hier den Mittelpunkt der Welt bedeutet, den Tienanmen-Platz. Dieser größte Stadtplatz der Welt wurde für große Staatsfeierlichkeiten angelegt, die gigantischste war die Proklamation der Volksrepublik China durch den Vorsitzenden Mao Tse-tung im Jahr 1949, bei der etwa eine Million Menschen hierherströmten. Die kommunistische Führungsspitze hat nichts anderes getan, als den Anspruch, die eigene Macht vom Kaiser ererbt und durch den Bau dieses Platzes in eine konkrete Form gegossen zu haben, um sich auf diese Weise selbst zu legitimieren. Das »Reich der Mitte« (chinesisch: Dschungo) beginnt ganz konkret auf diesem Platz, vor der »Verbotenen Stadt«. Von hier aus haben Straßen in alle Himmelsrichtungen ihren Ursprung. Dass jede Sache und jeder Mensch einen festen Platz in der Ordnung der Welt hat, ist eines der Lieblingsthemen der Chinesen. Pragmatisch sagen sie: »In Peking können Sie alles finden was Sie wollen, in Dalian können Sie sich einkleiden, wie Sie wollen, in Kanton können Sie essen was Sie wollen und in Nantsching können Sie sogar die Preise erhöhen …« Mitten auf dem Platz zählt eine elektronische Uhr im Countdown rückwärts, wieviel Tage, Stunden und Minuten noch fehlen, bis Hong Kong am 30. Juni 1997 wieder zum Mutterland zurückkehrt …

Wie die »Verbotene Stadt« wird der Tienanmen-Platz fast schon mit religiösem Eifer von Millionen von Chinesen aus dem ganzen Land besucht. Dennoch hat China 1989, zum ersten Mal in seiner Geschichte, die nationale Befreiungsarmee hier gegen die eigene Bevölkerung eingesetzt, und der Platz wurde trauriger Schauplatz eines Blutbades.

Unter lauter Chinesen falle ich auf, unter einem Bild Maos sammelt sich eine Volksmenge um mich und ich lasse mich mit ihr fotografieren (s. Foto im Farbteil). Gleich anschließend zerstreut die Polizei den Auflauf und ich bin froh, einen Augenblick lang die in China allgegenwärtige Masse nicht um mich zu spüren.

In meinem kleinen Hotel außerhalb des Zentrums treffe ich ein amerikanisches Pärchen, das mir dank seiner Arbeit meine Kommunikationsprobleme erleichtern wird. Stephen und Alison haben nämlich die erste Informatikschule in Peking gegründet und verfügen über Internetanschluss. Sie führen mich in ihr Zimmer, das voll ist mit Computern und Kabeln, denn in der Nacht vorher wurden sie vom Militär aus dem Haus geworfen, das ihnen ein Chinese unerlaubterweise vermietet hatte. Sie schlagen mir vor, mir einen E-Mail-Briefkasten einzurichten und eine Webpage über meine Reise zu entwerfen. Eine fantastische Idee, die mir unheimlich viel Auftrieb gibt! Die beiden tun mir auf diese Weise einen riesigen Gefallen. Ab jetzt wird es viel leichter sein, meine Reiseartikel an Zeitungen zu schicken oder von zuhause Ersatzteile anzufordern. Mit Hilfe meiner Webadresse www.redfish.com/yak kann ich nun zahllosen Leuten von meiner großen Leidenschaft erzählen und Helfern und Sponsoren danken. In Japan wird die Webpage meine elektronische Visitenkarte sein, um Zeitschriften für die Veröffentlichung meiner Artikel zu gewinnen …

Es wird langsam Winter, und nachdem ich die wichtigsten historischen Sehenswürdigkeiten Pekings hinreichend gewürdigt habe, verlasse ich die Stadt Richtung Nordosten. An der Ausfallstraße stehen Verkäufer in dicken Baumwolljacken und bieten Dattelpflaumen an, Äpfel, Lauch, getrockneten Fisch. Die Sonne wirft ihr Licht auf die Rauchschwaden, die aus den Imbissbuden unter dünnen Plastikplanen aufsteigen. Maiskolben trocknen auf Fenstersimsen und Dächern, Ziegen, Schweine, Hühner und Schafe hängen mit den Füßen an Gepäckträgern oder über Lenkerstangen knatternder Motorräder. Da fällt mir eine Redensart ein: »Die Chinesen essen alles, was vier Füße hat, nur keine Tische, alles, was Flügel hat, nur keine Flugzeuge, und alles, was im Wasser herumschwimmt, nur keine Unterseeboote …«

Fliegende Händler machen sich durch laute Rufe bemerkbar oder indem sie mit einem Stäbchen auf ein ausgehöhltes Stück Holz schlagen. Eine Radgabel mit einem Rad, das sich im Wind dreht, zeigt an, dass hier ein Mechaniker zu finden ist, der einen alten Klepper für wenig Geld wieder zum Leben erwecken kann. Die Bauern befördern enorme Mengen von Kohl, der eingesalzen in Glasgefäßen für den Winter aufbewahrt wird.

Oft führt meine Straße an Abschnitten der berühmten »Großen Mauer« entlang. Sie wurde mit allem möglichen Material gebaut, das man an Ort und Stelle vorfand: Steine, Lehm, Hirsestroh. Sie diente der Verteidigung gegen Nomaden aus dem Norden, war Fahrdamm für den Warentransport und Verkehrsverbindung. Sie gehörte zu den größenwahnsinnigen Träumen, ohne die es keine großen Reiche gibt. In Simatai, wo sie für den Fremdenverkehr wieder instandgesetzt wurde, muss man wirklich staunen, wie sie sich auf meisterhafte Weise der Topografie des Geländes anpasst. Die Chinesen sagen, wer die Große Mauer nicht gesehen hat, kennt China nicht …

Die Fernfahrerrestaurants werden meist von großen Familien geführt, abends und nachts kenne ich keinen besseren Aufenthaltsort. Sobald es dunkel wird, geben ihre roten Lampions, die im Wind hin- und herschaukeln, der Landschaft einen märchenhaften Zauber.

Mein Rad löst sehr unterschiedliche Reaktionen aus. Es gibt Restaurantbesitzer, die sich vorstellen, ich sei Millionär, und mir den zwanzigfachen Preis abverlangen. Andere dagegen halten mich für einen Vagabunden und fragen mich zweifelnd, ob ich denn auch Geld hätte, die Rechnung zu bezahlen … Heute abend sehe ich die ganze Angst der »Mao-Jahre« auf dem Gesicht einer Frau, bei der ich nur um ein Zimmer in ihrem kleinen Hotel nachgefragt habe. Sie holt sofort die Polizei. Die Männer kommen, gutmütig und beinahe glücklich, dass ein Radler vom anderen Ende der Welt eingetroffen ist, um sie aus ihrer Langeweile zu erlösen. Während einer von ihnen gewissenhaft meinen Pass kontrolliert, führt mich der andere diskret in die Gastwirtschaft. Diesmal muss ich nicht Bier hinunterkippen, sondern Lycheelimonade.

In China passiert es häufig, dass man mir im Restaurant verschiedene Gerichte vorsetzt, obwohl ich nur eins bestellt habe. Normalerweise kann ich nicht widerstehen und esse mit Freuden alles auf. Eines Tages führt mich der Zufall in das Restaurant von Xu Bai Xiu. Er ist angetan mit Anzug und Weste und lässt mir sofort verschiedene Platten Fleisch und ein *Tsingtao,* das beste Bier des Landes, servieren. Eine Speise ist leckerer als die andere:

Schweinefleisch, Hammel, Tintenfisch. Die eleganten Bedienungen und der gepflegte Rahmen wecken in mir ein gewisses Unbehagen. Der Gedanke schleicht sich ein, dass dieser Schmaus meinen Geldbeutel ganz schön strapazieren wird. Doch ich denke nicht weiter darüber nach und zeige dem Besitzer einige Fotos von der Reise. Als er mein Fahrrad sieht, ist er so begeistert, dass er mir diese ganze herrliche Mahlzeit spendiert.

In Yingku fängt jemand – typisch chinesisch – mitten im Verkehr ein Gespräch mit mir an. Es ist Fan, der auf seinem Leichtmotorrad neben mir herfährt und mir vorschlägt, bei ihm zu übernachten. Es ist zwar in China verboten, Ausländer bei sich aufzunehmen, doch er ist privilegiert, er bewohnt eine neue Wohnung am Stadtrand und will es riskieren. Als Dolmetscher war er bereits in den Vereinigten Staaten und in Mexiko. Ein Freund schenkt ihm regelmäßig alte »National Geographic«, das einzige Magazin, das auf der ganzen Welt sicherlich ganz selten im Papierkorb landet! Zuhause nimmt er ein Bild seiner Familie aus dem Album und schreibt auf die Rückseite: *We believe you are a real hero who sets the earth under his bicycle wheels* (Für uns bist du ein Held, denn du nimmst die ganze Welt unter deine zwei Räder). Bevor er es mir gibt, fügt er mit asiatischer (vielleicht speziell chinesischer) Bescheidenheit hinzu: »From an ordinary chinese family« (von einer ganz gewöhnlichen chinesischen Familie).

Endlich erreiche ich die Dalian-Halbinsel im Gelben Meer. Von hier fahren Fährschiffe über die südlich gelegene Shandong-Halbinsel bis nach Südkorea. Leider wütet der Wind mit derartiger Gewalt, dass ich sogar über meinen Platten am Hinterrad froh bin, weil er mich zum Absteigen zwingt.

Je näher ich mich der Stadt Dalian nähere, um so mehr wird die Landschaft massakriert von Industrien, Zementfabriken und Raffinerien, die den ganzen Himmel mit ihrem Gestank erfüllen. Schnellstraßen, eine zehnspurige Autobahn, ein Gewirr weiter Brücken, Polizeimotorräder mit Beiwagen. Es wird Nacht, und ich gehe an Bord der ersten Fähre, ohne dass ich Zeit gehabt hätte, das Meer zu sehen. Ich bleibe drei Tage in Weihan an der Spitze der Shandong-Halbinsel.

Danach schiffe ich mich wieder ein und lasse China endgültig hinter mir. Als ich ein letztes Mal zurückschaue, fällt mein Blick auf die Uhr eines großen Hotels, die schon lange nicht mehr richtig funktioniert. Der Sekundenzeiger dreht sich, als wollte er meine Erinnerungen zurückholen, munter rückwärts und schluckt dabei Stunden und Minuten in seinem emsigen Lauf …

KAPITEL XIII

WINTER IN JAPAN UND TOTAL PLEITE

Meine Fähre trägt den Namen *Golden Bridge.* Dieses riesige Schiff trug 1988 die olympische Flamme nach Seoul. Kurz vor dem Anlegen entbrennt in der Menge eine heftige Auseinandersetzung zwischen einem Chinesen und dem Fährenpersonal.

»Die Chinesen sind ein wildes Volk«, sagt ein Koreaner, der neben mir steht. Und stolz fügt er hinzu: »In Südkorea gibt es Hunderte von Chinesen, die in ihren blauweißen Trainingsanzügen für 250 Dollar im Monat arbeiten. Wir verdienen im Jahr 10.000, und die Japaner 40.000!«

Immer das Gleiche. Wenn man nur den anderen etwas Schlechtes nachsagen kann ...

Ende Oktober 1996 ist China mit seinen riesigen Entfernungen und Menschenmassen für mich nur noch eine ferne Erinnerung, ein hinter dem Horizont liegender Kosmos.

Die Maxime Südkoreas heißt »Tempo«! Die Straßen, für mich bisher gewohnter Treffpunkt, wo alles geschieht und immer etwas los ist, sind hier Musterbeispiele der Perfektion – aber menschenleer! Der Verkehr braust mit entsetzlichem Lärm darüber, was ich nicht mehr gewöhnt bin. Statt der vielen Teehäuser und Familienküchen findet man hier lange Reihen von Getränkeautomaten und großzügig angelegte Restaurants mit Glasfassaden und blitzblanken Toiletten. In Südkorea ist die Gesellschaft dermaßen durchorganisiert, dass ich mich viel weniger frei fühle als bisher. Und wie in allen Ländern des Wohlstands wird man nur sehr selten angesprochen oder eingeladen. Abends schlafe ich oft im Zelt, um mir die horrenden Hotelkosten zu sparen.

In Seoul mit seinen neun Millionen Einwohnern bleibe ich nur einige Tage, um Post abzuholen, und steure hinterher die Ostküste an. Über die Nadelbäume hinweg sieht man unten das Meer liegen. Aber Tankstellen, Motels und Selbstbedienungsgeschäfte nehmen derart überhand, dass sie der Natur das letzte

Plätzchen streitig machen. Die Küste selbst ist gespickt mit Wachtürmen, Blickrichtung aufs Meer, und jedesmal, wenn ein Militärfahrzeug vorbeifährt, stehen die Wachen stramm. Am Meer Stacheldraht – wie traurig. Ein Steinblock am 38. Breitengrad mahnt an den Koreakrieg. Ein Touristenbus kommt an, die Passagiere geben mir Zeichen, ich solle ihr Picknick mit ihnen teilen. Sie geben mir verschiedene Gemüsegerichte, alle höllisch scharf, dazu eine Flasche Bier, eine Dattelpflaume, einen Apfel und getrockneten Fisch. Ich spüre, dass hinter diesem Luxus die Erinnerung an die Vergangenheit mit ihren Hungersnöten und Kriegen weiterlebt. Noch vor kurzem war Südkorea ein armes Land, deshalb hat man noch Sinn dafür, Essen mit anderen zu teilen.

Seit der unglaublichen Odyssee eines nordkoreanischen Unterseeboots, das an diesem Strand auftauchte, bewacht die südkoreanische Armee die ganze Küste. Wo soll ich da mein Zelt aufschlagen? Müde, meine nächtliche Fahrt fortzusetzen, gehe ich zur nächsten Polizeiwache, wo man vorschlägt, es mir doch hier im 1. Stock gemütlich zu machen … und noch größer ist mein Erstaunen, als am nächsten Morgen jemand kommt und ruft: »Ihr Frühstück ist serviert …!«

In Pusan, der südlichsten Hafenstadt Südkoreas, treffe ich Frau Tsuda, eine japanische Bekannte meiner Mutter. Mit ihren 78 Jahren ist diese kleine Person die Güte selbst und nimmt mich mit offenen Armen auf. Sie schaut aus ihrer Wohnung im 12. Stock eines Hochhauses hinunter und bemerkt: »Früher war das Meer ganz nah. Wir wohnten auf dem Berg gegenüber. Heute ist das Meer weit weg. Der Berg wurde abgetragen, um Land zu gewinnen.«

Beim Essen erzählt sie von ihrem Mann, der vor 10 Jahren gestorben ist. Er hatte im Aikido den 7. Dan erreicht und kam in den siebziger Jahren nach Paris, um das *Mouvement Régénérateur* in Europa zu verbreiten.

Nach zwei Wochen Korea will ich von hier weg. Es war für mich nur Durchgangsstation. Wenn ich weiterreise, komme ich bald an den Punkt, wo – so scheint es mir – Europa sowohl in Ost- als auch in Westrichtung gleich weit entfernt ist … Das Reisen hat eine eigene Logik. Ich kann mir nicht vorstellen, jetzt, wo ich so gut in Fahrt bin, in ein Flugzeug zu steigen, um 15 Stunden später in Genf anzukommen … Japan war das Ziel, greifbar geworden, verwandelt es sich in eine bloße Etappe, was nicht weiter verwundert. Doch um meine Tour dort fortzusetzen, muss ich unbedingt einen Weg finden, um sehr schnell viel Geld zu verdienen, denn Japan ist das teuerste Land der Welt! Vielleicht habe ich mir zuviel vorgenommen, aber ich bin Optimist und ausgesprochen motiviert! Zum Radfahren habe ich meine Beine strapaziert, jetzt kommt der Kopf an die Reihe. Es wird mir schon was einfallen.

Der Bauch der Fähre öffnet sich unter lautem Kettenkreischen. Wir sind in Fukuoka, Hafenstadt auf der Insel Kyushu, wo einst die ersten Missionare und danach die Kaufleute im japanischen Inselreich an Land gingen. Der Zöllner prüft kurz mein Gepäck. Mit weißen Handschuhen öffnet er behutsam meine Taschen. An der Rolltreppe werde ich mit einer Verbeugung begrüßt. Plötzlich habe ich das Gefühl, ich bin wie ein echter Yak im japanischen Porzellanladen, denn hier ist alles bis ins kleinste Detail geregelt und das Perfektionsstreben wurde auf die Spitze getrieben. Um Japan und seine Kultur kennenzulernen, muss man vor dem Eintreten die Schuhe ablegen, im wörtlichen wie im übertragenen Sinn. Genau wie man die Schuhe vor dem Eingang lässt, muss man auch ein wenig von seinem Ego zurücklassen, bevor man sich diesem so schwer zugänglichen Land nähern kann.

Ich gehe durch den ersten Supermarkt und kaufe nichts, denn alles ist unerschwinglich teuer. Nachdem ich noch ein paar andere angesehen habe, bin ich am resignieren. Japan ist wirklich verdammt teuer! So werde ich hier pro Tag etwa 15 Dollar ausgeben müssen, fünfmal so viel wie in China, und dafür kann ich mich nur von Butterbrot und Instant-Nudeln ernähren.

Die bergige Natur des Landes, der Platzmangel und die dichte Besiedelung der bewohnbaren Gebiete erfordern eine genaue und gewissenhafte Organisation, die im Bau der Häuser, in der Anlage der Städte und selbst bei den Reisfeldern klar zutage tritt. Deshalb haben die Japaner eine fantastische Anpassungsfähigkeit entwickelt.

Nach Einbruch der Dunkelheit ist von Natur nichts mehr zu sehen. Fukuoka schmückt sich jetzt mit den einfallsreichsten Lichtreklamen, um dem Verbraucher das Geld aus der Tasche zu locken: Rotierende Scheinwerfer, dampfende Tassen in überdimensionaler Größe, aufblasbare beleuchtete Tiger. *Love Hotels* mit so suggestiven Namen wie »Let's Go«, »Sweet Lovers Only« oder »Dress-Up« vermieten Zimmer stundenweise. Hauptkunden sind junge Pärchen, die ihre Beziehung geheimhalten wollen oder wegen der Enge ihrer Wohnungen nirgends hin können. Nach Büroschluss und bis spät in die Nacht hinein vertreiben sich viele Japaner die Zeit an den Spielautomaten der riesigen *Pachinko Parlours,* oder sie betrinken sich in einer Bar. Die bunten Reklamen pulsieren in allen Farben, suggerieren, dass es die Nacht gar nicht gibt. Die kleinste Parzelle hat eine Bestimmung, wurde von irgend jemandem besetzt, asphaltiert, beleuchtet.

Ich streife durch diese Welt aus Fertigteilen, zunächst, um sie zu entdecken, dann vor allem um mich aufzuwärmen, bevor ich mich auf die verzweifelte Suche nach 2 Quadratmetern Land begebe, wo ich mein Zelt aufstellen könnte. Hier scheint es nicht mehr möglich, ein Fleckchen Land im Naturzustand zu finden. Jetzt kann ich die jungen Japaner, die ich in Indien kennengelernt habe, und die sich oft in ähnliche künstliche Paradiese flüchteten, besser verstehen …

Als erstes will ich in den Süden der Insel, nach Nagasaki. Es ist Sonntag, als ich dort ankomme, und das Museum der Atombombe ist berstend voll. Eine Rampe führt in konzentrischen Kreisen hinunter, wie eine höllische Spirale in eine Welt des Grauens, wo Furchtbares, Unaussprechliches erklärt wird. Das einzige Geräusch ist das aufdringliche, unablässige Ticken einer Uhr. Alle Uhren zeigen die todbringende Stunde 11.02 Uhr. Die Nagasaki-Bombe explodierte am 9. August 1945 um 11.02 Uhr. Die Bilder sind nicht zu ertragen: Zerstörung, Leere, schwarze Ruinen ... Bildschirme zeigen die Entsetzlichkeit der verkohlten Körper, der verstümmelten Leiber immer wieder von neuem. Danach gibt man den Überlebenden das Wort. 51 Jahre nach dem schrecklichen Atompilz sterben immer noch viele an Leukämie. Heute ist Nagasaki mit seinem großen Fischereihafen eine wohlhabende Stadt, doch überall sieht man die Spuren des Horrors, die bewusst nicht beseitigt werden. Inmitten des Friedensparks wurde im Epizentrum der Explosion eine riesige Statue aufgestellt, daneben mahnen verschiedene kleinere Skulpturen ausländischer Künstler an den Frieden.

Ebenso wie Nagasaki ist Hiroshima für die Japaner ein Ort der Sammlung geworden. Ich besuche auch Hiroshima auf der japanischen Hauptinsel Honshu, weil ich meine, wenn man ein Land bereist, muss man solche Orte kollektiver Erinnerung besuchen. Danach wache ich auf wie aus einem Alptraum, stumm und benommen, doppelt glücklich, am Leben zu sein und durch die Welt fahren zu können ...

Manchmal sprechen Gesten und Gaben mehr als Worte: Ein heißer Kaffee, serviert mit einem freundlichen »*have a nice day,* ein 10.000 Yenschein (mehr als 50 Dollar), den mir unterwegs jemand an den Lenker steckt, eine Suppe, die mir der Direktor eines Supermarkts in seinem Büro offeriert, ein Apfel und eine Thermosflasche Milch, von einem jungen Mann ans Zelt gebracht, oder Früchte, die ich in der Frühe vorfinde ... auch das ist Japan. Oft kommt am Morgen, wenn ich mein Zelt, noch feucht vom Reif, zusammenfalte, jemand lächelnd auf mich zu, überrascht, hier einen Camper vorzufinden, und bietet mir zum Frühstück etwas zu Essen an.

Mitte Dezember 1996, Ankunft in Tokyo. Die erste Woche verbringe ich bei der Schriftstellerin Ichie Watanabe, die ich im Sommer 1995 in Westtibet kennengelernt habe, die zweite bei einer Japanerin, die ich aus Indien kenne. Trotz ihrer großzügigen Gastfreundschaft wird es mir bald zu eng. Außerdem befürchte ich, die japanischen Höflichkeitsregeln zu verletzen, wenn ich mit großer Ungeduld Himmel und Erde in Bewegung setze, um für meine Weiterreise eine Lösung zu finden, vor allem die finanzielle, und meine Gastgeberinnen, ganz japanisch, nicht fähig sind, mir einen Dienst abzuschlagen …

An Weihnachten finde ich endlich in der Präfektur Nagano in den japanischen Alpen in einer Familienpension einen Job. Meine Arbeit besteht darin, Holz zu hacken, Schnee zu räumen, die Zimmer sauberzumachen und die Kunden zu bedienen. Am 31. Dezember ist die Pension *Zig Zag* komplett ausgebucht, doch in den folgenden Wochen lässt der Andrang nach, und ich habe Zeit, mit dem Rad auf verschneiten Straße umherzufahren oder in einem *onsen* (Thermalquelle) zu baden. Mit dem Skifahren wird es leider nichts, weil der Chef keine Schuhe in meiner Größe auftreiben konnte!

Er macht mich mit Herrn Fujimori, einem befreundeten Zahnarzt, bekannt, der sich für meine große Reise begeistert. Eines Nachts bekomme ich furchtbare Zahnschmerzen und muss seine Hilfe in Anspruch nehmen. Als er feststellt, dass sein Honorar meinen mageren Lohn bei weitem übersteigen wird, meint er großzügig, meine Zähne müssten auf jeden Fall in Ordnung gebracht werden, aber er würde nichts dafür nehmen! Einmal nimmt er mich in die Etage über seiner Praxis mit, wo er ein Tonstudio eingerichtet hat. Er spielt mir ein Lied eigener Komposition vor. Es handelt von einer Frau seiner Heimatinsel Rishiri ganz im Norden Japans, die, mit dem Schlitten unterwegs, ihrem Beruf als Hebamme nachgeht. Schließlich gesteht er mir ganz bescheiden, dass die Musik der Olympischen Spiele von Sarajevo aus seiner Feder stammt …! So hat er auch durch die Einladung vom Olympischen Komitee die meisten europäischen Länder kennengelernt. Fujimori, dieser gute Mensch, ist ein Original, das seinesgleichen sucht. Ich denke oft an ihn zurück.

Die Tage vergehen und es wird mir klar, dass ich bei einem Monatslohn von 500 Dollar ewig arbeiten muss, bevor ich wieder losfahren kann. So schön und ruhig es hier ist, weitab von der Stadt, die Lösung liegt in Tokyo, das spüre ich genau. Mein einziger Wunsch ist, so schnell wie möglich wieder die Straße unter meinen Reifen zu spüren. Der Plan scheint einfach: Per Schiff nach Wladiwostock in Sibirien, mit dem Rad nördlich bis Magadan, danach mit dem Schiff auf die Halbinsel Kamtschatka, und von dort mit dem Schiff nach Alaska …

Als ich schon am verzweifeln bin, lassen mich einige gute Nachrichten wieder Mut fassen. Die »Tribune de Genève« hat eine Reihe meiner Artikel veröffentlicht, und die Firma *VeloPlus* will mir weiterhin für die nächsten zwei Jahre ihre materielle Unterstützung gewähren. Doch der entscheidende Anstoß ist ein Telefonanruf, der mich in der Pension Zig Zag erreicht: Eve, eine Schweizerin, hat meine kurzen Zeilen in einem kostenlosen Anzeigenblatt in Tokyo entdeckt: »Schweizer Radtourist möchte Diaschau seiner Reise präsentieren und Reportagen veröffentlichen.« Eve findet für mich in Tokyo eine kostenlose Unterkunft. Das ist genau, was ich brauche, um in der Hauptstadt auf die Beine zu kommen.

Sie bringt mich zu Mami Kawasaki – 65 Jahre, Künstlerin und sehr dynamisch –, die mich zwei Monate lang in ihrem Haus 15 km vom Stadtzentrum beherbergt. Mami hat in den fünfziger Jahren drei Jahre in den USA zugebracht. Nach Japan zurückgekehrt, hat sie eine neue Art Blumensteckkunst entwickelt und in Japan 250 Schulen eröffnet.

Das Problem der Unterkunft ist also gelöst, ich kann mich ungehindert dem Organisieren widmen. Als erstes lasse ich mir aus der Schweiz meine Diaschau »Himalaja per Fahrrad« über meine dreijährige Asientour 1988–1991 schicken. Danach durchforste ich das Telefonbuch nach Kontaktadressen für Radfahrer, nach Sponsoren, Schulen und Zeitschriften. Anschließend sause ich zwei Wochen lang, Stadtplan in der Hand, mit der U-Bahn durch Tokyo. Aber sehr schnell fehlt mir da unten Licht und Luft, und ich steige erneut in den Sattel. So komme ich wieder in Form und kann hinfahren wohin ich will. Tokyos unzählige Straßen werden mir immer mehr vertrauter und verlieren Tag für Tag von ihrer Anonymität.

■ *Check der Ausrüstung vor dem Sprung nach Amerika*

Auf diesen Streifzügen bin ich immer wieder überrascht über die Japaner. Ein Telefonanruf, der zunächst auf keinerlei Resultat hoffen lässt, endet häufig bei einer Flasche Sake in einem feinen Restaurant! Nach zwei Monaten ist mein Rad vollständig renoviert, man repariert mir die Packtaschen, Sponsoren offerieren mir neue Winterbekleidung, einen Schlafsack, einen halben Flugschein nach Alaska! Und das Beste: Neun japanische Zeitschriften kaufen eine Reportage meiner Reise!

Ende März 1997 habe ich 6000 Dollar verdient und bin bereit, den amerikanischen Kontinent anzupacken .... doch in dieser Jahreszeit nach Alaska, das wäre purer Wahnsinn! Es ist einfach noch zu kalt für den nördlichsten Bundesstaat der USA. Ich muß noch etwas zuwarten. Um in der Zwischenzeit dem total verstädterten Großraum Tokyo zu entfliehen, entschließe ich mich, dem Ratschlag aller Japaner zu folgen und ihre nördlichste Insel Hokkaido zu besuchen; dort, so sagt man, gebe es sehr freundliche Menschen, besseres Essen und die Natur sei noch im Urzustand erhalten. Die Inder haben Kaschmir, die Russen den Baikalsee, die

Chinesen den Tienanmen-Platz, die Schweizer das Matterhorn, die Amerikaner den Wilden Westen … Jedes Land hat legendäre Orte oder ein touristisches Highlight, doch ich weiß aus Erfahrung, dass sie nicht immer halten, was man sich von ihnen verspricht.

Ich strample also Richtung Norden und muss immerzu gegen Regen, Kälte, Schnee und scharfe Windböen ankämpfen. Das einzige, was Schutz bietet, sind die zahlreichen Tunnels.

In Hokkaidos Hauptstadt Sapporo, berühmt für ihr jährliches Eisskulpturenfestival und die Olympischen Spiele 1972, empfängt mich Fujimoris Bruder, ebenfalls Zahnarzt, mit offenen Armen. Er nimmt mich mit zu einem Treffen des Rotary Club, das in einem großen Hotel stattfindet. Am Eingang zieht er sich die blaue Jacke mit dem Club-Abzeichen über. Im Saal sitzen bereits 72 Japaner in gleicher Uniform und essen *eggs and bacon*. Es riecht nach Eliteuniversität und brillanter Karriere …. Eine Welt der Formen, Normen und Verhaltensregeln, die den Japanern wie eine zweite Haut zu passen scheint. Nach dem Klavierspiel eines russischen Pianisten bittet mich Fujimori zur Rednertribüne zu kommen und ein paar Minuten auf Englisch von meiner Reise zu erzählen. Beim Hinausgehen schenkt mir ein Fotograf 20 Filme, und eine Kollekte bringt mir 400 Dollar ein, also die fehlende andere Hälfte der Kosten meiner Flugkarte nach Alaska!

Am Straßenrand türmen sich Schneeverwehungen. Schutzwände aus Metall oder Plexiglastunnel verhindern, dass Autos vom Wind von der Straße geblasen werden. An der Küste stehen Fischer, ein weißes Tuch um die Stirn gewickelt. Sie sammeln Muscheln, breiten in der Sonne Algen zum Trocknen aus und lesen angeschwemmtes Holz zum Heizen auf. Ihre Häuser schützen sie vor Wind und Wetter mit drei Meter hohen Holzplankenzäunen.

Die Kälte wird unerträglich und meine Füße werden so steif und hart, dass sie mir gar nicht mehr gehorchen wollen. So oft wie möglich flüchte ich in einen *onsen,* wo ich auch meine Kleider trocknen kann. Während ich stundenlang in heißem Wasser liege und meine Muskeln herrlich entspannen, sehe ich durch die Glasscheiben draußen den Schnee herabrieseln ... Auf diese Weise speichere ich so viel Wärme wie möglich, bevor ich abends verstohlen in eines der winzigen Holzhäuschen an den Autobushaltestellen schlüpfe. Diese werden nach kurzer Zeit meine liebsten »Schlafzimmer«, so eng, dass ich gerade noch meinen Yak hineinschieben kann, bevor ich mich auf die Bank lege, mit allen Kleidungsstücken auf dem Leib in den Schlafsack krieche und zudem das Zelt um mich herumwickle. Am Morgen machen die Japaner einen erstaunten Schritt zurück, als sie hier einen zerzausten Ausländer vorfinden. Zu zurückhaltend oder aus Höflichkeit warten sie lieber draußen in der Kälte, als mit mir und vor dem Wind geschützt ein paar Worte zu wechseln.

■ *Japan, Vulkaninsel Rishiri*

Im Nordwesten von Hokkaido, nahe des 45. Breitengrads, erhebt sich die verschneite Vulkaninsel Rishiri aus dem Meer. Fujimoris Lied kommt mir in den Sinn. Das Ochotskische Meer nördlich von Hokkaido ist seit einer Woche am Abtauen. Allerdings hat sich das Packeis nur etwa hundert Meter von der Küste entfernt und geht draußen im Nebel noch weiter.

Ein Fährschiff bringt mich von Südhokkaido nach Tokyo zurück. Von hier aus werde ich den großen Sprung nach Amerika machen! Einen Kontinent zu verlassen ist, wie wenn man einen Freund verlässt, ohne zu wissen, ob man ihn je wiedersehen wird … Die letzte Nacht vor dem Flug schlafe ich im Freien, auf dem lautesten Campingplatz unseres Planeten, auf einem Parkplatz in der Nähe des Flughafens Narita. Am nächsten Morgen lässt der Direktor des Holiday Inn nicht locker, er will unbedingt mit mir zusammen fotografiert werden. Was wären die Japaner ohne ihre Souvenirs …

KAPITEL XIV

VON EINEM DER AUSZOG DAS FÜRCHTEN ZU LERNEN: DER GRIZZLY IST ERWACHT

Am 21. April 1997 landet mein Flugzeug mitten in der Nacht in Anchorage. Alaska, das bedeutet »weites Land«, »*alyeska*« nannten es die Aleuten, die vor zweitausend Jahren auf dem Landweg von Sibirien hierherkamen, als Eurasien und Amerika noch miteinander verbunden waren. Die große Weite und Wildheit Alaska hat nach wie vor für Freiheitsliebende und Globetrotter große Anziehungskraft.

Ich versuche, mir die Ankunft des russischen Admirals Vitus Bering vorzustellen, der 1733 auf einer Insel im heutigen Prinz William Sound landete und dort den Handel mit Pelzen begann. Noch 1857 hielten die Russen Alaska für so arm, dass sie es den USA verkauften. Seward, der damalige Staatssekretär, der das Abkommen unterzeichnete, wurde damals von vielen Amerikanern für verrückt gehalten. Der nachfolgende Goldrausch, und später die Entdeckung der großen Ölvorkommen im nördlichen Alaska verwandelten ihn allerdings *post mortem* in einen Visionär … 1981, nur vier Jahre nach dem Bau der Transalaska-Ölpipeline, hatte sich der Betrag, den Seward hundert Jahre zuvor dem Zaren bezahlt hatte, mehr als amortisiert, und die geschichtliche Ironie geht so weit, dass Alaska heute der wichtigste ausländische Investor in Sibirien geworden ist …

Fünf Monate im engen Japan, und jetzt der amerikanische Kulturschock! Breite Avenues ohne Fußgänger, rechts und links Häuser, die sich alle gleichen, in den Vorgärten Schilder mit der Warnung: »Vorsicht, bissiger Hund«. Privateigentum ist hier heilig, aber die schneebedeckten Berge ringsum lassen mich das schnell vergessen.

Die *Coffee Shops,* in denen sich die amerikanische Jugend trifft, werden rasch mein liebster Aufenthaltsort. Hier geht es ungezwungen und freundlich zu und ich kann mich an den US-amerikanischen Lebensstil gewöhnen.

Ich sitze vor Amerika-Landkarten und lege mein Ziel fest: Ushuaia auf Feuerland an der Südspitze des Doppelkontinents, theoretisch auf kürzestem Wege 25.500 km entfernt …

Doch bevor ich mich nach Süden aufmache, möchte ich noch auf dem *Dalton Highway,* einer 800 km lange Piste, die von Fairbanks über den 70. Breitengrad hinaus bis ans Nordpolarmeer führt, bis an seinen Endpunkt nach Deadhorse/Prudhoe Bay fahren. Dort im hohen Norden ist jetzt immer noch Winter. Bis günstigeres Wetter kommt, werde ich mir deshalb die Kenai-Halbinsel südwestlich von Anchorage ansehen.

Das ganze Land liegt unter einer Schneedecke! Die Straße führt schnurgerade durch riesige Wälder, bewohnte Orte gibt es nur wenige, ab und zu kommt jedoch eine Tankstelle oder ein Blockhütten-Café. Meistens schlage ich mein Zelt in der Nähe auf, weil ich mich dort aufwärmen kann und zudem gibt es Wasser zum Kochen.

Während der Sommermonate zieht es nach Alaska eine Menge junger US-Amerikaner, Sportler und Naturliebhaber (Fischen, Bergsteigen, Rafting), aber auch Jobsuchende, die in oft schlecht bezahlten Stellen hart arbeiten und billig leben, um möglichst viel zu ersparen. Saisonarbeit gibt es in der Fischerei, der Kaviarindustrie und im Hotelgewerbe. Dazu sind Reisebegleiter für Touristengruppen gefragt.

Die Straße endet im Ort Homer, dahinter beginnt der lange Archipel der Aleuten. Das Straßennetz in Alaska ist sehr weitmaschig, ich muß auf dem gleichen Weg nach Anchorage zurückfahren wie ich gekommen bin. Einige Tage später kurble ich nach Norden in Richtung der Großstadt Fairbanks und treffe dabei Akira, einen japanischen Tourenradler. Er ist 25 Jahre alt und hat ein Jahr lang in einem *onsen* die Wasserbecken geschrubbt, um damit seine Radreise nach Mexiko zu finanzieren; er hofft, dass es vielleicht sogar bis Feuerland reicht.

Der Regen will und will nicht aufhören. Wir verbringen zahllose Stunden im Zelt, lesen Reiseberichte aus aller Herren Länder, von Tibet bis Patagonien, und essen Brot mit Erdnussbutter oder Konfitüre. Mit diesen Lebensmitteln kommen wir billig durch, auch später im »Mainland« der USA.

Als wir weiterkönnen biegen wir westlich ab in den Denali-Nationalpark. Höchster Berg ist dort der Mt. McKinley oder Denali. Der 6197 m hohe Gipfel zeigt sich nur selten wolkenfrei, und selbst uns Radfahrern tut er leider nicht die Ehre …

Doch plötzlich, nach mehr als 50.000 Kilometern, nachdem sieben Felgen, acht Ketten und Zahnkränze, acht Reifen, drei Sättel, ein Lenker und Dutzende von Speichen ihren Geist aufgegeben haben – die Plattfüße will ich gar nicht zählen –, zeigt jetzt der Radrahmen starke Verschleißerscheinungen und droht auseinanderzubrechen.

Das setzt mir seelisch zu. Mein guter Yak, der mich auf so vielen Abenteuern treu begleitet hat, will mich im Stich lassen? Akira und ich machen Autostop. Der glückliche Zufall will es, dass uns ein Fahrer mitnimmt, der zu Hause über eine Werkstatt mit allen Schikanen verfügt, wo er meinen Yak wieder zusammenlötet.

Akira und ich können die Tour fortsetzen. Es geht bergauf und bergab, mit Geschwindigkeiten zwischen jämmerlichen 8 und manchmal gut 60 km/h. In Fairbanks trennen sich unsere Wege. Akira will runter nach Kanada, und ich wie erwähnt auf den Dalton Highway. Diese Piste, seit 1995 für Privatautos geöffnet, wurde für den Bau der Transalaska-Pipeline angelegt. Die Pipeline verläuft wegen des Permafrosts auf Stelzen einige Meter über dem Boden und behindert so nicht die Karibuherden bei ihren Wanderungen! Durch viele Knicks bzw. Richtungsänderungen soll sie erdbebensicher sein (nach der Tanker-Katastrophe von Valdez wäre dies ein weiteres schreckliches Szenario). Die Pipeline ist so berühmt, dass man in einem Kiosk in der Nähe von Fairbanks ein Stückchen von ihr kaufen kann.

Dieses Souvenir interessiert mich nicht, ich kaufe mir lieber 15 kg Lebensmittel, damit ich mindestens 10 Tage durchhalte. Jenseits des Polarkreises erreiche ich die Baumgrenze. Es beginnt die baumlose Tundra, erkenntlich am »Fingerprint«, einer natürlichen Konfiguration von Steinen, die aussieht wie ein Finger.

Noch weiter nördlich überquere ich den Atigun Pass (1449 m). In dieser Breite ist es dermaßen kalt, dass Eis meine Bremskabel blockiert und die Zahnkränze bedeckt. Bei der Abwärtsfahrt rutschen mir ständig meine glattgefrorenen Schuhsohlen gefährlich von den Pedalen.

■ *Alaska, Northern Slope, zum Nordpolarmeer*

Ein Lastwagen überholt, der Fahrer beugt sich aus dem Fenster und schreit:

»Bei Meile 22 sind zwei Eisbären. Die kommen aus dem Winterschlaf und sind ausgehungert! Passen Sie bloß auf!«

Während ich mir noch ausmale, wie mich die Bären fressen, bremst ein anderer Trucker und ruft:

»Bei Meile 74 liegt ein totes Karibu, das heißt, es sind Bären in der Nähe!«

Na, dann gute Nacht! Am Abend stelle ich mein Zelt am Rand der Piste auf, wo fast kein Verkehr ist. Meine Augen suchen die endlose Tundra ab – die Nächte hier oben sind fast so hell wie der

Tag –, angstvolle Gedanken lassen mich nicht los. Letztes Jahr wurde Michio Hoshimo, ein außergewöhnlicher Tierfotograf, in Nordalaska von einem Grizzlybär gefressen … Ich koche in weiter Entfernung von meinem Zelt und lege meine Lebensmittelvorräte vorsichtshalber auf die andere Seite der Piste.

Der geringste Laut, das Flattern der Zeltplane im Wind, der Flug einer Wildente lassen mich zusammenfahren. Obwohl ein Bär, der einen bedroht, meist gar nicht angreift, denke ich an die Verteidigunshaltung, von der man mir erzählt hat: Die Arme hochheben und so viel Lärm machen wie möglich, um auf das Tier Eindruck zu machen, oder, mit dem Kopf zwischen den Händen, sich tot stellen … Jeden Tag, wenn der Morgen kommt, fühle ich mich ungemein erleichtert …

Ich stehe auf der hartgefrorenen Piste gegenüber dem Northern Slope, einem wunderschönen verschneiten Plateau, das sich bis zum Nordpolarmeer fortsetzt. Ein Wagen hält, Jim, Angestellter einer der fünf Pumpstationen an der Pipeline, kommt mit mir ins Gespräch. Er kramt in seinen Erinnerungen:

»Als wir hier ankamen, in den sechziger Jahren, kam man sich vor wie auf dem Mars! 1974 war die Piste fertig. Als sie noch im Bau war, was meinst du, was da hier los war! Caterpillar, nichts als Caterpillar! Schon von weitem sah man sie kolonnenweise wie gelbe Käfer herumturnen. Das war einmal. Jetzt verläuft unser Leben nur noch *»indoor«* … Man gibt uns das beste Essen und zahlt uns hohe Gehälter. Unsere Pumpstationen sind wie Festungen. Wir haben alles. Aber draußen lauert immer noch der Grizzly! Und natürlich die großartige Natur!

Die Pumpstationen schließen nach und nach, die Ölreserven gehen zurück. Es wird bereits ein chemisches Mittel zugesetzt, um das Öl flüssiger zu halten. Außerdem ist vorgesehen, die Pipeline auf Gas umzurüsten, anscheinend gibt es noch jede Menge Erdgas. Dann wird die Infrastruktur abmontiert werden und der Northern Slope kehrt zu seiner Jungfräulichkeit zurück. Doch wer weiß … Übrig bleiben werden später nur noch schriftliche Zeugnisse und Fotografien, die von einem Trugbild berichten, das in wenigen Jahrzehnten Energiequellen verbrauchte, die im Laufe vieler Millionen Jahre entstanden sind.«

Jim möchte mich gerne in der Station übernachten lassen, aber seit dem Golfkrieg ist es Nichtamerikanern verboten, »strategische Einrichtungen« zu betreten. Ich schlage mein Zelt daneben auf, und nach einer Weile erscheint Jim über und über beladen mit Essen, damit ich nur ja keinen Hunger leiden muss!

Nach 10 Tagen Piste kommt jetzt das letzte Etappenstück, das etwas erhöht ist. Die Erde rechts und links steht schon unter Wasser. Unwillkürlich lässt mich das an eine Stelle in der Bibel denken. Eis löst sich ab, badet in tiefem Blau. Die Sonne steht so niedrig, dass der Schatten meines Rads bis an den fernen Horizont reicht. In Deadhorse, kurz vor dem Ende des Dalton Highways, nur 2200 km vom geografischen und 1500 km vom magnetischen Nordpol entfernt, steht ein Schild:

Längster Tag: 63 Tage, 23 Stunden, 40 Minuten
Längste Nacht: 54 Tage, 22 Stunden, 51 Minuten
Kürzester Tag: 26 Minuten

Deadhorse ist mit Sicherheit einer der letzten Orte in Amerika, wo man noch die Pionierzeit-Atmosphäre aus den Anfängen der Fliegerei vorfindet, so wie sie Saint-Exupéry trefflich beschrieben hat. Als ich mich gerade im einzigen Laden für teures Geld mit Proviant eingedeckt habe, mache ich eine neue Bekanntschaft, Diana, eine amerikanische Globetrotterin aus Chicago, die vor neun Monaten alleine und ohne bestimmten Grund mit dem Auto hierherkam und schließlich von einer der Fluggesellschaften hier als Leiterin der Funkstation eingestellt wurde. Sie beherbergt mich in einem Zimmer, wo sonst Kunden oder Piloten untergebracht werden, wenn sie wegen Wetterproblemen hier übernachten müssen.

In einem Flugzeughangar, der mir vorkommt wie ein Filmstudio, breite ich meine Asienkarte vor den Piloten aus, alles Abenteurer, die sich für das Leben im hohen Norden entschieden haben. Ihre liebsten Passagiere sind Reporter, Ökologen oder Wissenschaftler, die in entlegene Winkel geflogen werden wollen.

Am nächsten Tag nimmt mich Laureen, eine der Pilotinnen mit nach Nuiqsut, wohin sie den Eskimos das Schlimmste liefert, was man hier oben essen und trinken kann: Fast food und Coca Cola. Ich erkenne, wie für diese Menschen die Realität ihres harten Lebens aussieht. Man hat sie von ihren angestammten Wohngegenden vertrieben, dafür werden sie jetzt von den Ölgesellschaften subventioniert und sind von ihnen abhängig geworden.

Da man mir noch andere Flüge über den Northern Slope in Aussicht stellt, sofern sich das Wetter hält, beginne ich, mich in dieser Funkstation am Ende der Welt häuslich einzurichten: Ich vertreibe mir die Zeit mit Schreiben und versorge die ganze Mannschaft mit meinem selbstgebackenen Apfelkuchen. Diana will innerhalb der nächsten zwei Jahre den Everest besteigen, das interessiert mich natürlich sehr.

Drei Tage später habe ich Gelegenheit, umsonst nach Anchorage zurückzufliegen! Diana sehe ich vier Jahre danach wieder. Wir sind Freunde geblieben, und sie ist da, als ich nach insgesamt siebenjähriger Fahrt wieder in Genf eintreffe …

Ich schwinge mich auf den Sattel, trete rein, lasse Anchorage endgültig hinter mir – da bricht mein Rahmen schon wieder. Das Szenarium wiederholt sich: Ein Amerikaner bringt mich in eine Werkstatt, wo er zusammengeschweißt wird. Ich befasse mich ernsthaft mit dem Gedanken an einen neuen Rahmen, wenn nicht an ein komplett neues Rad!

Während ich Richtung kanadischer Grenze loskurble, bietet sich das herrliche Panorama des Matanuska-Gletschers und die Kette der Wrangell Mountains, der größten aktiven Vulkangruppe Alaskas. Ich fahre ein Stück mit zwei amerikanischen Bikern, Matt und Karen, die sich auf dem Heimweg an die US-Ostküste befinden. Karen hat den Regen satt und will so schnell wie möglich nach Hause. Sie steigt in den erstbesten Bus, was aber Matt nicht erschüttert. Er schließt sich mir an und wir radeln die nächsten zwei Monate zusammen weiter. Über unsere Route sind wir uns einig: In Kanada wollen wir den Dempster Highway befahren, eine Piste, die von Dawson ans Nordpolarmeer führt.

Die alte Goldgräberstadt Dawson am Yukon wurde für den »Two-legs Gold Rush«, den »Zweibeiner-Goldrausch«, wie man den heutigen Tourismus hier lustig nennt, wieder aufgebaut. Französischer Cancan, Spielhöllen, Bars, Souvenirläden ... Wir decken uns ein für die 750 km, die vor uns liegen. Auch hier werden wir vor den Bären gewarnt, die jetzt aus dem Winterschlaf erwachen. Matt rüstet sich mit einem Spray und einer Schiffssirene aus. Und kann sie sofort gebrauchen: Vor uns auf der Piste steht ein Bär, direkt vor unserer Nase!

Sobald die Sonne erscheint, werden wir Opfer hungriger Stechmücken; es ist so schlimm, dass wir Regen herbeiwünschen, obwohl man bei Nässe nur schlecht vorankommt. Aber nicht Regen, sondern Hagel prasselt jetzt auf uns nieder, und zwar mit derartiger Gewalt, dass ich nahe daran bin, auf diese Piste zu verzichten, die uns ja auf dem Rückweg noch einmal blüht! Aber man kann hier nicht lange zaudern, die Kälte treibt einen weiter. Als wir den nördlichen Polarkreis überquert haben scheint die Sonne jeden Tag 24 Stunden!

■ *Zelt, Regenbogen und Radelfreund Matt am Dempster Highway*

Am 21. Juni, dem Tag der Wintersonnwende, erreichen wir am nördlichsten Ende des Dempster Highways Inuvik. Es regnet mal wieder. In einem großen Blockhaus feiern die Indianer mit Tänzen und Gesängen den Beginn der neuen Jahreszeit. Alle Anwesenden erhalten Karibusuppe und ein Stück *muktok,* Walfischfett, das einem ordentlich den Magen füllt. Wir lernen Corine kennen, eine Schweizerin, die mit ihren drei Kindern durch die Welt reist. Sie bietet uns an, uns in ihrem Camper nach Dawson mitzunehmen, so ein Glück …!

In Dawson werden wir wieder zu Globetretern und kurbeln Richtung Süden. Wälder, nichts als unendliche Wälder, und nur Einsamkeit und Stille. Mehrmals überfahren wir die Grenze zwischen Kanada und Alaska, ohne es überhaupt zu merken. Die Highways sind so dünn gesät, dass man ihnen allen einen Namen gegeben hat. Wie in Alaska wurden sie auch in Kanada nach Männern benannt, die bei ihrem Bau eine Rolle spielten: Sterling, Dempster, Haines, Cassier, u.a.

Matt, 10 Jahre jünger als ich, muss jeden Vormittag seine 50 bis 70 km herunterradeln. So hänge ich hinterher, doch wir treffen uns im Lauf des Nachmittags wieder. Für mich gehört es zu den schönsten Momenten, wenn ich irgendwo, mitten in der herrlichen Natur, an einem einsamen namenlosen Ort haltmache. Der Körper ist müde und erschöpft, der Geist so bescheiden, dass ihm die kleinsten Dinge das größte Vergnügen bereiten: Ein Bad im Fluss, eine warme Mahlzeit, das Knistern eines Holzfeuers, wie herrlich!

Wir verbringen eine Woche in Haines, das tief in einem Fjord an der Pazifikküste gelegen ist. Ein Freund von Diana, der Raftingtouren leitet, nimmt uns einmal umsonst mit den Fluss hinunter. Aber uns interessiert etwas anderes: Die Einsamkeit dieser weiten Landschaften, wo auf dreißig Männer kaum eine Frau kommt, zehrt an unserem »inneren Gleichgewicht« … Matt verbringt seine meiste Zeit in der Bibliothek. Nicht weil er gerne liest, sondern weil er sich in die Bibliothekarin verknallt hat … Ich selbst hänge in den Coffee Shops herum, in der Hoffnung, da jemanden kennenzulernen, möglichst ein nettes Wesen, natürlich weiblichen Geschlechts ... Aber ich muss ja auch an meinem Reisebericht weiterschreiben. Unglaublich, wie schnell man das Biken vergessen kann ...

Von Haines braucht das Schifftaxi 45 Minuten bis Skagway, dessen Geschichte erzählenswert ist. Im August 1896 stand ein gewisser Jim Skookum mit seinem Sieb in einem der Nebenflüsse des Klondike und suchte nach Gold. Nach seinen Worten fand er Klumpen »so dick wie der Käse auf dem Brot«.

Die Kunde verbreitete sich wie ein Lauffeuer. Im Oktober des gleichen Jahres war Skagway zu einer Stadt von 20.000 Einwohnern angeschwollen. Im Winter 1897/98 mussten 3000 Pferde ihr Leben lassen bei dem Versuch, die erste Passhöhe auf dem Weg dorthin zu überwinden. Man hatte Angst, es könnte eine Hungersnot ausbrechen, und die berittene kanadische Polizei ließ nur noch Goldsucher ins Inland, die pro Nase eine Tonne Lebensmittel mit sich führten, damit sie ein Jahr überleben konnten! Eine Tonne, das ist dreißig- bis vierzigmal so viel wie eine Person tragen kann ... Heute ist Skagway per Auto, Schiff und Flugzeug erreichbar und eine Art Pionier-Disneyland vornehmlich für ältere US-Amerikaner, die in den nostalgischen Cafés, Spielsalons und Souvenirläden die alte Zeit nacherleben wollen.

Von der Pazifikküste geht's wieder ins Inland, wir nehmen den Alaska Highway unter die Reifen, der während des 2. Weltkriegs von den USA in größter Eile und unter enormer Kraftanstrengung bis nach Alaska vorangetrieben wurde, weil man dort oben eine japanische Invasion befürchtete. Jeden Sommer finden Abenteurer aller Spielarten den Weg hierher. Es vergeht nicht ein Tag, an dem uns nicht wenigstens einer über die Piste läuft. Unter ihnen der Japaner Nobukazo Mito, der jeden Tag zu Fuß zwischen 30 und 40 km zurücklegt und dabei einen 100 kg schweren Transportwagen hinter sich herzieht, oder der schottische Biker Craig, der 1991 in Feuerland losfuhr und Lateinamerika lieben gelernt hat. Es gibt natürlich auch die flegelhaften Zwangsbiker, die nicht einmal den Blick heben, um einen zu grüßen.

■ *Durch die Weiten Kanadas*

Durch einen Zeitungsausschnitt, den mir jemand nach Tokyo schickte, erfuhr ich, dass ein Schweizer namens Serge Roetheli den gesamten amerikanischen Kontinent in Nordrichtung durchläuft, wobei ihn seine Frau Nicole auf dem Motorroller begleitet. Serge ist im Januar 1995 in Ushuaia auf Feuerland gestartet, hat sogar den gefährlichen Darién-Dschungel zwischen Kolumbien und Panama zu Fuß durchquert, und Nicole ist für 4000 km auf ein Fahrrad umgestiegen, um sich an der Leistung ihres Mannes zu beteiligen. Die beiden müssen gerade in Nordkanada sein. In den vier Monaten, die ich in der Gegend bin, versuchte ich bei allen Bikern, ihren Aufenthaltsort zu erfahren, aber vergeblich. Schließlich entdecke ich sie durch einen reinen Zufall nördlich von Prince George in British Columbia auf einem Picknickplatz, zusammen mit Monica, einer Kanadierin, die ich unterwegs kennengelernt habe. Serge und Nicole haben zu diesem Zeitpunkt 21.422 km auf ihrem »Marathon für humanitäre Ziele« zurückgelegt, ich selbst bin bei km 56.535, als wir uns begegnen. Da die beiden Fairbanks unbedingt noch vor dem Winter erreichen müssen, verabschieden wir uns bereits am nächsten Morgen. Auch

Matt sage ich »good bye«, er fährt nun alleine Richtung Osten weiter.

Monica begleitet mich mit ihrem Rad zwei Wochen lang durch die kanadischen Rocky Mountains. Wir fahren einige Tage mit John, Bike-Vagabund von 54 Jahren: Schwarze Lederkleidung, Fernglas um den Hals, Patronentasche am Gürtel, Ketten an den Taschen, *Camel bag* auf dem Rücken, langer grauer Pferdeschwanz, mageres Gesicht und ein Lächeln, dem etliche Zähne fehlen … Mit dem Konformismus steht er auf Kriegsfuß, sein Rad ist richtig »poetisch«: Am Lenker sind nicht nur Hupen festmontiert, sondern noch zwei Lautsprecher, befestigt mit Klebestreifen, und die altersschwachen Radtaschen scheinen ihren Inhalt nicht mehr halten zu wollen. Er erzählt, dass er wie alle Vagabunden Profi ist im *food diving:* Er holt sich bei Supermärkten Konservendosen und alles andere Essbare ab, was kurz vor dem Verfallsdatum steht, das ja sowieso nur im Müll landen würde. Nachdem wir auf dem Lagerfeuer Spaghetti gekocht haben, möchte John noch Tee für uns machen. Er müht sich lange ab, den Kocher in Gang zu bringen. »Das Ding funktioniert«, grinst er, »es hat nur seine Mucken, ist ja auch meiner …«

Vielbesuchte nordamerikanische Nationalparks sind, zusammen mit den Städten, für einen Radnomaden die schlimmsten Pflaster. Den kanadischen Banff-Nationalpark passieren z.B. pro Jahr 5 Millionen Personen in ihren Fahrzeugen! Man erklärt eine Gegend zum Nationalpark, um sie zu schützen, und verdammt sie dabei nur zum Autoverkehr …

Bevor wir die US-Grenze erreichen, verabschiedet sich Monica, die nach Hause fährt.

USA – der Kontrast zwischen den modernen Städten und abgelegenen kleinen Dörfern, durch die ich hier in den nördlichen Rocky Mountains fahre, ist für einen Ausländer frappierend: Oft gibt es nur ein Geschäft, das zugleich Post, Kneipe und Tankstelle ist.

In Missoula in Montana, dem provinziellen Mekka der Hippies

der sechziger Jahre, mache ich einen Besuch bei *Adventure Cycling.* Dieser Verband entstand durch die Initiative einiger Biker, die in den siebziger Jahren die erste größere Raddurchquerung des amerikanischen Kontinents von Alaska bis Feuerland organisierten. Greg, einer der Gründer, zeigt mir ein verblichenes National-Geographic-Heft von 1972, das über das Abenteuer berichtet. Inzwischen hat der Verband zigtausende von Mitgliedern. Er veröffentlicht ein Magazin und spezielle Karten für Biker. Greg fotografiert mich für seine Sammlung der 1500 »Cyclonauten«, von denen 60 »den Erdumfang abgeradelt« haben und auch in Missoula gewesen sind. In der Universität des Orts halte ich zugunsten des Hilfskomittees für das tibetische Volk einen Vortrag über meine Reiseerlebnisse und lerne die Amerikanerin Lisa kennen, die in Kalifornien ein Stück mit mir fahren wird …

Wyoming. In der Ferne Fumarolen und Geysire – ich nähere mich dem Yellowstone Nationalpark. Kalkstein, verkohlte Baumstümpfe, gelegentlich eine Bisonherde, in der Ferne ragt der Grand Teton auf. Es heißt, französische Trapper des 18. Jahrhunderts hätten, unter Frauenmangel leidend, den Berg so getauft, weil er sie an weibliche Körperformen erinnerte (franz. Teton = Busen)

Ein weites Plateau führt mich nach Laramie, wo Thomas Stevens, der in den Jahren von 1885 bis 1887 mit seinem Hochrad eine »Reise um die Erde« vollendete, als Bahnhofsangestellter arbeitete. Als ich dem Laden Pedal House, wo Stevens mit seinem Fahrzeug auf einer Wand abgebildet ist, einen Besuch abstatte, schenken mir die Ladeninhaber ein Buch mit der Geschichte ihres Helden und fahren noch 10 km auf einem Hochrad neben mir her. 30 km/h beträgt die Spitzengeschwindigkeit des Fahrzeugs, das mit Scheibenrädern ausgestattet ist und keine Übersetzung aufweist.

Durch meine unbändige Vorliebe für Hochgebirgsstraßen entdecke ich auf allen Landkarten Pässe, denen ich nicht widerstehen kann. Es zieht mich in die Berge des Staates Colorado. Zwar naht der Winter, ich will mich aber dennoch nicht davon abbringen lassen. In Boulder habe ich das Glück, von der bekannten Radfirma Schwinn einen neuen Rahmen zu bekommen. Natürlich bin ich froh, doch fällt es mir schwer, mich von meinem alten zu trennen, der zwar schon zweimal gelötet ist, mich aber sicher durch ganz Asien getragen hat … Zum Glück ist Adventure Cycling bereit, ihm in einer ihrer Ausstellungsvitrinen einen würdigen Ruhestand zu sichern!

Mit der ersten »Reinkarnation« meines Yak kurble ich auf der höchsten Höhenstraße des nordamerikanischen Kontinents zum Mt. Evans hinauf (4306 m). 50 km Haarnadelkurven führen durch dichten Wald, es folgt ein Salzsee, und dann die letzte Steigung. Es ist bitterkalt. Auf dem Gipfel pfeift der Wind, und selbst neben der Sternwarte kann ich nur mit Mühe mein Zelt aufstellen. Ich wärme Zehen und Finger an der Kocherflamme, danach schlüpfe ich in mein Zelt, in meine zwei Kubikmeter Paradies, himmlisch trotz Sommerschlafsack.

In der Nacht hat Neuschnee Velo und Zelt zur Unkenntlichkeit verwandelt. Und auch die Straße ist ganz einfach verschwunden. Zum Glück beträgt der Höhenunterschied zur Ebene aber nur 2000 m, so dass ich erwarten kann, in milderen Temperaturen dort unten neue Kräfte zu schöpfen, bevor ich andere Bergstraßen in Angriff nehme.

Wenn ich in den Skiorten frage, ob ich irgendwo unterkommen kann, ist die Antwort stets Nein – trotz meines blaugefrorenen Gesichts, Schnee auf den Schultern, Eiszapfen im Bart und Plastiktüten, die ich gegen die Nässe um die Schuhe gewickelt habe … Jede Nacht muss ich mein Zelt aufstellen und habe Muße, an meinen letzten Winter in Kirgistan zu denken. Trotz der Armut und der häuslichen Beengung haben mich die Kirgisen immer herzlich aufgenommen. Hier bekomme ich nicht einmal einen Abstellraum für die Skier …

Aber Colorado ist zudem das Mountainbike-Mekka, das Champions in rauen Mengen hervorbringt. In Durango lerne ich bei einem Vortrag Missy Giove kennen, bereits zweimal Weltbeste im Downhill, auch »Missile« (Rakete) genannt, wegen ihrer erzielten

Spitzengeschwindigkeit von 96 km/h. Ihre rebellische Aufmachung machte sie im Mountainbike-Zirkus berühmt: Kette mit Vorhängeschloss um den Hals, Nasen- und Ohrenringe, Haare schwarz und blond gefärbt …

Ich probiere ihr Downhill-Bike aus: extrem leicht, professionelle High-end Komponenten letzter Technologie. Gefederte Gabeln und Scheibenbremsen lassen meinen Yak wie ein Urtier der Frühgeschichte erscheinen! Als Miss Giove seiner ansichtig wird, sagt sie, ich sei verrückt und will sich nicht einmal in den Sattel setzen.

Am Rande des konservativen Amerika existiert eine Gesellschaftsschicht, die versucht, anders zu leben. Bei der Auffahrt zum Eidechsenpass (3116 m) führt mich ein junges Pärchen mitten im Wald in eine Art Stoffjurte. Sue und Dave haben sich da vorläufig niedergelassen und studieren den Bau ökologischer Sonnenenergiehäuser aus Erde, Blumen, Pflanzenöl, alten Reifen, Limonadebehältern und dergleichen.

Jenseits der Berge von Colorado wird die Landschaft flach. Im Canyon von Fry treffe ich in einem Motel Reinhard, gleichfalls ein Radtourero. Er erzählt, wie er sich in Amazonien in die Peruanerin Rosa verliebte und ihr vorschlug, mit ihm weiterzuradeln. Sie war sofort begeistert! Aber in ihrem Dorf mitten im Dschungel gab es Asphalt nur auf der Flugpiste, gerade einen Kilometer lang. Auf dieser Piste übte Rosa, bis sie 700 km voll hatte und sich fit fühlte. Hinterher verließ sie zum ersten Mal ihr Heimatdorf. Dreizehn Monate später erreichten die beiden Feuerland. Heute ist Reinhard verliebt in die Kellnerin des Motels, und deswegen hängt er momentan hier fest.

Amerika wurde von der Natur reich bedacht, es besitzt gewaltige Landschaften. Die roten Felsen des Zion Canyons National Parks in Arizona mit seinen riesigen Bäumen konkurrieren mit dem Bryce Canyon und seinen Tausenden senkrecht aufragender Blöcke aus Sand und Stein.

Und dann plötzlich, im Staat Nevada, Golfplätze, stillose Hotels und Spielsalons entlang der Interstate 15. Las Vegas rückt näher.

Die architektonischen Gebilde auf dem »Strip«, wie die Hauptstraße genannt wird, sehen aus wie Hollywood-Filmkulissen: Eine Festung, eine Sphinx am Eingang eines Hotels in Pyramidenform, zwei Piratenschiffe im Kampf. Allmonatlich verschwindet ein Casino, und ein Neues macht auf. Las Vegas kennt weder Tag noch Nacht. Das Geld, für mich nur ein Mittel, um Träume zu verwirklichen, ist hier ein Gott.

Ich verlasse erleichtert diese künstliche Welt und drehe meinen Lenker Richtung Westen zum »Tal des Todes«. Die Natur, die mir jeden Tag wie ein neues Wunder erscheint, zieht mich in ihren Bann. In dieser 350 km langen Salz- und Steinwüste, deren tiefster Punkt 86 m unter dem Meeresspiegel liegt, herrschen im Sommer Temperaturen von über 50 Grad! Das Death Valley war Ende des 19. Jahrhunderts Schauplatz einer ausgefallenen Geschichte: Scotty, ein Amerikaner mit wenig Geld, aber viel Fantasie, verbreitete, um Investoren anzulocken, das Gerücht es gäbe hier eine Goldmine … Die Interessenten führte er in die Wüste, wo er sie in einen Hinterhalt lockte und überfallen ließ. Doch eines Tages kam einer hinter den Betrug. Scotty und seine Story gefielen ihm aber, und deshalb beschloss er, 2,5 Millionen Dollar zu investieren, um einen Palast zu bauen mit dem Namen Scotty's Castle. Er bezahlte nicht nur einen fantasievollen Architekten, einen Bildhauer und sieben Maurer für den ausgefallenen Bau, sondern sorgte auch für eine Turbine zur Stromerzeugung, ließ die Seitenmauern eines Schwimmbads bauen, das aber nie vollendet wurde, und stattete die eleganten Hotelzimmer mit elektrischen Klavieren aus …

Als die Wüste wieder hinter mir liegt, beginnt es zu schneien. Nachdem ich sechs Sierra-Nevada-Pässe mit mehr als 2500 m bezwungen habe, verbietet mir ein Polizist, auf den Carlston Pass zu fahren, wegen zu hohem Schnee und dichtem Nebel … Das geht mir gegen den Strich, und ich setze mich in ein Café, wo ich Brandon und Woody kennenlerne, zwei junge Snowboarder, die mir vorschlagen, mit ihnen in Kirkwood Skifahren zu gehen. Brandon besorgt mir eine komplette Ausrüstung, und schon flitzen wir alle drei über den herrlichen Pulverschnee … Am nächsten Tag kein Polizist in Sicht. Ich nütze die Gelegenheit und überquere endgültig die Sierra Nevada. Einige Tage später bin ich schon am Pazifik mit seinem milderen Klima.

San Francisco, endlich! Nach langen Monaten der Kälte und Einsamkeit in den Rocky Mountains und Canyons bin ich glücklich …! Außerdem freue ich mich auf ein Wiedersehen mit Lisa, die mich hier erwartet und bis Guatemala mitradeln will. Sie war mehrere Jahre in Asien unterwegs und hat während des Kriegs im ehemaligen Jugoslawien humanitäre Transporte begleitet. Sie ist zwar nicht sehr sportlich, aber ich denke, sie wird eine gute Reisegefährtin sein. Bergauf, bergab führt sie mich in San Francisco überall herum, zeigt mir die alten Viertel, von denen man die schönsten Blicke auf die herrliche Bucht hat.

In strömendem Regen kurbeln wir unter der Golden Gate Bridge los. Lisa fährt Zickzack, sie ist Radfahren nicht gewöhnt, und die Taschen wiegen schwer. Dazu steigt sie auf die Bremse, sobald es nur ein bisschen abwärts geht. Der Verkehr an dieser kaum besiedelten, zerklüfteten Küste, wo sich Hunderte von Robben sammeln, ist dicht; dieses Stück Küste als »wild« zu bezeichnen scheint mir doch sehr übertrieben, wenn ich an andere Orte denke, die zu sehen ich die Chance hatte. Lisa strengt sich gewaltig an, aber ich denke jetzt schon, dass ich noch vor der mexikanischen Grenze alleine weiterfahren werde …

Als wir uns Los Angeles nähern, zeigt sich Kalifornien von einer anderen Seite: Im Süden der Stadt liegt Venice Beach, Hippietreff der siebziger Jahre, heute die Touristenattraktion. Am Wochenende pilgern ganze Volksscharen hierher, mit Bike, Inline Skates, Skateboards, den Walkman im Ohr. In fantasievoller Aufmachung wird Musik gemacht, getrommelt und getanzt, manche betreiben Body Building oder bieten Massagen an, alles im Freien. Es gibt Wahrsager und ausgefallen gekleidete Geschichtenerzähler, bunte Paradiesvögel allen Alters und Künstler, die den Sand in Seejungfrauen verwandeln. Aber letztlich ist das Amerika, das ich als künstlich empfinde, das exhibitionistische und gleichzeitig puritanische, doch das wahre Amerika …

In San Diego verbringen wir einen Monat bei einer Freundin von Lisa, denn ich muss ein paar Mal zum Zahnarzt. Ich nütze den langen Aufenthalt, um einen Artikel über meine Asienreise zu schreiben, aber keine amerikanische Zeitschrift nimmt ihn mir ab. Erst in Mexiko gelingt es mir, ihn in spanischer Übersetzung zu verkaufen.

Meine Mutter, die mich während der ganzen vier Jahre, die ich nun schon unterwegs bin, immer moralisch unterstützte und sich als geschickte Koordinatorin erwies beim Versenden von Ersatzteilen, die sich darum gekümmert hat, meine Fotos an die Zeitschriften zu schicken, mir meine Post nachkommen zu lassen usw., kommt in die USA, um mich zu besuchen. Das ist das einzige Mal, dass wir uns während meiner langen Reise sehen … Wir sind beide bewegt von diesem kurzen Wiedersehen.

Lisa und ich verstehen uns immer schlechter. Unser Charakter zeigt sich auf Reisen, in unvorhergesehenen oder schwierigen Situationen, wo die üblichen Bezugspunkte fehlen, besonders deutlich, das stelle ich auch jetzt fest. Jemand, der in seiner gewohnten Umgebung sehr viel Vertrauen und Toleranz an den Tag legt, kann plötzlich in einer neuen Situation auf völlig unerwartete oder übertriebene Weise reagieren: Deprimiert, wütend, unhöflich, aggressiv, empfindlich etc. Umgekehrt gibt es auch freudige Überraschungen: Jemand, der durch die Erziehung gehemmt ist, entwickelt unterwegs ungeahnte Qualitäten. Reisen ist die Feuerprobe für Liebe und Freundschaft. Entweder oder … Durch die ständige Anstrengung, die uns das Rad abverlangt, hört man auf, sich etwas vorzumachen und wird auch mit den andern ganz ehrlich.

Als ich mich von Lisa trenne, atme ich auf. In Anlehnung an die Überzeugung der Feministinnen der siebziger Jahre sehe ich meine Lage als Mann momentan so: »Ein Mann ohne eine Frau ist wie ein Fisch ohne Fahrrad« …

KAPITEL XV

RUEDAS: ZWEIMAL ZWEI RÄDER IN DEN ANDEN

Ankunft in der ersten mexikanischen Stadt. »Tijuana, eineinhalb Millionen Einwohner, 35 Millionen Besucher, die meistbesuchte Stadt der Welt!«

Auf dem Schild steht nicht, was die vielen Besucher an diesen Ort führt. US-Amerikaner, die meinen, hier Mexiko erleben zu können, Mexikaner, für die Tijuana Sprungbrett für ihren illegalen Aufenthalt in den USA ist, Schieber und Schwarzhändler, die durch den Hochsicherheitszaun, der beide Länder trennt, Drogen schmuggeln ...

Wir haben Februar 1998. Das Klimaphänomen *El Niño* richtet in der Region große Schäden an. Eine gute Woche verfolgt mich der Regen, auch auf der Baja California. Auf dieser langen, wüstenartigen Halbinsel, vom mexikanischen Hauptland durch das »Mar de Cortés« getrennt, kann man bei Guerrero Negro an der Westküste Grauwale beobachten, die sich, nachdem sie von der Beringstraße bis hierher gewandert und dabei über 10.000 km zurückgelegt haben, hier paaren und ihre Jungen zur Welt bringen.

In Guerrero Negro treffe ich auf einem Campingplatz zwei Ex-Jünger des inzwischen verstorbenen Gurus Rashnesh (Osho), dem in den Siebzigern die Beatles anhingen. Rashnesh, der unheimlich reich geworden war, weigerte sich, dem amerikanischen Staat Steuern zu zahlen, worauf er ausgewiesen wurde. Er starb schließlich in seinem Geburtsland Indien. Meine beiden neuen Gefährten sind von Rashnesh wieder abgekommen. Sie sind in einem Camper unterwegs, und mit ihrem transportablen Ultralight-Flugmoblil verdienen sie ihren Lebensunterhalt. Sie zeigen Touristen das Naturreservat der Grauwale oder archäologische Stätten aus der Vogelperspektive. Auch ich vertausche für eine kurze Zeit die Bodenperspektive des Bikers mit der Panoramasicht eines Vogels! Ein eindrucksvolles Erlebnis: Die Wüste und dahinter der Stille Ozean ...

■ *Überschwemmungen in Mexiko, Baja California*

Einige Tage später hält neben mir ein klappriger Straßenkreuzer. Ein Mexikaner steigt aus und erzählt, dass er früher den Marathon von New York lief und einschätzen kann, was ich leiste. Er lädt mich in ein Restaurant ein und erzählt sein Leben. Er ist Bäcker und besitzt in seinem Dorf ein Lebensmittelgeschäft. Nachdem er mich mit Unmengen von Bohnen und Tortillas verköstigt hat, nimmt er mich nach Hause und schlägt vor, bei ihm zu übernachten. Ich spreche kaum ein Wort Spanisch, kann ihm aber trotzdem verständlich machen, dass ich am nächsten Tag, dem 12. März 1998, seit genau vier Jahren unterwegs bin …

Als ich aufstehe, hat Polo schon Brot für das ganze Dorf gebacken! Direkt vom Backofen reicht er mir eines und sagt, er habe im Fernsehen drei querschnittsgelähmte Mexikaner gesehen, die im Rollstuhl von Mexico City zu einer Reise von 5000 km aufgebrochen sind …

Die würde ich gerne kennenlernen. Aber wie soll ich das anstellen, in diesem riesigen Land? Ich gehe zur nächstbesten Polizeistation, wo man das Trio tatsächlich, wenngleich ein paar hundert Kilometer von hier entfernt, ausfindig machen kann. Drei

Tage später, beim Polizeikommissar von Pedro Escondido, befiehlt dieser einem Untergebenen, meine verstaubten Trinkflaschen zu reinigen! Sein Eifer geht so weit, mich zum Krankenhaus zu fahren, um mir den Blutdruck messen und Vitamine spritzen zu lassen, als wäre ich ein Profi, der für die Olympischen Spiele illegal gedopt wird! Danach eskortiert er mich in seinem Wagen bis an das Haus, wo die drei unglaublichen Sportler an diesem Abend untergebracht sind: Ruben ist 42, Ludron de Guevara Aguira 34. Beide sitzen auf dem Teppich und ruhen sich aus, bis der dreißigjährige Edgar Alberto Waldo Sánchez zurückkommt, dessen Rollstuhl kaputtgegangen war. Vor neun Tagen sind die drei abgereist, und sie meinen, sie werden etwa sieben Monate brauchen, bis sie, in Tagesetappen von etwa 30 Kilometern, die kanadische Stadt Ottawa erreichen ... Sie erinnern mich an Chen Yin Chao mit seinen verdrehten Füßen. Ich möchte ihnen gerne Mut machen. Ich sage aber nicht viel, weil schmerzhafte Erinnerungen in mir wachgeworden sind:

An einem Tag im Juni 1986 stand für mich viel auf dem Spiel. Es hätte nicht viel gefehlt, und ich wäre heute in der gleichen Lage wie sie. Damals übte ich mich mit einer Gruppe von Freunden in den Schweizer Voralpen im Gleitfliegen. Mit der ganzen Energie und Unbekümmertheit meiner 26 Jahre konnte ich mich ohne jede Furcht ins Leere werfen. An diesem Tag aber hatte ich Pech. Ich kam mit dem Fallschirm nicht zurecht. Er drehte sich dreimal, worauf er – in 10 oder 15 Meter Höhe – zuklappte. Ich schlug hart auf dem Erdboden auf und konnte mich nicht rühren, aber ich war am Leben. Ein Hubschrauber brachte mich ins Krankenhaus.

Ein Jahr lang konnte ich nirgends hin. Mehrere Wochen lag ich unbeweglich in einem Krankenhausbett und schluckte Unmengen von Tabletten. Ich wartete darauf, operiert zu werden, ohne mir darüber im Klaren zu sein, dass eine Querschnittslähmung die Folge sein konnte, denn mein dritter Lendenwirbel war mehrmals gebrochen. Nach der Operation war ich mit dem Rumpf sechs Monate lang im Gipskorsett. Nach vier Monaten intensiver Physiotherapie saß ich im Rollstuhl und konnte nach Hause. Aber paradoxerweise fühlte ich mich im Krankenhaus, in das ich eigentlich nie wollte, geschützt und hatte Angst vor meiner Entlassung.

Man hatte mir in die Wirbelsäule zwei Stücke Metall eingesetzt, die ich mein Leben lang behalten werde. Als der Gips entfernt wurde, war mir der obere Teil meines Körpers so fremd geworden, dass ich mich nicht zu bücken wagte. Nach und nach konnte ich an Stöcken endlich einige Schritte tun, aber wegen eines Fersenbruchs nur auf einem Fuß. Jeder Tag war ein neuer Sieg. Ich wurde wieder lebendig. Sehr viel später gestand mir ein Chirurg, dies sei schlicht ein Wunder gewesen. Erst jetzt ist mir klar, was ich für ein Glück hatte! Wenn ich heute gehen und stehen kann, so nur, weil ich in einem reichen Land geboren wurde, in einer günstigen Zeit, und weil hochqualifizierte Chirurgen zur Stelle waren. Aber damals hatte ich jede Hoffnung verloren, je wieder in den Sattel eines Rads steigen zu können, von meinem Traum, mit dem Velo eine Weltreise zu unternehmen, ganz zu schweigen.

Doch ein Jahr später zurrte ich die Packtaschen fest und fuhr von Genf in die Camargue. Bewegt dachte ich an die vielen Fahrten zurück, die ich vor meinem Unfall in Europa unternommen hatte. Diese Tour hinunter in den Süden wurde ein Test: Wenn ich bis zum Mittelmeer kam, war es mir wohl auch möglich, an jeden anderen Punkt auf dieser Erde zu gelangen. Das Meer! Als wäre es gestern gewesen, so gut erinnere ich mich noch, mit welchem Gefühl der Befreiung ich in dieses herrliche Meer eintauchte! Meine muskulösen Beine, die sicher auch mitgeholfen haben, mich vor dem Rollstuhl zu bewahren, tragen mich nun weiterhin, zwölf Jahre später, um die Welt …

Es hat mich viel gekostet, das Wesentliche zu begreifen, ich habe die Angst in mir kennengelernt und das Gespür dafür erworben, wo meine physischen Grenzen liegen, doch für meinen Traum gibt es nach wie vor nichts, was ihn einschränken könnte. Reisen ist für mich eine Hymne ans Leben.

Vor Mexico City bricht mein neuer Rahmen auseinander. Ich lasse ihn schweißen, mache mir aber ernste Sorgen: Auf den besten Straßen hat er kaum sechs Monate gehalten. Wird er den Pisten Südamerikas bis nach Feuerland hinunter gewachsen sein? Ein paar Tage später ruft mich Lisa aus den USA an und schlägt mir vor, bei Schwinn einen neuen zu besorgen und ihn mir bei ihrer nächsten Reise nach Ecuador in Quito zu hinterlegen.

Ich kurble die Piste zum Vulkan Nevado de Toluca hinauf (4270 m), wo die Elite der mexikanischen Marathonläufer trainiert, um ihre roten Blutkörperchen zu vermehren. Unter ihnen treffe ich Suzanne und Roberto, die mich nach Mexico City zu sich nach Hause einladen. Der Höhenunterschied vom Paso de la Cruz bis zur Hauptstadt Mexikos (2300 m) beträgt nur 700 Meter. Suzanne und Roberto, politisch »grün« und leidenschaftliche Vegetarier (und vor allem ein sehr nettes Pärchen), wohnen in einem alten Haus etwa 5 km vom Zentrum entfernt in einer Straße, in der sie eigenhändig 32 Bäume gepflanzt haben. Robert, gegen 40, ist Marathon-Profi und wird ein Jahr lang von der mexikanischen Regierung bezahlt. Er ist einer von den wenigen, die hier in der Zwanzigmillionenstadt Rad fahren.

Auf dem großen Stadtplatz im Zentrum, dem Zócalo, mache ich für das englische Magazin *Bike Culture* ein Interview mit Bici-Taxi-Fahrern. Außerdem kauft die Redaktion der Zeitschrift *Geomundo* den Artikel, den ich in San Diego geschrieben habe. Das heißt, ich habe jetzt die Mittel, bis Ushuaia zu kommen …

Nach zwei Wochen in der verschmutzten Luft des Stadtmolochs erfasst mich die Sehnsucht nach den Bergen. Der ehrfurchtgebietende Popocatépetl (5452 m) ist seit ein paar Jahren wieder aktiv und nicht besteigbar, deshalb fahre ich auf seinen Nachbarberg, den Iztaccíhuatl (5230 m). Bis auf 4100 m komme ich mit dem Velo, danach marschiere ich bis zum Gipfel weiter.

Es ist Juni 1998. In Zentralamerika ist Regenzeit. Nur auf der durchgehend asphaltierten Hauptverbindungsstraße *Carretera Panamericana* kann man ohne ärgerliche Hin- und Herfahrerei diese kleine Staaten durchqueren. Ohne mich lange aufzuhalten, radle ich durch Guatemala, El Salvador, Honduras, Nicaragua, Costa Rica und Panama. Die Hitze ist so drückend, dass ich 10 bis

12 Liter Wasser am Tag trinke, und dazu verschlinge ich kiloweise tropische Früchte!

In Costa Rica lerne ich in einem Café zwei Biker kennen: Simon und Ruedas. Lange Haare, Ohrringe, Lederarmbänder – sie sehen wirklich nicht aus wie Rennprofis, auch nicht wie Reiseradler. Sie benehmen sich eher wie Squatter, schon auf den ersten Blick sieht man ihnen das leere Portemonnaie an. Simon ist Engländer und lebt seit 10 Jahren in Spanien, wo er seinen Lebensunterhalt als Straßenjongleur bestreitet. Er raucht wie ein Schlot und ist noch nie so weit gereist, vor allem nicht mit dem Fahrrad. Ruedas, der Spanier, lebt zu Hause ganzjährig in einem großen Jeep, den er wohnlich eingerichtet hat, und verkauft Kunstgewerbe auf den Märkten der Iberischen Halbinsel. Seine Frau ist Akrobatin und tritt an mehreren Orten im Zirkus auf. Ruedas kennt Spanien von seinen Radtouren wie seine Westentasche, und unter seinem Beiname *Ruedas* (Räder) war er einige Jahre lang in Madrid in einer Radiosendung zu hören. Er bezeichnet sich als Taoist, trinkt und raucht nicht. Hinter seinem furchterregenden Aussehen (die Kinder rennen oft vor ihm weg) und seinem schroffen Charakter steckt eine empfindsame Seele …

Die Reisestory von Simon und Ruedas muss man gehört haben! In Houston / Texas waren sie noch vor einigen Monaten eine Gruppe von fünf »*Guerreros del Asfalto*«. Ihr Ziel: Nach Süden radeln, bis die mageren Ersparnisse aufgezehrt sind. Die drei Musikanten und zwei Jongleure führten für Essen und Unterkunft ihre Kunststücke auf öffentlichen Plätzen auf. Eine Stadtverwaltung in Mexiko stellte ihnen sogar ein Diplom aus für die gute Show. Wie die zehn kleinen Negerlein verschwand aber einer nach dem andern. Azul, der erste, gab vor, er wolle zu seiner Tochter nach Spanien, die beiden anderen, die Marihuana rauchten wie Schlote, hielten das Nomadenleben gleichfalls nicht lange aus. Mit den beiden, die jetzt noch übrig sind, verstehe ich mich auf Anhieb, ohne zu ahnen, dass ich mit Ruedas fünf Monate zusammen fahren werde … Da er nur Spanisch spricht, lerne ich seine Sprache sehr schnell und kann mich bald ordentlich ausdrücken. Ruedas versteht sich auf eine ganz besondere Kunst: Er bringt es fertig, zwischen Houston und Panama nur fünfzig Dollar auszugeben. Es vergeht nicht ein Tag, wo er nicht einen Lebensmittellieferanten, einen Bäcker oder einen Wasser- oder Milchmann anhaut, und wenn Ruedas »fechten« geht, wie er es nennt, bekommt er immer etwas in die Hand gedrückt. Wenn es mal gießt und wir in einer Kneipe warten, bis der Regen nachlässt, fabriziert er Armbänder, die er später verkauft oder gegen einen Teller Reis eintauscht …

In Panama City verlässt uns Simon, denn er will nach Belize zurück. Ruedas ist nun der einzige »Überlebende« der ehemals fünf »Asphaltkrieger«. Panama im Regen, das ist traurig, noch dazu, wenn ein Freund Abschied nimmt …

Die Panamericana, das länderverbindende Straßenband durch ganz Amerika von Alaska bis Feuerland, ist zwischen Panama und Kolumbien unterbrochen. An der Grenze zu Kolumbien erstreckt sich der Darién-Dschungel, der nur – wenn überhaupt – mit einem Führer in tagelangen Fußmärschen zu bezwingen ist, doch schon gar nicht mit schweren Rädern. Außerdem ist das Gebiet sehr gefährlich, weil es Kokainschmuggler und Guerilleros gibt.

Es hilft nichts, wir müssen tief in die Taschen greifen und einen Flug buchen. Die Maschine, eine Pilatus Porter, ist aber so klein und eng, dass wir unsere Drahtesel auseinander nehmen und gleich vier Plätze bezahlen müssen … Spargenie Ruedas treibt es die Tränen in die Augen …

Am Morgen verlassen wir in dieser winzigen Kiste Panama City mit seinen Hochhäusern und damit die Merkmale städtischer Zivilisation. Unter uns, so weit das Auge reicht, üppiges Dschungelgrün, durchzogen von zahllosen mäandernden Wasserläufen. Nach einer knappen Stunde Flugzeit landet die Maschine auf einer Asphaltpiste in Puerto Obaldía, dem letzten Dorf Panamas vor der Grenze Kolumbiens an der Karibikküste. Wir montieren die Räder wieder zusammen und beim Aufpumpen lösen sich durch die enorme Hitze und Schwüle die Flickstücke von den Schläuchen …

Ausreisen lässt man uns schnell, da wir aus dem Norden kommen und somit nicht des Drogenschmuggels verdächtigt werden. Doch nun können wir nur auf dem Seeweg weiterkommen, und die Besitzer der Boote nutzen unsere Gringo-Ungeduld, um den Preis hochzuschrauben. Wir setzen über zur Punta Caribana mit dem ersten kolumbianischen Dorf. Aber eigentlich geht es jetzt erst richtig los! Wir brauchen weitere zehn Tage, und dreimal müssen wir ein Schiff benützen, bis wir endlich in Cartagena anlanden. Endlich wieder fester Boden unter den Reifen! Freiheit!

Ländern geht es nicht besser als Menschen. Einen schlechten Ruf kriegen sie nicht mehr los. Genau wie Bangladesh ist Kolumbien touristisch ein »No-man's-Land«. Entführungen, die Drogenkriminalität und die Guerillagruppen, die einen Teil des Landes kontrollieren, schrecken Touristen ab. Aber wir kommen uns vor wie im Paradies, die Kolumbianer haben eindeutig das größte Herz des ganzen Kontinents, das stellen wir bald fest! Das Land hat dank seiner zentralen gebirgigen Topografie mit schwindelerregenden Steigungen einige der besten Tour-de-France-Fahrer hervorgebracht, weshalb uns die Autofahrer ständig zuhupen und begeistert Beifall klatschen! Die Fahrradgeschäfte schenken uns jede Menge an Ersatzteilen, Ruedas kann sein Stahlross völlig renovieren.

Ich erinnere mich an Ché Guevaras *Notas de Viaje,* worin er beschreibt, wie er Anfang der sechziger Jahre, als er noch Medizinstudent war, mit seinem Freund Alberto neun Monate lang mit dem Motorrad in Südamerika umherfuhr. Mit viel Humor beschreibt er, wie sie es anstellten, umsonst in Polizeistationen und Krankenhäusern zu übernachten. Eigentlich hat sich nichts geändert. Die *Estaciones de bomberos* (Feuerwehrhäuser) werden nach kürzester Zeit unsere zweite Heimat in Südamerika … Meist schlafen wir auf dem Boden, und Wasser gibt es hier natürlich genug, um uns und unsere Wäsche zu waschen, Platz auch, wenn das Zelt trocknen muss oder wir an den Rädern herumbasteln. Ruedas Kochspezialitäten sind spanische Gerichte, wie er gerne beweist. Beim ersten nächtlichen Feueralarm sind sofort die Schlafräume leer und wir Herren im Haus …

Cotopaxis Schatten (5897 m), Ecuador

Über die Cordillera Central und auf der Panamericana gelangen wir nach Ecuador. In der Hauptstadt Quito halte ich beim South American Explorers' Club einen Vortrag über meine Tour und man stellt mir zur Besteigung des Vulkans Cotopaxi (5897 m) die Ausrüstung und einen Bergführer umsonst zur Verfügung. Leider kann ich die Vergünstigung nicht für Ruedas bekommen, der schon immer davon träumte, einen Fünftausender zu besteigen. Er begleitet mich aber trotzdem zum Treffpunkt mit dem Bergführer. Der Cotopaxi liegt etwa 60 km südlich von Quito. Auf der Auffahrtstraße schneit es, und der Wind zwingt uns oft, abzusteigen und zu schieben. Auf 4500 m stellen wir das Zelt auf und trinken *agua panela,* ein Getränk aus heißem Wasser und Rohrzucker. Wegen des schlechten Wetters hege ich ernsthafte Zweifel, ob die Besteigung tatsächlich möglich sein wird. Die Müdigkeit setzt meinen skeptischen Gedanken ein Ende.

Am nächsten Morgen erstrahlt der Gipfel im ersten Sonnenlicht des neuen Tages noch schöner als am Vortag: Über Nacht fiel Neuschnee, den Gipfel ziert eine weißglänzende Kappe. Der Wind ist abgeflaut. Gegen Abend trifft Cosme, der Bergführer, mit seiner Gruppe ein. Ich gebe ihm zu verstehen, dass Ruedas gerne mitkommen würde. Cosme, der selbst viel gereist ist, hat nichts dagegen, denn eine Teilnehmerin verzichtet wegen ihrer Höhenkrankheit auf die Besteigung. So kann Ruedas an ihrer Stelle mitgehen. Zufälligerweise passen Ruedas ihre Schuhe wie angegossen. Er ist selig. Wir machen alles bereit, und nach ein paar Stunden Schlaf brechen wir mitten in der Nacht zur ersten Schutzhütte auf. Als die Sonne aufgeht, projiziert sie den Schattenkegel des Cotopaxi (wörtlich: der zarte Nacken der Sonne) auf den Nebel, der wie ein Wattemeer regungslos über der Ebene liegt. Andere Vulkanspitzen ragen daraus hervor wie leuchtende Inseln. Bei unserer Ankunft auf dem Gipfel herrscht außergewöhnlich gutes Wetter. Ich bin in meinem Element. Einige Tage später steige ich mit Cosme auf Clubkosten auf den zweiten berühmten Vulkan Ecuadors, den Chimborazo (6270 m), diesmal aber ohne Ruedas, dem es lieber ist, währenddessen auf dem Sattel zu sitzen und weiter südlich auf mich zu warten.

Die Panamericana fällt in zahllosen Kehren ins tropische Tiefland von Ecuador und wir passieren die peruanische Grenze. Entlang der Pazifikküste geht es durch wüstenhaftes Gebiet. Vor Chimbote biegen wir ab in die Anden. Die »Entenschlucht«, der berühmte *Cañón del Pato*, ist so eng, dass die senkrecht aufragenden Felswände sich fast berühren. Huaraz, gelegen zwischen den Gebirgsketten der *Cordillera Blanca* und *Cordillera Negra*, ist das bergsteigerische Zentrum der »Suiza Peruana«. Auf einer Breite von nur 20 km ragen hier über 50 Gipfel in den tiefblauen Andenhimmel, alle höher als 5700 m! Zu den schönsten gehören der *Alpamayo* (5947 m) und der *Huascarán*, mit 6768 m der höchste Berg Perus.

Einen guten Monat kurbeln wir in den peruanischen Anden, über Pässe von 3800 bis 5000 Metern, die aus steilen tief eingeschnittenen Schluchten aufsteigen, und legen dabei 1800 km zurück. In den endlosen Steigungen sind die langsam bergaufkriechenden Lastwagen oft eine Versuchung, uns anzuhängen … Die Anden sind eine in sich geschlossene Welt, und je länger wir hier sind, um so mehr verlieren wir jeden Zeitbegriff. Unsere körperliche Anstrengung ist derart, dass wir pro Tag ein Pfund Zucker verbrauchen und jede Nacht 10 bis 12 Stunden schlafen ... !

Wenn die Peruaner, mit dem Poncho bekleidet, Mütze oder Filzhut auf dem Kopf, hoch zu Ross oder mit dem Esel von einem Dörfchen zum andern ziehen, ist das ein faszinierendes Bild. Aber die ganze Romantik ist dahin, wenn man die Armut ihrer abgeschiedenen Behausungen kennenlernt, wo eine Konservendose mit rußendem Docht nicht selten die Kerosinlampe ersetzen muss und das altersschwache, knisternde Radio aus der Lkw- oder Autobatterie gespeist wird. Es geht mir mit dem Velo wie Serge Roetheli mit seinen Laufschuhen: In den USA wurde ich als armer Schlucker angesehen, denn ich hatte ja nur ein Fahrrad, in Südamerika hält man mich für einen Krösus, weil ich eins habe ...

In den peruanischen Anden

Das Leben hier erinnert Ruedas an das Leben seiner Großeltern in Spanien. Auf den Lehmwänden der Häuser prangt die Propaganda der politischen Parteien, die sich durch ihre Logos unterscheidbar machen: Ein Huhn, ein Traktor, ein Haus ... Hier gibt es noch sehr viele Analphabeten. Auf Schildern künden naive Sprüche Regierungsmaßnahmen zur Einführung der Familienplanung an. Alte Reifen dienen zur Umfriedung von Schafspferchen oder man fertigt daraus Tröge für die Schweine. Oft werden wir von Horden laut kläffender Hunde verfolgt, die aber im Gegensatz zu ihren tibetischen Artgenossen beim ersten Steinwurf den Schwanz einziehen und das Weite suchen.

Die Fußballspieler des hochgelegenen Cerro del Pasco sind mächtig stolz: Ihnen ist keine andere Mannschaft gewachsen, denn wem ist es schon gegeben, in 4330 m Höhe eineinhalb Stunden hinter dem Ball herzurennen? Von Revanche spricht man erst gar nicht.

Als wir einmal haltmachen, entdeckt Ruedas zwei Büffelhörner und fragt, ob er sie haben kann. Lincoln, der Familienvater, hat nichts dagegen, und am Tag darauf steckt Ruedas seine peruanischen Trophäen rechts und links in seinen Lenker, der bereits mit Geierfedern und dem Wirbelknochen einer Kuh geschmückt ist.

»Passt auf, fahrt vor allem nicht nachts, nicht dass ihr überfallen werdet. Und manchmal fragt man sich, ob es nicht die Polizei ist, die bei uns die Leute ausraubt …«

Lincoln klopft uns zum Abschied auf die Schulter. Meinen zerrissenen Reifen will er als Souvenir behalten.

Wir radeln vom peruanischen zum bolivianischen *Altiplano*, eine Andenhochfläche, die im Mittel 3800 m über dem Meer liegt. Der Titicacasee, das Andenmeer, leuchtet in der Sonne. »Bolivien, der klarste Himmel Südamerikas«, verkündet ein Schild nach dem Grenzübertritt. Bis nach Guaqui, ins erste Dorf, treibt uns Rückenwind. An der schnurgeraden Straße sieht man auf dem Randstreifen immer wieder Holzkreuze. Lkw-Fahrer sind, zweifellos unter der Einwirkung von Alkohol, Kokain und Übermüdung, hier verunglückt und haben ein einsames Grab gefunden.

Sehr rasch haben wir den Eindruck, dass die Armut stärker wird, aber – oh Wunder –, wir entdecken auch Telefonkabinen, die mit Solarzellen und Kreditkarten funktionieren!

»Amerika lässt sich nicht regieren; jene, die für die Revolution arbeiten, könnten ebenso gut versuchen, das Meer leerzutrinken ... das einzige, was man tun kann, ist auswandern.«

Dies schrieb der große südamerikanische Befreier Simón Bolívar in einem Brief an einen gewissen Flores.

Auch Ruedas bekommt Südamerika langsam satt – er meint, jedes Dorf mit seiner zentralen *Plaza de Armas*, der danebenliegenden prächtigen Barockkirche, den Häusern im Kolonialstil und den kopfsteingepflasterten Gässchen sei nur ein Abklatsch armer Dörfer in Spanien. Doch viele Bolivianer sind stolz auf ihr hispanisches Erbe, und als Spanier genießt Ruedas ein gewisses Ansehen. Spanien und alles, was damit zusammenhängt – *Corrida, Flamenco, Vino* und *Paella* – ist für die *Criollos,* den Nachfahren spanischer Einwanderer ein beliebtes Gesprächsthema.

■ *Altiplano-Szene, Bolivien*

Zuweilen ist Reisen gar kein Abenteuer, sondern nur ein Nomadisieren, und wie jede statische Art zu leben mit einer gewissen Monotonie behaftet. Unterwegs gibt es wohl mehr Unvorhergesehenes als bei einem sesshaften Dasein, aber meistens wird der Tagesablauf bestimmt durch die menschlichen Grundbedürfnisse: Trinken, Essen und Schlafen. Ein tägliches Ritual, das mir gefällt, das je nach Umwelt, Klima, Wärme oder Kälte, je nachdem, ob man sich gerade in der Wüste oder in der Stadt aufhält, immer wieder ein neues Gesicht hat. Dieses spartanische Leben, oft so reich an Begegnungen und Entdeckungen, entspricht meinem Naturell und meinen Wertvorstellungen.

In der Nacht keuchen Laster über die Öde, und die langen Lichtkegel ihrer Scheinwerfer verlieren sich in der Unermesslichkeit der Hochfläche. Die Temperaturunterschiede sind groß: Am Tag glühende Sonne, in der Nacht bittere Kälte und Frost. Morgen werden wir in La Paz sein. Zur Feier knallen die Limonadekapseln – bedingt durch den mangelnden Luftdruck – wie Champagnerkorken.

KAPITEL XVI

USHUALA: ENDSPURT ODER VERSCHNAUFPAUSE

La Paz liegt in einem tiefen Talkessel und ist mit 3600 m eine der höchstgelegenen Hauptstädte der Welt. Hinter dem Häusermeer ragt der gletscherbedeckte und dreigipflige Hausberg *Inti Illimani* auf (6462 m). La Paz ist eine faszinierende Stadt, doch wir halten uns hier nicht lange auf, nützen vor allem die guten Einkaufsmöglichkeiten. Später geht es wieder die Serpentinen hinauf zum Altiplano auf 4100 m, Kurs Süden, Richtung Oruro.

Hinter Oruro hört in Challapata die Asphaltstraße auf, nach Westen kommt nur noch Sand. Jeder von uns hat 12 l Wasser dabei und eine große Menge Brot, Zucker, Spaghetti und Früchte. Die amerikanische Pilotenkarte ist zu ungenau, um uns bei der Orientierung zu helfen. Da die Pisten nur von Einheimischen benutzt werden, können wir nicht mit Wegweisern rechnen ... Aber wir lernen schnell, dass alle Pisten dann doch immer wieder zusammenkommen.

Wir besteigen den *Volcán Tunupa* (5400 m), der sich aus dem nördlichen Rand des *Salar de Uyuni* erhebt. Wir klettern über Geröllhalden mit Steinen in allen Farben, vorbei an Riesenkakteen in voller Blüte. In diesen hohen Lagen wird Quinoa angebaut, eine uralte Anden-Getreidesorte, die so anspruchslos ist, dass sie gleichfalls in sandiger Erde wächst. Die wenigen kleinen Dörfer scheinen kaum bewohnt oder verlassen. Ihre braunen, fensterlosen Lehmhäuser fügen sich so vollkommen in die Landschaft ein, dass man sie von weitem gar nicht bemerkt.

Über dem *Salar de Uyuni,* dem größten Salzsee der Welt (etwa 160 x 135 km), strahlt der Himmel in allertiefstem Blau, während an den Vulkanen am Horizont, alles Fünfeinhalbtausender, die Wolkenmassen hängenbleiben. Der Salar ist in dieser Jahreszeit völlig ausgetrocknet, kleine Vieleck-Muster und Salzausblühungen bedecken die meterdicke Kruste. Wir beschließen, zur Durchquerung des Salars uns an die Spuren der Fahrzeuge zu halten. Die Intensität des Lichts ist dermaßen stark, dass Luftspiegelungen entstehen, die Berge sehen aus, als wären sie gar nicht mehr mit der Erde verbunden, wie Inseln schwimmen sie in einem Meer von Licht. Wir kommen zu zwei kleinen Hotels, komplett nur aus Salzblöcken erbaut. Unglaublich! Man sieht das Licht durch die Wände schimmern! Auch die ganze Einrichtung, Tische und Bänke sowie einige schöne Statuen, hat man aus Salzblöcken gehauen. Noch vor dem Ort Colchani an der westlichen Salarkante, das wir nach 80 km erreichen, passieren wir einen Fleck, wo in großem Stil Salzblöcke gehauen werden, der größte Reichtum dieser armen Region.

■ *Auf dem Salar de Uyuni, Bolivien*

Seit geraumer Zeit wird Ruedas immer schweigsamer. Er brütet niedergeschlagen vor sich hin. Anscheinend hat er Geldsorgen, und seine Freundin, der er seine Aufzeichnungen Blatt für Blatt nach Spanien schickt, fehlt ihm von Tag zu Tag mehr. Trotzdem beschließen wir, zusammen in die Wüstengegend der *Cordillera de Lípez* zu fahren. Dazu müssen wir die riesige Ebene südlich des Salar de Uyuni durchqueren. Wir haben für 10 Tage Proviant gekauft, aber Ruedas will plötzlich nicht mehr. Er will alleine sein und eine andere Piste nehmen – die ebenso schwer werden wird –, aber er sagt mir nicht warum. Das stimmt mich etwas traurig, obwohl er mir versichert, dass seine Entscheidung nichts mit mir zu tun hat.

Wir wollen uns in etwa zwei Wochen noch in Bolivien oder spätestens vor Ende des Jahres in Santiago de Chile wieder treffen.

Auf der Piste nach Süden bleiben meine Räder in den tiefen Fahrrinnen im Sand stecken und ich schaffe jeden Tag maximal nur 40 km. Die große Menge an Bergrücken und Talsohlen zähle ich schon nicht mehr. Meine Vorderradtaschen schleifen ständig im Sand und fallen zu Boden. Oft muss ich schieben, über den Lenker gekrümmt, den Wind voll im Gesicht.

Doch die Natur entschädigt reichlich für diese Anstrengungen: Nicht weit von mir haben sich auf der ersten salzverkrusteten Lagune an die hundert rosafarbene Flamingos versammelt, sie spiegeln sich anmutig wie in einem Märchen auf der silbernen Wasserfläche.

Eines Abends, als ich mein Zelt aufschlage, bläht es sich auf wie ein Segel und fliegt mir davon! Ich wie ein Irrer hinterher! Zum Glück gelingt es mir, das Ding wieder zu fassen, wenn auch mitten in Dornen! Ich bin nochmals davongekommen, denn die Nächte sind extrem kalt! Die Gegend ist so einsam, ich kann es mir hier absolut nicht leisten, Teile meiner überlebenswichtigen Ausrüstung zu verlieren.

Mit meinen 12 Litern Wasser komme ich gerade zwei Tage aus. Gottseidank kommen mir ab und zu Autotouristen entgegen oder überholen mich, sie können mir etwas abgeben. Heute morgen war das Wasser in den Flaschen gefroren, weil ich vergaß, sie abends mit in den Schlafsack zu nehmen. Vereinzelt tauchen zwischen Felsen neugierige *viscachas* auf, murmeltierähnliche, possierliche Tierchen und beleben die steinerne Landschaft.

Eines Tages beobachte ich auf einer Passhöhe etliche Fahrzeuge mit Vierradantrieb und eine Reihe von Luxuslimousinen, alle ohne Nummernschild. Seltsam, an diesem abgelegenen Ort und auf derart miserablen Pisten! Die Autos sind staubbedeckt, aber nagelneu. Ein bolivianischer Militärmann steigt aus und kommt auf mich zu. Er sagt, er sei Oberst und müsse hier eine Aufklärungsexpedition leiten... Die Situation scheint mir nicht ganz geheuer, so dass ich weiter keine »heiklen« Fragen stelle, um ihn nicht in Verlegenheit zu bringen ... und mich natürlich auch nicht! Als die Wagen, die auf der ausgefahrenen Piste ins Rutschen kommen, auf unserer Höhe angelangt sind, gibt der Uniformierte den Fahrern Anordnungen:

»Ihr wisst, was ihr zu tun habt – ordentlich Tempo, in Kolonne fahren, nicht anhalten!«

Später hat mir jemand bestätigt, dass da natürlich Autos nach Bolivien eingeschmuggelt wurden.

■ *Südbolivien, Laguna Verde vom Vulkan Licancabur aus*

Bevor ich auf meiner Piste weiterradle, besteige ich noch den *Cerro Negro* (5700 m), um die ganze Vulkankette einmal unter mir zu sehen. Genau darunter liegt die *Laguna Roja*, die Rote Lagune, so genannt, weil sich ihr Plankton in der Sonne orangerot färbt.

Nach Tagen sehr schwieriger Piste mit vielem Schieben höre ich ein dumpfes Zischen: Das »Tal der Geysire«. Es ist nicht auf meiner Karte eingezeichnet, aber ein Bolivianer hat mir den Weg hierher genau beschrieben. Einer der Geysire produziert einen solchen Lärm, dass man sich beim Start einer Maschine auf einem Flugplatz glaubt. Die anderen sind friedlicher und begnügen sich damit, aus tiefen Erdspalten blubbernde und dampfende Fumarolen aufsteigen zu lassen.

Nicht weit davon entfernt befindet sich *La Piedra de Dalí.* Hier hat die Natur aus Geröll und Steinen der herrlichsten Farben eine Art surrealistische Mandala entstanden lassen, die man nach dem verstorbenen Maler benannt hat.

Und dann erscheint, kurz vor der chilenischen Grenze, der riesige Umriss des *Volcán Licancabur* (5916 m), genau über dem strahlenden Türkis der Laguna Verde.

Bei der Talfahrt entwickeln Gegenböen eine derartige Gewalt, dass ich mich sogar bergab ordentlich ins Zeug legen muss. Unten erwartet mich zum Glück eine Unterkunft, wo mir der Wind nichts mehr anhaben kann. Groß ist meine Überraschung, als ich Ruedas vorfinde, der gerade müde vom Gipfel des Licancabur zurückkommt! Wir ruhen uns aus, erzählen und sammeln neue Kräfte, erschöpft wie wir sind. Tage wie diese scheinen leer, weil wir nichts anderes tun als unseren Gedanken freien Lauf zu lassen, aber so nehmen fantastischste Pläne meist ihren Anfang. Jede Reise ist zuerst nur ein Traum.

Ruedas ist noch genauso schweigsam wie vor unserer Trennung, und am nächsten Morgen will er wieder alleine weiter. Bewegt nehmen wir Abschied. Er fährt nach Chile, während ich noch vorher den Licancabur besteigen will. In Chile werden wir uns wieder treffen, wann und wo, darüber zerbrechen wir uns nicht den Kopf …

Der Mond ist fast voll und spiegelt sich in den Salzseen. Ich befinde mich auf 4200 m Höhe, und nach zwei Stunden energischem Fußmarsch stehe ich am Fuße des Vulkans, auf seiner Ostseite. Die Kokablätter, die mir Ruben, der Herbergswirt, bei meinem Aufbruch mitgegeben hat, tun ihre Wirkung, sie vermindern die große Anstrengung. Über Lavahalden klettere ich weiter bis zum Gipfel. Hier oben liegt ein stiller kleiner See. Ringsum taucht nach und nach im ersten Sonnenlicht ein Meer von Basaltkegeln aus der Dämmerung. Weit in der Ferne im Westen die chilenische Atacama-Küstenwüste und südlich die Berge Nordargentiniens, die mein Bikerherz höher schlagen lassen.

An der Grenze zu Chile ist der bolivianische Grenzposten verwaist. Ich möchte fürs erste nach Argentinien und muß dazu durch eine Ecke Chiles kurbeln. Die Straße zum Ort San Pedro de Atacama ist frisch asphaltiert und es wird gerade eine Gas-Pipeline gebaut. Die chilenischen Arbeiter sind sehr freundlich und lassen mich ohne weiteres in ihren Baracken übernachten.

Einige Tage später stehe ich an der argentinischen Grenze, wo mich eine böse Überraschung erwartet: Obwohl Schweizer für Argentinien kein Visum brauchen, fordert die Zollbeamtin beharrlich einen chilenischen oder bolivianischen Ausreisestempel. Noch in der gleichen Nacht nehmen mich zwei paraguayische Lkw-Fahrer zurück bis San Pedro de Atacama.

Tagsüber wird es verdammt heiß, über 30 Grad! So eine Hitze habe ich schon lange nicht mehr erlebt! Nun die gleiche Strecke ein drittes Mal zu fahren, dazu habe ich nicht mehr die Kraft. Mein Magen streikt. Lieber bleibe ich in Chile und lasse Argentinien sausen.

Ich trete und trete, die Atacama-Wüste zieht an mir vorbei, tagelang keine Abwechslung. Wo Ruedas wohl inzwischen gelandet ist? Meine Gedanken wandern weiter, hin zu Familie und Freunden in der Heimat. Bald wird wieder Weihnachten sein. Plötzlich wird mir bewusst, wie die Zeit vergeht – fast fünf Jahre bin ich weg aus Genf, 80.000 km bin ich gefahren …

Die Entfernungen zwischen den nordchilenischen Orten sind enorm, doch Santiago de Chile ist nicht mehr so weit entfernt. Nach so langem Aufenthalt in Trockenheit und Wüste freue ich mich, wieder Pflanzen und Grün um mich zu haben. Am Straßenrand wird Obst feilgeboten: saftige Wassermelonen, Pfirsiche, Aprikosen, knackige Äpfel, goldgelbe Bananen.

■ *Schiebend durch den Sand Nordchiles*

Verglichen mit Bolivien, zweifellos das ärmste Land Südamerikas, ist Chile reich. Das Land ist moderner und weit besser organisiert als seine nördlichen Nachbarn. Chiles Wohlstand spiegelt sich zudem in sündhaft teuren Preisen wider (vom superteuren Argentinien ganz zu schweigen). Vielleicht kann ich bei einem Magazin gegen gutes Geld ein paar Artikel verkaufen, das würde meine Reisekasse erheblich aufbessern.

Hauptverbindungsstraße in Nordchile ist die Panamericana. Wie in den Ländern nördlich ist sie eine Welt für sich: Lastwagen und Tankstellen in grellen Farben, und immer wieder Fernfahrerdepots.

In einer Tankstelle treffe ich Piotr und Yolanda, ein polnisches Biker-Pärchen. Sie haben in der Nähe von Neapel als Tankwarte gearbeitet und ein paar Millionen Lire zusammengespart – eigentlich zu wenig für eine längere Reise. Um möglichst viel aus ihrem beschränkten Etat zu machen, wählten sie Südamerika als Reiseland, und in fünf Monaten haben sie es schon auf 18.000 km gebracht! Der chronische Geldmangel beeinträchtigt ihre gute Laune überhaupt nicht. Einfach fantastisch! Sie erinnern mich an die waghalsigen Alpinisten, die ich in den GUS-Staaten kennenlernte, die riskanteste Bergbesteigungen wagten, obwohl sie nicht über die nötige Ausrüstung verfügten, weil sie dazu zu arm waren. Begeisterung ist wichtiger als Geld.

Piotr ist gebaut wie ein Schrank, seine Frau Yolanda eher zierlich. Ich frage mich, wie sie die Strapazen einer solchen Tour wohl aushält. Aber beim Essen – 900 g Spaghetti – weiß man nicht, wer von uns den größten Appetit entwickelt. Zum Abschluss wird die Kalebasse mit süßem Mate herumgereicht. Am nächsten Morgen trennen sich unsere Wege.

In Santiago de Chile wohne ich bei einer Französin, die ich aus Tibet kenne, und laufe die ganze Woche von einer Redaktion zur andern. Die größte Tageszeitung Chiles, *El Domingo,* widmet mir ein langes Interview in der Sonntagsbeilage, allerdings ohne Honorar. Das Monatsblatt *Conosco Mas* zahlt mir für einen Artikel und verschiedene Fotos 300 Dollar. Wenn jetzt nicht ein Wunder geschieht, komme ich in Ushuaia an und habe gerade genug Geld für den Rückflug nach Genf … Aber ich weiß auch aus Erfahrung, wenn es nicht mehr weitergeht, wenn man anscheinend schon alles versucht hat, dann kommt plötzlich wie von alleine eine Alternative …

Es wird mir klar, dass ich in Santiago nichts mehr verloren habe. Ohne Bedauern fahre ich auf der Panamericana Richtung Süden.

In Villarrica genieße ich einige Tage die Aussicht auf schneebedeckte Vulkane; ich zelte im Garten des Hotels *La Torre Suiza,* das einem Schweizer Ehepaar, Claudia und Beat Zbinden gehört. Die beiden kamen auf ihrer Weltreise 1996 mit dem Fahrrad hier vorbei und sind einfach dageblieben.

Am Tag vor meiner Abfahrt erscheint noch ein amerikanischer Biker im Garten des Hotels. Er heißt Jamie und ist 26 Jahre alt. Wir sind uns sofort so sympathisch, dass wir am nächsten Morgen zusammen losradeln.

Das Sprungbrett für Patagonien ist die Stadt Puerto Montt. Hier beginnt die *Carretera Austral*, die »Südstraße«, die aber noch lange nicht bis zu ihrem südlichsten Zielpunkt, zur Stadt Punta Arenas, fertiggestellt sein wird. Begonnen und vorangetrieben wurde der schwierige Bau einst unter General Pinochet. Entlang der Küste erschließt die Asphalt- und Schotterpiste einzigartige Landschaften. Zahllose Fjorde und kleine Inseln, Wasserfälle, Gletscher, Seen und andere Naturschönheiten inmitten üppiger Vegetation säumen sie. Immer wieder müssen Flüsse und Meereseinschnitte überquert und große Felsmassive mit Tunnels durchbrochen werden. Die Region gehört zu den regenreichsten der ganzen Erde!

In Ort El Chaiten merkt man schon die Entfernung von der Zivilisation: Breite Erdpisten, kleine einfache Holzhäuser, primitive Straßenbeleuchtung. Ein ausgedehnter Ort, deren Bewohner kaum ein paar Mietshäuser füllen würden. Versorgungspunkte gibt es fast keine: Nur ein Lebensmittelgeschäft, eine Bäckerei, ein Café weit und breit. Weiter unten im Süden backen die Familien alle selbst ihr Brot und verkaufen es an der Haustüre.

Nach dem Verfall der Wollpreise haben die riesigen *estancias* ihre Tierbestände reduziert. Manche Viehfarmer versuchen es heute mit dem Tourismus, doch der hat hier nicht viele Chancen wegen des rauen, ständig feuchten Klimas. Die Einwanderungswellen sind vorbei, Patagonien hat nicht mehr viel Ähnlichkeit mit den Beschreibungen von Bruce Chatwin und Paul Theroux, die es verstanden, dieses Grenzland, als »Last Frontier« so genial vor unseren Augen erstehen zu lassen. Die Zukunft Patagoniens soll in der Erschließung von Erdölvorkommen liegen.

Nach einigen trüben Regentagen kommt die Sonne hervor und beleuchtet ein ungewöhnliches Panorama. Die Gletscher der Kordilleren sind hier so gewaltig, dass sie bis ans Meer und die Seen heranreichen und in ihrem tiefen Blau versinken. Die Carretera Austral führt uns weiter durch dichte Nadelwälder. Gegen Mittag machen wir jeden Tag eine lange Rast, trinken unseren Mate und führen tiefsinnige Gespräche. Nach mehr als fünfjährigem Nomadentum macht es mir immer mehr Freude, mit jemandem zusammen unterwegs zu sein. Aber als Fernradler entwickelt man eine derartige innere Unabhängigkeit, dass sich Reisegefährten, die mit einem harmonieren, nur schwer finden lassen.

Die ausgedehnten Pausen helfen uns, den höllischen Wind Patagoniens zu vergessen, der uns sehr oft zwingt, unsere Stahlrösser zu schieben. Selbst wenn er schon abgeflaut ist, pfeift es noch in den Ohren …

In der Einsamkeit einer solchen Landschaft fallen offene Bekenntnisse leicht:

»Meine leibliche Mutter hat mich weggegeben, als ich auf die Welt kam. Vor ein paar Wochen habe ich sie zum allerersten Mal getroffen. Wir hatten nur vier Stunden Zeit, miteinander zu sprechen …« Bis dahin hatte Jamie geglaubt, er hätte keine Eltern mehr.

Jetzt will er nach Ushuaia, ans »Ende der Welt«, um danach seine Mutter in den USA wiederzusehen, eine Art »Wiedergeburt« erleben.

Für mich selbst verwirklicht sich hier ein Traum, den ich hatte, seit ich Kind war. Ich spüre, dass Jamie von mir erwartet, dass ich ihm alle existentiellen Fragen beantworte – wozu ich natürlich nur in ganz beschränktem Umfang in der Lage bin.

Die Aussicht, demnächst Ushuaia zu erreichen, macht mich immer unruhiger. Meine Ankunft an der Südspitze des Kontinents bedeutet unwiderruflich, dass meine Reise dort und danach zu Ende ist. Ich habe fast Lust, langsamer zu treten, damit diese fünf Jahre noch so lange wie möglich dauern … und wie schon so oft wird mir klar: Der Weg ist wichtiger als das Ziel! Spannung und damit auch die Motivierung, ein Ziel zu erreichen, entstehen durch die Strapazen und die Dauer der Fahrt und werden in dem Augenblick zunichte, wo wir das Ziel erreicht haben.

Auf Ushuaia, so verlockend der Name dieser Stadt klingt, setze ich keine großen Erwartungen. Für mich bedeutet Ushuaia nichts weiter als ein einziges großes Fragezeichen: Ist dort meine Weltreise zu Ende?

■ *Patagonien, Torres del Paine Park*

Wir queren einige Male die Grenze zwischen Chile und Argentinien. Die kiesbedeckte argentinische *Ruta 40* verläuft fast kurvenlos schnurgerade nach Süden. In einer flachen Landschaft, fast ohne topografische Kontur, misst man dem kleinsten Fels, dem magersten Bäumchen überspitzte Bedeutung zu. Man kann fast nicht anders als anhalten, ist voller Bewunderung und wertet solchen Landmarken Eigenschaften zu, die sie gar nicht haben. In der großen Öde und Leere sucht der Mensch Orientierungspunkte. Und wenn zwei Leute Ausschau halten nach einem Plätzchen, wo sie ihr Lager aufschlagen können, zaudern sie nicht lange, sie einigen sich sofort auf eine Stelle, wo irgend etwas ist, woran sie sich orientieren können.

Die Bewohner Patagoniens sind fast ausschließlich Schafzüchter, und sie identifizieren sich zuallererst mit ihrem Land, sind erst dann Chilenen oder Argentinier. In einer solch eintönigen Landschaft kann man nicht leben, ohne tiefe Wurzeln zu haben. Tag und Nacht ist man dem ständigen Pampawind ausgesetzt. Die Zufahren zu den *estancias* sind kenntlich durch liebevoll gebaute kleine Briefkästen und Namensschilder, das Farmhaus liegt oft in großer Entfernung hinter dem Horizont.

Wer auch immer Patagonien bereist, kommt von weit her und findet dort zunächst einmal sich selbst ... Die einsamen Pisten führen anscheinend nirgendwo hin. Man gerät auf ihnen in einen hypnotischen Zustand: Die Augen auf die Straße geheftet, wird man unaufmerksam und verirrt sich, ohne es zu merken. Die Fahrt wird zeitlos, nur noch die Sonne auf ihrer Bahn bestimmt den Tagesrhythmus. Wir leben im Gleichklang mit der Natur, und das leuchtende Orange oder Lila des Abendhimmels versöhnt einen nach einem anstrengenden Tag wieder.

In El Calafate am Lago Argentino besuchen wir ein Internet-Café. Wir sind mit einem Schlag aus der Pampa in eine andere Welt versetzt. Und ein Wunder ist geschehen: Wie ich durch ein E-Mail erfahre, kann ich in der Schweiz eine Serie von Artikeln verkaufen, und das zu einem interessanten Preis! Schon lange geht mir Afrika nicht aus dem Sinn, und ich habe sogar schon vage mit dem Gedanken gespielt, sechs Monate in Kapstadt zu arbeiten. Aber im Gegensatz zu Japan kann ich dort wahrscheinlich nicht genug verdienen, um ein, zwei Jahre zu reisen, und so richtig begeistert war ich noch nie von dieser Idee ... Jetzt aber mache ich einen Freudensprung! Den Weihnachtsmann gibt es also doch! Mit den Beinen bin ich zwar noch in Amerika, aber die Nachricht, die ich erhalten habe, katapultiert mich im Geist schon auf die andere Seite des Atlantiks!

Puerto Natales, Punta Arenas, wir nähern uns Feuerland. Doch nichts ist mehr wichtig, je näher wir der Südspitze des Kontinents kommen, denn für mich geht die Reise weiter und Jamie ist an seinem Ziel. Unsere Ankunft in Ushuaia bedeutet vor allem, dass sich unsere Wege trennen, was ich mir gar nicht vorstellen kann, nach zwei Monaten Freundschaft und gemeinsamer Piste.

Eine Fähre befördert uns über den *Estrecho de Magallanes*, auf Feuerland, das eine Insel ist. Hier lässt das Klima nur noch zwergwüchsige Bäume zu. Sie sind dick mit weißen Flechten bedeckt und werden vom Wind mit Gewalt zu Boden gedrückt. Wie immer ist der Himmel wolkenverhangen und ein letztes Mal geht es über die Grenze nach Argentinien. Wir lassen es ausrollen. Gemächlich fahren wir über den bescheidenen *Paso Garibaldi* mit lächerlichen 435 Metern Höhe. Wir nehmen uns Zeit, als wollten wir den Moment der großen Emotion, wo das Ziel erreicht ist, noch etwas hinauszögern.

Das Ziel heißt Ushuaia, die südlichste Stadt des Doppelkontinents Amerika, den ich in 23 Monaten abgeradelt habe. Wir sind glücklich anzukommen, und traurig, dass die Reise zu Ende ist.

Am 28. März 1999 liegt auf den umliegenden Bergen schon Schnee. Jenseits des Beaglekanals reiht sich eine Inselkette bis zum *Cabo de Hornos,* und danach sind es nur noch 1000 km bis zum Eis der Antarktis …

Die Stadt Ushuaia stellt uns freundlicherweise ein Zimmer mit Dusche zur Verfügung, aber alles ist hier so teuer, dass wir nicht einmal unsere Ankunft feiern, was wir so gerne täten! Anti-Helden zu sein fällt uns heute schwer … und wie immer beschränken wir uns auf die übliche Kost: Am Tag Butterbrot am warmen Eingang eines Supermarkts, am Abend Nudeln auf dem Kocher …

Eine Woche später steigt Jamie in den Bus nach Puerto Natales, wo er in Richtung USA abfliegen wird. Und ich fahre 500 km geradeaus nach Norden, wieder durch das völlig einsame, windgepeitschte Patagonien. Alle Zeichen deuten darauf hin, dass ich »Boden gewinnen« und schnell von hier weg muss, der Wintereinbruch steht unmittelbar bevor, danach ist hier das Wetter nicht mehr auszuhalten.

In Río Gallegos bin ich hin- und hergerissen: Vernünftig wäre es, in einen Bus zu steigen, um mir die Monotonie und den Wind der bald 2000 km langen, endlosen Strecke zur Stadt Bahía Blanca kurz vor der Hauptstadt zu ersparen. Andererseits reizt es mich, die »magische Spur«, die ich seit 1994 nie unterbrochen habe, ganz puristisch auch jetzt weiterzuführen. Um nichts bereuen zu müssen, strample und schiebe ich 36 km gegen so heftige, orkanartige Windböen … dass ich auf einen Lastwagen steige und wieder nach Río Gallegos zurückkehre …

Denn mir wird eines bewusst: Jetzt ist die ideale Jahreszeit für den Start der Afrikadurchquerung von Süd nach Nord! Noch in der gleichen Nacht sitze ich im Bus nach Bahía Blanca.

Hier ist es beträchtlich milder, und mit Freude kurble ich die restlichen 550 km nach Buenos Aires ab. Die Nächte verbringe ich irgendwo in einer Tankstelle. In Azul, einem Dorf auf meiner Strecke, erzählt mir jemand von einem Schweizer namens Aime Tschisfesly, der eines Tages mit seinen beiden Pferden Mancha und Gato von hier losritt und schließlich 1928 tatsächlich in New York angelangte …

Die Ankunft in einer Stadt wie Buenos Aires mitten in der Nacht ist ein Alptraum! 40 km entfernt vom Zentrum, in der Nähe eines riesigen Kreisverkehrs, eines Supermarkts und eines Sportzentrums gehe ich intuitiv zur Universität, um zu fragen, ob ich das Internet benutzen kann. Ein Mitglied der Studentenvereinigung sieht mich mit meinem Yak ins Gebäude kommen und veranstaltet aus Sympathie spontan eine Kollekte für mein Abendessen. Außerdem lädt mich Pablo, der der Universität die Computer verkauft, zu sich nach Hause ein.

Zehn Tage lang klappere ich 17 Zeitschriftenredaktionen ab, aber nur *Marco Polo* kauft meine Reportage und zahlt mir dafür 300 Dollar. Das ist genau der Preis für den billigsten Flug nach Kapstadt …

Buenos Aires ist die Stadt, wo ich auf dem amerikanischen Kontinent zum letzten Mal in die Pedale trete.

KAPITEL XVII

TRANCE-AFRIKANISCHE FAHRT

Anfang Mai 1999 bin ich in Kapstadt, »ganz unten« auf dem afrikanischen Kontinent. Afrika ist für mich eine »geografische Notwendigkeit«, es liegt sozusagen »auf meinem Weg nach Hause …«. Und ich wechsle dabei nur »ein wenig« den Längengrad, Kapstadt befindet sich auf der gleichen Breite wie Buenos Aires.

Nach fünf Jahren Straße, 36 Ländern und 89.000 km auf dem Tacho trennt mich also »nur noch« ein Kontinent von der Heimat … Für diese letzte große Etappe sind mir alle Umwege recht, ich habe keine Eile, schnell voranzukommen.

Kapstadt liegt wunderschön zu Füßen seines berühmten Tafelbergs. Ich verbringe hier einige Wochen, um den Puls Südafrikas kennenzulernen und mich für den langen Trip nach Norden vorzubereiten: Ersatzteile, Visa, Impfungen … die übliche Reiseroutine.

Als mich Guido, deutscher Ex-Fahrradprofi, in seiner gigantischen Villa beherbergt, stelle ich fest, dass die Apartheid in Südafrika tiefe Spuren hinterlassen hat. Die afrikaans- und englischsprachigen Weißen verbarrikadieren sich wegen der starken Kriminalität hinter hohen Mauern, haben Kameras, Alarmsysteme, aggressive Hunde, während die Mehrheit der Schwarzen in den *townships* außerhalb der Städte wohnt. Kapstadt war der erste Ort, der von den Europäern kolonisiert wurde, und ist ihnen die liebste Stadt geblieben. Die einzigen Schwarzen, mit denen ich näher in Berührung komme, sind die Hausangestellten meiner Gastgeber … Diese Segregation ist für mich etwas Unbekanntes, und ich fühle mich nicht wohl dabei, begreife aber sehr rasch, dass sie unüberwindlich ist … selbst für Radfahrer.

Ich erhalte eine Nachricht von Ute, einer Deutschen, die ich 1995 in Lhasa kennengelernt habe, und mit der ich weiterhin in Kontakt blieb. Sie möchte nach Kenya kommen, damit wir ein Stück zusammen radeln können. Wir verabreden uns für Nairobi, denn mein Plan ist, auf der Ostseite von Afrika »hochzufahren«. Als ich gerade im Begriff bin, Kapstadt zu verlassen, mache ich die Bekanntschaft von Andreas und Jens, zwei deutsche Radfans, die sich nach ihrer Afrikadurchquerung hier niedergelassen und für Velotouristen die Reiseagentur »African Bikers« gegründet haben. Sie können mir auf Grund ihrer Erfahrung einige interessante Gebiete in Afrika angeben und haben allerhand Reisetips für mich. Wenn das kein guter Start ist!

Verläßt man Kapstadt nach Osten, ist das erste touristische Highlight die »Garden Route«. Blühende Gartenlandschaften darf man auf dieser Strecke von Mossel Bay bis Jeffery's Bay aber nicht erwarten. Es ist mehr oder weniger wie überall im Land: Auf der einen Straßenseite schöne Häuser mit gepflegten Anlagen und Vorgärten, auf der anderen kleine, äußerst einfache Norm-Häuschen, in denen die Schwarzen wohnen.

Überall in Südafrika und später auf dem ganzen Kontinent spüre ich einen gewissen Minderwertigkeits- respektive Überlegenheitskomplex in den Beziehungen zwischen Schwarz und Weiß, nie aber fühle ich Rassismus mir gegenüber.

Wenn ich an einem Haus anhalte und um Wasser bitte, oder frage, ob ich mein Zelt aufstellen darf, werde ich unweigerlich zum Hausherrn geschickt, der mich immer gut aufnimmt … nach einer ersten Reaktion des Misstrauens. Kein Wunder, seit dem Ende der Apartheid wurden zahllose weiße Farmer angegriffen oder umgebracht. Man sagt mir auch immer, es sei gefährlich, an einsamen Orten zu nächtigen. Aber nicht deshalb verbringe ich die meisten Nächte auf dem Gelände der Polizeistationen, sondern weil es praktischer ist.

Auf dem Weg von Kapstadt bis Port Elisabeth, das sind 1000 km, verschlinge ich den fesselnden Bericht über die Reise zweier Südafrikaner, der Gebrüder Attwell. In ihrem Buch »The Road to London« schildern sie, wie sie Afrika 1936 mit dem *bicycle* durchquerten. Ich weiß, dass Eric, der Verfasser des Buches, in Port Elisabeth lebt. Jetzt, wo ich starte, ist mir das, was er zu erzählen hat, wichtiger als alle anderen Bücher zusammen. Schon als ich an seine Haustüre klopfe, bin ich voller Bewunderung für diesen Mann, der mich aufs Freundlichste empfängt. Energisch und für seine 85 Jahre noch sehr dynamisch berichtet er von seiner damals äußerst abenteuerlichen, großen Fahrt von Südafrika nach England.

In den dreißiger Jahren war Afrika noch vollständig kolonisiert. Attwell zeigt mir die Afrikakarte die er damals dabeihatte, Maßstab 1:2.000.000! Auf der ganzen Strecke von Port Elisabeth bis hinauf nach Kairo waren damals ganze 400 km asphaltiert! Nationalparks gab es noch keine, die wilden Tiere, bei weitem zahlreicher als heute, »spazierten« frei herum ... Eric sympathisierte mit den Linksparteien und las pazifistische Schriften von Bertrand Russell. Er und sein um 10 Jahre älterer Bruder Jack arbeiteten in einer Kühlschrankfabrik und verloren eines Tages ihre Stelle. Da kam die Armee mit der Einberufung. Die Brüder zögerten nicht lange, sie entschlossen sich, in aller Eile abzureisen. Um 5 Uhr nachmittags holten sie sich die Fahrräder, um Mitternacht saßen sie bereits im Sattel. Eric und Jack verließen Südafrika fast ohne Geld, mit einfachen Rädern und über Pisten in erbärmlichem Zustand. Während ihrer ganzen Reise waren sie überall beeindruckt von Gastfreundschaft und Ehrlichkeit: Es wurde nie etwas gestohlen. Den Tropenhelm auf dem Kopf kamen die Brüder mitten im Winter 1937 in Europa an und standen mit ganzen 45 Cent in der Tasche an der österreichischen Grenze. Nach 11.000 Kilometer waren sie total pleite, doch zu ihrer angenehmen Überraschung stellte sich durch den Wiener Vertreter der *Associated Press* finanzielle Hilfe ein. In London berichteten sie bei der BBC und beim Fernsehen, das damals kaum ein paar hundert Zuschauer hatte, über ihre ungewöhnliche Fahrt. Gekostet hatte ihre Reise ganze 160 Pfund, die Fahrräder miteingerechnet ... Während der Kriegsjahre saßen sie in Europa fest und arbeiteten in einem Flugzeugwerk, kehrten aber 1946 per Schiff in die Heimat zurück. Eric stürzte sich in den Kampf gegen die Apartheid. Deshalb saß er einmal 49 Tage im Gefängnis, sein Pass wurde konfisziert und er bekam ihn 29 Jahre nicht zurück. Sein Bruder Jack kam 1963 bei einem Autounfall ums Leben.

Dank der modernen Kommunikationsmittel, die ständigen Informationsnachschub ermöglichen und das Risiko auf ein Minimum reduzieren, kann heute praktisch jeder wie ein Abenteurer reisen. Doch Attwell sagt mir, dass er auch mit modernen Reisemitteln die Tour nicht wiederholen möchte. Dadurch, dass all die modernen Errungenschaften noch gar nicht existierten, konnte er ein anderes Afrika kennenlernen, das es heute nicht mehr gibt. Eric Attwells Art zu leben flößt mir nach wie vor großen Respekt ein.

Das kleine, ganz von Südafrika umschlossene Königreich Lesotho besteht fast komplett aus einem einzigen großen Vulkanplateau, dessen höchster Gipfel der *Thabana-Ntlenyana* ist, »der kleine Berg« (3482 m). Lesotho wird auch »Königreich des Himmels« oder das »Dach Afrikas« genannt, weil selbst die tiefstgelegenen Gebiete nicht unter 1300 m liegen. Die Bevölkerung besteht zum großen Teil aus *Basothos,* die in typischen Rundhütten leben und sich zu Fuß oder mit Pferd sich auf die Wanderschaft machen und dabei den traditionellen *kobo* – früher eine Kuhhaut, heute eine Decke – über die Schultern hängen haben.

■ *Ochsengespann in Lesotho*

Es ist Juni. Auf den Passhöhen von mehr als 3000 Metern ist es sehr kalt. Es kann jederzeit der erste Schnee fallen, dann komme ich kaum noch weiter. Um den kalten Nächten im Freien zu entgehen, schlafe ich häufig auf einer Bank in einer Polizeistation, wo die Holzöfen kräftig geheizt werden. In Lesothos Hauptstadt Maseru erinnern verkohlte Gebäude in der Hauptstraße an die kriegerischen Tumulte vom September 1998, die von der südafrikanischen Armee zur Unterstützung der regierenden Partei niedergeschlagen wurden. Fast alle Hotels hier sind in ausländischer Hand, Geschäfte gehören meist Chinesen. Es wird ein riesiger Staudamm gebaut, der ab 2004 Johannesburg mit Wasser versorgen soll und nebenbei Lesotho den Strom liefern wird. Nach Südafrika gefällt es mir sehr gut in diesem isoliert liegenden Ländchen, das zwar nicht so reich ist, dafür aber um so traditioneller und echter.

Der Aufstieg zum Moteng-Pass (2820 m) im Norden Lesothos ist teils so steil (bis zu 19%), dass ich meinen Yak lange Abschnitte schieben muss. Wie überall in Afrika, wenn man glaubt, weit und breit sei keine Menschenseele, steht plötzlich jemand da. Ein junger Basotho schließt sich mir auf seinem altersschwachen Mountain Bike an, und wir erreichen mitten in der Nacht den Scheitelpunkt des Passes. Es ist bitter kalt. Mein Begleiter heißt Lereko und hat nichts gegen die Kälte dabei. So gebe ich ihm Socken und warme Kleidungsstücke für die Talfahrt. Mit blaugefrorenen Gesichtern flüchten wir uns in die abgelegene Oxbow Lodge, wo wir übernachten können. Der Herr des Hauses, ein Grieche, freut sich über die unerwarteten Gäste und ist so erstaunt über meine große Tour, dass er uns ein geheiztes Zimmer und ein warmes Essen spendiert.

Einige Tage später liegt die lange Kette der Drakensberge hinter mir, das Bergland fällt steil und abrupt ab. Wieder wartet eine ganz andere Atmosphäre auf mich. Ich betrete eine Kneipe, die mich irgendwie an die Bars in Alaska erinnert und wo es zugeht wie im Wilden Westen. Auf einem enorm großen Fernsehschirm erscheint eine Reportage von der Tour de France, für die sich natürlich keiner interessiert außer mir. Alle haben ordentlich

Schlagseite und trinken munter weiter. An der Theke erzählt ein Farmer von den Viehdieben der Basothos, die nachts die Stacheldrahtzäune zerschneiden und die Tiere über die Grenze führen, wobei sie vorher, damit die Herden leichter folgen, den Weg mit Wolle und dungbeschmierten Steinen markieren.

Johannesburg, das seine Entstehung den Goldvorkommen zu verdanken hat, dehnt sich enorm weit aus, hat aber keine besonderen Anziehungspunkte. Die Gewalttätigkeit liegt offener zutage, man lebt viel stärker in der Defensive als in Kapstadt. Überfälle auf Autofahrer, Einbrüche, Vergewaltigungen und andere Gewaltdelikte sind an der Tagesordnung. Doch wenn man am Tag durch die Straßen radelt, macht alles einen ruhigen Eindruck … In der Hoffnung, einige Artikel verkaufen zu können, nehme ich Kontakt auf mit der Redaktion von *Out There*.

Eines schönen Tages bricht mein Fahrradrahmen mitten in Johannesburg entzwei. Ich denke an die vielen Pisten, die ich noch zu bewältigen habe und will dieses Abenteuer, auch eingedenk meiner Erfahrungen, nicht mit einem geschweißten Rahmen wagen. Susie und Hermann, die für das Magazin *Ride* arbeiten, sind mit Gotty Hansen gut bekannt, einem der besten Velospezialisten Südafrikas. Wir gehen in seine Werkstatt, wo ich ihm einen Radrahmen skizziere, der mit zwei Schrägstreben verstärkt und gleichzeitig groß genug ist, um zwei große Wasserbehälter tragen zu können. Gotty kann sich auf Anhieb vorstellen, was ich benötige …

Eine Woche später wird *Yak IV,* ganz in Gelb und blitznagelneu, aus den geschickten Händen seines Schöpfers aus der Taufe gehoben. Bezahlen kann ich mein neues Afrikarad durch zwei Artikel für das Magazin *Ride*.

Zu den Victoria-Wasserfällen, meinem nächsten großen Etappenziel, werde ich nicht über Zimbabwe, sondern durch Botswana fahren. Die Landschaft wird immer trockener, viele Bäume sind stachelbewehrt. Ich lese Salman Rushdies »Des Mauren letzter Seufzer« und höre auf meinem Walkman Manu Chao, um in der Monotonie und Menschenleere der Strecke bis zum Limpopo-Grenzfluss nicht auszuflippen. Am Botswana-Grenzposten angekommen lehne ich mein Rad gegen einen Elefantenschädel, der so hoch ist wie mein Fahrrad. Ich schüttle zuerst allen Anwesenden die Hand, das gehört in Schwarzafrika zum guten Ton … Die Zöllner grinsen mich an. Ob ich denn keine Angst vor wilden Tieren habe, wollen sie wissen. Das erinnert mich an Eric Attwell, er – und auch andere Biker – redeten davon, dass Hyänen imstande wären, Reifen und Sattel aufzufressen … die weißen Südafrikaner warnen mich vor den Schwarzen, die Schwarzen vor den wilden Tieren!

■ *Botswana, Rast mit Kindern*

Die afrikanische Nonchalance hat mich sofort angesteckt. Überwinden kann man sie nur mit Musik, Bier oder auch Geld, wenn das Phlegma allzu zeitraubend wird … Hier, wo die Sonne die Energien erlahmen lässt, hat man es nie und nimmer eilig. Mit Humor, durch den zuweilen die surrealistischsten Dialoge entstehen, lässt sich der Mangel an gemeinsamem Vokabular vorteilhaft ausgleichen. In Situationen, wo Europäer empfindlich reagieren würden, brechen Afrikaner oft in schallendes Gelächter aus. Sie sind eben überhaupt nicht verkrampft.

Eines Tages halte ich unter einem Affenbrotbaum, einem Baobab, um Tee zu machen. Da kommt eine kleine Gruppe von Kindern mit einem Eselskarren und hält. Erst amüsiert sich das kleine Volk mit einem Fußball aus zusammengeknoteten Plastiksäcken, danach werden sie auf mich aufmerksam. Sie fragen mich, ob ich die Räder ihres Wagens aufpumpen kann.

»Wo ist eigentlich dein Auto?« fragt mich arglos ein kleiner Junge.

Als sie sehen, dass ich mich eincreme, wollen sie alle ein bisschen Sonnenschutz und kleistern sich damit voll wie Zirkusclowns.

Wenn man durch Afrika fährt, scheint der Kontinent gigantisch, ein Eindruck, der durch den Mangel an Bezugspunkten in dieser grenzenlosen Weite noch verstärkt wird. Man muss irgendein Interesse haben, sich z.B. wie ein Ornithologe für die Vogelarten begeistern, um sich von der Monotonie der endlosen Kilometer nicht erdrücken zu lassen. Die Entfernungen zwischen den bewohnten Gebieten sind sehr groß. Es kann geschehen, dass man übergangslos aus einem Trockengebiet in ein großes Dorf gelangt, das an einer Wasserstelle entstanden ist. Doch die meiste Zeit ist man alleine auf der Straße. Um so mehr kostet man den Moment aus, wenn man einmal jemanden trifft.

Mit meinem Yak habe ich das Gefühl, ich trete in die Pedale und die Zeit läuft rückwärts, denn immer wieder werde ich bei meiner großen Tour an die Entdecker erinnert. Fast jede Afrikadurchquerung führt unweigerlich auch auf die Spur von Livingstone, zu den Victoriafällen, die zwischen Zimbabwe und Sambia liegen. Hier steht die Statue des großen englischen Afrikaforschers, der als erster Weißer die Fälle 1855 entdeckte. Das Schauspiel der auf einer Breite von 1,7 km über 90 m tief brodelnd-tosend hinabstürzenden Wassermassen ist gewaltig, obwohl der Zambezi-Fluss, der im nördlichen Sambia entspringt und in Moçambique in den Indischen Ozean mündet, im trockenen August relativ wenig Wasser heranschiebt. Beeindruckend überdies die üppige Vegetation, die sich unter der hohen und kilometerweit sichtbaren Wasserdampfwolke gebildet hat.

Livingstone benannte dieses Naturwunder nach seiner damaligen Königin. Ein Makolo-Häuptling hatte ihm von »Moshi-oatunya« erzählt, »vom Rauch, der donnert«. Die Schwarzen verehrten die Wasserfälle, die sie für einen »Gag« der Götter hielten … Heute streiten sich die Anrainerstaaten darum, wer aus dieser Touristenattraktion das meiste Kapital schlagen darf. Die 1905 erbaute Eisenbahnbrücke wird nun für Bungee-Jumping genützt. Zuschauer gibt es auch: Eisverkäufer aus Zimbabwe sitzen auf den Schienen und schauen zu, wie europäische Touristen den Sprung des Lebens wagen, sich für 100 Dollar in den klaffenden Abgrund zu stürzen …

Nach dem Besuch der Fälle fahre ich durch Zimbabwe. Als es noch Rhodesien hieß und ein Apartheid-Staat wie Südafrika war, gehörte es zu den höchstentwickelten Ländern Afrikas. Bis dann Robert Mugabe mit seiner korrupten Diktatur begann, das Land zu ruinieren. Die illegale Besetzung weißen Farmlands, mit allen »Künsten« der Demagogie vorangetrieben, beschleunigte den wirtschaftlichen Zusammenbruch und führte zu großen Hungersnöten. In Gesprächen mit den Einheimischen zeigt sich eine tiefe Apathie, alles, was auch nur indirekt mit der Politik Mugabes zu tun hat, wird ausgeklammert … Nur im Süden, wo der Despot mehr als 20.000 Matabele ermorden ließ, fällt hie und da eine Bemerkung, und man spürt die vehemente Abscheu gegen diesen Präsidenten.

Zwei Wochen später bin ich in der Hauptstadt Harare. Wie in ganz Afrika, machen die Kinder hier aus allem, was sie finden können, ihr Spielzeug selbst: Aus Konservendosen, Draht, Plastikabfall und weggeworfenem Müll basteln sie mit viel Fantasie und Geschick die unglaublichsten Dinge und Vehikel: Die verrücktesten Autos, Flugzeuge und Fahrräder entstehen unter ihren kleinen Händen. Sie spielen damit sowohl im Busch als auch in der

Stadt, und die Kinder dort haben erkannt, dass es für ihre naiven Kunstwerke Käufer gibt: Leute aus dem Ausland, Touristen. Ich bin selbst einer ihrer besten Kunden geworden und habe mich auf der langen Reise von Kapstadt bis Casablanca oft mit ihnen unterhalten. Wenn man sich gemeinsam für eine Sache begeistert, fallen viele Barrieren!

Gleich bei meiner Ankunft fotografiert jemand meinen vollbeladenen Yak, meiner Ausrüstung sieht man das sechste Reisejahr deutlich an. Ich komme mit dem Fotograf ins Gespräch, worauf er mich zu sich nach Hause einlädt. David und seine Frau Ana sind hier geboren. Davids besonderes Interesse gilt der *permaculture,* die es möglich macht, das ganze Potential von Boden und Klima ohne Einsatz chemischer Produkte zu nutzen und dabei die Ökosysteme zu respektieren und alle Synergien zu nutzen.

In Harare treffe ich auch Craig Rix, den Mitherausgeber des Magazins *Travel Africa,* an den ich von Kapstadt aus bereits eine Mail schickte. Es ist der Anfang einer fruchtbaren Zusammenarbeit, die es mir ermöglicht, meine afrikanischen Radlerimpressionen in acht Folgen zu veröffentlichen – wenn das kein Glück ist!

Nach zwei Wochen Harare juckt es mich in den Waden. Ich sitze wieder auf und strample durch den 250 km langen, sogenannten *Tete-Corridor* von Zimbabwe durch das nördliche Moçambique nach Malawi. Die politische Aufteilung, die die Kolonialmächte Afrika einst aufgezwungen haben, hat nicht das Geringste zu tun mit den ethnischen, überkommenen Grenzen und Gegebenheiten, das muss ich beim Befahren dieser Straße wieder einmal feststellen.

Mit einem Mal spüre ich tropische Feuchte, der Zambezi ist nicht mehr weit. Sattes Grün und Baumbewuchs haben die Trockensavanne abgelöst. Rechts und links der Straße glaubt man sich wie in einem Minenfeld: Ganze Wälder werden abgeholzt, um Holzkohle zu erzeugen.

Die Hitze setzt mir zu. Im Gegensatz zu den Touristen, die nach Afrika kommen, um die Sonne zu genießen, lechzen Einheimische wie auch Afrikaradler nur nach einem – Schatten!

Der malawische Grenzposten schließt gerade, deshalb will der Zöllner von mir eine halbe Überstunde bezahlt bekommen, nur um mir den Einreisestempel in den Pass zu drücken! Aber auf mein kategorisches »Nein« gibt er nach und lässt mich sogar in der Nähe übernachten. Nett von ihm, denn dieser Ort ist sicher … aber leider nicht vor Stechmücken …

In Blantyre, der Hauptstadt von Malawi, bekomme ich ohne weiteres ein sechzigtägiges Visum für mein nächstes Land Moçambique.

Ich radle nach Südosten Richtung Mulanje. An mir vorbei zieht eine grüne Landschaft mit Teeplantagen und Zedern, die ja das Wahrzeichen Malawis sind. Die breite Straße ist neu und leer, unwillkürlich muss ich an die vielen unnützen Projekte denken, die im Rahmen der Entwicklungshilfe finanziert werden. Ich bin nur eine Woche im Land, aber oft fragt man mich, ob ich nicht dies und jenes gerne herschenken möchte: Geld, Kleidung, Kugelschreiber, Schuhe, meine Sonnenbrille …

Am Fuß des Mulanjemassivs schlage ich mein Zelt auf, weil ich den Gipfel, immerhin 3000 m hoch, besteigen will. Durch dichten Wald und hohe Farne steige ich bergauf und gelange auf ein Basalt-Plateau. Hier ist fast schon das Südende des Rift Valley, das sich ja bekanntlich als ostafrikanischer Grabenbruch von Kenya bis ins südliche Afrika hinabzieht.

Als ich an der Grenze nach Moçambique in das Zollgebäude gehe, rasen alle Beamten schlagartig hinaus. Ich stehe vor leeren Schaltern, während draußen mein fahrbares Zuhause begeisterte Diskussionen auslöst …

Mit den Menschen in Moçambique verstehe ich mich auf Anhieb, vielleicht, weil ich mit einer romanischen Sprache aufgewachsen bin. Nach 14 Monaten Lateinamerika kann ich dank meiner Spanischkenntnisse ein paar Brocken Portugiesisch zusammenbasteln und mich notdürftig verständigen. Und es bestätigt sich erneut: Seefahrernationen sind offen und herzlich, und auch die Menschen ihrer ehemaligen Kolonien …

Die ziegelrote Lateritpiste wimmelt nur so von Rädern, und man kann nur staunen, was sie für Lasten befördern: Bretter, Säcke, Kohle, Kokosnüsse, Zuckerrohr. Auf wackligen Gestellen, die schon x-mal zusammengeschweißt wurden, findet manchmal eine ganze Familie Platz.

Verdruss bereitet mir die Qualität des Benzins, das am Straßenrand – Tankstellen sind in diesem Land so rar wie Autos –, in Kanistern verkauft wird. Es brennt miserabel. Erst macht es mir die Töpfe schwarz, und anschließend verstopft es mir permanent die Brenndüsen. Jetzt ist schon der dritte Kocher dahin. Ab jetzt koche ich auf dem Holzfeuer, so wie alle in Moçambique. In Tanzania kann ich mich dann wieder auf die kleinen Restaurants am Straßenrand freuen.

Ich begebe mich zur Bank, einem der wenigen Gebäude, die hier in diesem Dorf nicht zerstört sind und auch ein Dach haben. Für 20 US-Dollar erhalte ich eine Viertelmillion Meticales … Der Angestellte lächelt freundlich und lässt mich eine Stunde lang warten, um mir die letzten 3000 geben zu können. Das sind nur etwa 25 Cent, aber immerhin hier der Preis einer Mahlzeit. Die Armut in Moçambique erinnert mich an Bangladesh. Für einen Dollar bekomme ich hier acht Kokosnüsse oder 116 Bananen. Aber seltsam, in diesem Land, das ein Vierteljahrhundert Bürgerkrieg hinter sich hat, bettelt mich keiner um Geld an. Durch mein langsames Tempo kann ich allerhand Beobachtungen machen; schon öfter ist mir aufgefallen, dass meist erst dann gebettelt wird, wenn Scharen von Touristen ihren Einzug halten. Das verändert das Verhalten der Einheimischen. Nicht wenige Touristen glauben, etwas Gutes zu tun, wenn sie alle möglichen »Geschenke« verteilen: Geld, Süßigkeiten, Kugelschreiber, Sachen zum Anziehen und anderes. Aber diese falsche Großzügigkeit führt nach und nach nur zu Erwartungshaltung und Unselbständigkeit. Ich sehe, was sich da abspielt, und finde es widerlich, muss selbst darunter leiden, wenn man mir ständig die offene Hand ins Gesicht hält. Auch wenn ein Weißer in Afrika anders reist als andere weiße Touristen, seinen Hintergrund wird er nie los …

Da im Bürgerkrieg alle Brücken zerstört wurden, macht die Piste oft kilometerlange Umwege, damit man trockenen Fußes oder auf einem Damm den Fluss überqueren kann. Man strampelt sich ab für nichts und wieder nichts, und kommt doch kaum voran.

Jose, 34, sieht die Jahrhunderte der Kolonialisierung Moçambiques so:

»Als die Araber hier landeten, gab es eine afrikanische Kultur, von der man heute nichts mehr weiß. Die Portugiesen waren brutal und faul, lagen ewig im Bett, spielten die großen Herren und kommandierten herum. Die Engländer haben den Süden des Kontinents entwickelt, die Deutschen, das sind gute Leute – die Mozambikaner, die damals in die DDR geschickt wurden, waren hell begeistert. Es waren auch welche in Russland, aber die hatten die Nase voll, als sie zurückkamen. Die Russen sind nämlich Rassisten. Waffen haben sie uns gebracht, und dafür die Baumwolle gestohlen! Die Nettesten waren die Kubaner. Ich habe meinen Sohn Stephan genannt, nach meinem Schwedischlehrer in Maputo.«

Vor über fünfhundert Jahren ging der portugiesische Seefahrer Vasco da Gama auf einer kleinen Insel, die dem ostafrikanischen Festland vorgelagert ist, vor Anker. Es heißt, er hätte sich unter einen großen Baum gelegt, um sich auszuruhen – er steht übrigens noch –, als zwei Araber des Weges kamen, mit Namen Musse und Ibique. Vasco da Gama, so geht die Geschichte weiter, machte aus diesen beiden Namen einen, den gab er zuerst der Insel, und später dem ganzen Land. Daher der Name Moçambique.

Große Aufregung in Nampula. Die Schweizer Wirtschaftshilfe ist dabei, an ihrem Gebäude den letzten Pinselstrich zu tun, denn in Kürze wird der Schweizer Bundesrat Joseph Deiss mit einer helvetischen Delegation und einer Gruppe von Journalisten hier eintreffen.

Da ich mir eine mögliche Absage grundsätzlich nicht zu Herzen nehme – warum auch, meine Reise wird ja davon nicht beeinflusst – frage ich ganz opportunistisch an, ob ich bei seiner Ankunft dabei sein darf, denn die Medien werden kommen, und das könnte mir etwas nützen. Ich werde dann zwar herzlich eingeladen, doch später erwähnt man meine Reise mit keiner Zeile.

Eine Kolonne von 20 nummerierten Limousinen – in einer von ihnen hat man mir einen Platz angeboten – bringt Joseph Deiss und sein Gefolge vom Flugplatz nach Mecuburi. In diesem Dorf findet der Empfang statt, unter riesigen Bäumen, an denen man Glühbirnen befestigt hat, die von Generatoren gespeist werden. Ein fantastisches Buffet mit traditionellen Gerichten steht für den Staatsbesuch bereit. So gut habe ich in Afrika noch nie gegessen! Die Atmosphäre ist herzlich, die Unterhaltung angeregt. Als ich einem Journalisten sage, dass ich erstaunt bin über den logistischen Aufwand, der hier getrieben wird, unterbricht mich ein anderer mit der Bemerkung, dass für Bill Clintons Besuch in Afrika sieben Jumbo-Jets und 12 Fahrzeuge erforderlich waren, und aus Sicherheitsgründen hätten Taucher sogar den Boden des Hotelschwimmbads abgesucht …

Am nächsten Morgen vertauscht Joseph Deiss Anzug und Krawatte mit Jeans und T-Shirt, und wir begeben uns in ein anderes Dorf, wo der Bundesrat seine offizielle Rede hält, während die Dorfbewohner auf Matten vor ihm sitzen. Als wir wieder in Nampula sind, verabschiede ich mich von der Delegation mit dem Gefühl, dass ihr Afrika wenig zu tun hat mit dem, was ich Tag für Tag erlebe …

Die Entdeckung des Seewegs nach Indien durch Vasco da Gama veränderte das Gesicht der Welt. Das arabische Monopol des Seiden- und Gewürzhandels mit Indien war gebrochen. Jetzt konnte man die Karten Afrikas weiter verbessern und an seinen südlichen Küsten Handelsniederlassungen errichten. Dabei wurde die *Ilha Moçambique,* keine 160 km von Nampula am Indischen Ozean, zu einem wichtigen Umschlageplatz. Die Bronzestatue, die Portugal seinem berühmten Seefahrer 1940 errichtete, war dem *Frelimo* (einer der beiden Bürgerkriegsparteien) allerdings zu imperialistisch und wurde 1974 abmontiert und in der Hafenverwaltung in eine Ecke gelegt.

Hier nennt man die Insel Moçambique einfach *Ilha*. Sie ist durch eine endlos lange Brücke mit dem Festland verbunden. Die heutige Stadt wurde erst 1897 gegründet und weist einen – allerdings geschlossenen – Hindu-Tempel auf, drei katholische Kirchen und sechs Moscheen. Seit die Portugiesen weg sind, verkommt alles, die prächtigen Bauten verfallen. So viele verschiedene Kulturen zusammengedrängt auf ein paar Quadratkilometern, das scheint mir charakteristisch für die Welt von heute.

Je weiter ich nach Norden komme, um so drückender wird die Hitze. Deshalb schwinge ich mich schon eine Stunde vor Sonnenaufgang in den Sattel, zwischen vier und fünf Uhr! Das Brunnenwasser schmeckt nach Erde, und die letzten Reste meiner Wasserflaschen muss ich wegen des Bodensatzes immer ausgießen. Die Frauen tragen bis zu dreißig Liter Wasser auf dem Kopf und laufen viele Stunden mit ihrer Last. Sie singen und schnalzen mit der Zunge, wenn ich an ihnen vorbeifahre. Die Vegetation ist üppig: Bananen, Papayas, Mangos, Kokosnüsse, Erdnüsse, Ananas, Baumwolle. Meine Piste, die in einigen Kilometer Entfernung parallel zur Küste verläuft, ist oft vom Sand verweht und ich muss meinen Yak durch tiefe Fahrrinnen schieben und ziehen.

»M'zungu, m'zungu«, schreien die Kinder auf Suaheli, wenn sie mich sehen, »Weißer, Weißer …«. Wie überall auf der Welt gibt es ein Wort oder Spitz- und Schimpfnamen, um Ausländer zu betiteln. In China nannte man mich *»Langnase«*, in Japan *»gaijin«*, in Indien war ich ein *»sahib«*, in Lateinamerika ein *»gringo«* und in Moçambique ein *»padrão«*. Später, in Westafrika, werde ich ein *»toubab«*, *»nassara«* oder *»yovo«*. Wie nennt man Ausländer eigentlich in Europa?

Oft bleibe ich stehen und trinke Tee mit Zucker (das Beste, was die Engländer hinterlassen haben) oder, falls es keinen gibt, Papayabier. In Gasthäusern serviert man kein Essen ohne Hirse – *sina* heißt sie in Malawi, *satza* in Zimbabwe, und auf Suaheli sagt man *ugali*. Dazu gibt es eine Sauce aus Erdnüssen oder Palmöl. Manchmal lege ich mich unter einen der riesigen Würgefeigenbäume, die Wasserflasche in greifbarer Nähe, mache die Augen zu und träume von einem fürstlichen Festmahl, oder von kühlem Schnee, und von allem, was mich befähigen könnte, schneller zu radeln, um dieser mörderischen Hitze zu entfliehen ... bis ich bald einschlafe ... und wenn ich wieder aufwache, habe ich die Zeit vergessen und bin umringt von tausend fragenden Augenpaaren, die den halbtoten *m'zungu* anstarren: »Warum tut er sich das an, Rad zu fahren, wo er doch ein reicher Mann ist ...?«

In Afrika ist das Leben so schwer, dass man schon genug damit zu tun hat, den alltäglichen Existenzkampf zu bestehen. Weshalb, fragt man mich, bin ich mit dem Velo unterwegs? Bist du ein Waise? Wirst du in deiner Heimat von der Polizei gesucht? Oder bezahlt deine Regierung deine teure Reise? Oder pedalierst du für eine gute Sache? Dass ich das freiwillig tue, nimmt mir keiner ab. Bei 45 Grad im Schatten hapert es allerdings gerade ein bisschen mit meiner Motivierung ...

■ *Schwere Sandpiste in Süd-Tanzania*

Ein paar hundert Kilometer weiter erreiche ich endlich den Fluss Ravuna, der die Grenze zu Tanzania bildet. Der Bootsmann ist sich sicher, dass der *m'zungu* keine blasse Ahnung hat und verlangt den 15-fachen Preis, um mich in seiner Piroge überzusetzen. Es seien viele Krokodile im Fluss, ganz gefährlich viele Krokodile … Nach langem Palaver zahle ich schließlich nur noch den doppelten Tarif. Im ersten Dorf in Tanzania bekomme ich meinen Pass problemlos gestempelt.

»Wie ist die Straße?«

Noch von 100 km furchtbarer Piste erschöpft, mache ich mir Sorgen.

»Gut«, antwortet ein tanzanischer Radler und strahlt mich an.

Ich bin froh über diese Nachricht, doch leider ist die Piste hinterher keinen Deut besser als in Moçambique. Später erfahre ich, dass sie in der Regenzeit, in einem Monat, komplett unbefahrbar werden wird. Jetzt geht mir ein Licht auf, jetzt verstehe ich, was er mit »gut« gemeint hat …

Als ich in der großen Hafenstadt Dar es Salaam ankomme, ist gerade Präsident Julius Nyerere gestorben … Für das ganze Land wurde einen Monat Staatstrauer angeordnet, und während dieser Zeit ist nur Trauermusik erlaubt. Niemand macht Musik, niemand tanzt. Das fröhliche Afrika ist plötzlich verstummt. Wie soll man das aushalten …!

■ *Tanzania, bei einer afrikanischen Familie*

Ich nähere mich dem Äquator, der Schatten der Palmen wird täglich kürzer, und die Hitze unerträglicher. Es wird wohl gegen Mittag gehen. Zur Bestätigung frage ich jemanden aus dem Dorf.

»Wie spät ist es?«

»Sechs Uhr.«

Ich bin perplex, und anscheinend sieht man es mir an, denn die wenigen stolzen Besitzer einer Armbanduhr rufen wie aus einem Mund nochmals: »Sechs Uhr«. Dabei steht die Sonne doch im Zenit! Des Rätsels Lösung erfahre ich erst später. Im Gegensatz zu anderen Ländern, wo man um Mitternacht anfängt, die Stunden zu zählen, beginnt in Tanzania die Zählung mit dem Sonnenaufgang. Warum auch nicht? So oder so, es ist verdammt heiß ...!

In Afrika füllt ein Visum eine ganze Seite des Passes, und es kann ganz schön teuer sein. In den zwei Jahren meiner Afrikatour habe ich über 600 Dollar nur für Visa hinlegen müssen. Als ich in Dar es Salaam ankomme, sind die 48 Seiten meines Schweizer Passes berstend voll, und als erstes gehe ich zur Botschaft. Ich brauche unbedingt einen neuen!

Bis ich ihn abholen kann, habe ich Zeit, mir die Insel Sansibar anzusehen, auf der noch im 19. Jahrhundert die Sultane von Oman eine Residenz hatten und die beim früheren Gewürz- und Sklavenhandel eine wichtige Rolle spielte. Heute gehört sie zu Tanzania und ist in erster Linie Anziehungspunkt für Touristen. Die Stadt ist historisch und architektonisch sehr interessant, besonders die alten arabischen Viertel. Auch an idyllischen Stränden fehlt es nicht.

Ich aber bin im Geist wieder mal »über alle Berge«, ich möchte auf den Kilimanjaro steigen, mit 5960 Meter, »nach dem Mt. Everest der zweithöchste Berg der Welt«, lese ich erstaunt in einem tanzanischen Schulbuch ...

Tanzania hat aus dem höchsten Berg Afrikas eine wahre Goldgrube gemacht. Für seine Besteigung, die nur sechs Tage dauert, zahlt man Eintritt in den Nationalpark und dann ist man verpflichtet, sich von einem einheimischen Bergführer begleiten zu lassen, so dass der Spaß insgesamt auf sieben- bis achthundert Dollar kommt! Und doppelt so viel, wenn man am baldigen 31. Dezember 1999 hinauf möchte! Zu diesem historischen Datum werden nämlich Scharen von Touristen erwartet, die alles dran setzen, den Rutsch ins neue Jahrtausend in solch dünnluftiger Höhe zu erleben.

Um einen Plan, der mir am Herzen liegt, zu verwirklichen, musste ich zuweilen wegen meiner relativ begrenzten Mittel Initiativen ergreifen, die jemandem, der sesshaft lebt, unpassend, deplaziert oder sogar sehr gewagt erscheinen. Dabei habe ich aber die anderen immer respektiert und mich selbst nicht tödlich ernst genommen ... Derartige »Spiele« haben mir schon viele Türen geöffnet – und Höhenwege ...

Auch diesmal suche ich eine Alternative. Als erstes muss ich mich bekannt machen, und es gelingt mir leicht, im nationalen Fernsehen und in der Presse zu erscheinen.

500 km trennen mich noch vom Kilimanjaro, der schneebedeckt auf die Massai-Steppe herunterschaut. Ich radle los, und immer majestätischer kommt er auf mich zu, was mich überzeugt, dass er für mich erreichbar sein wird. Als ich in Arusha im Zentralbüro der *Tanzania National Parks* ankomme, werde ich vom Direktor empfangen, der mich im Fernsehen gesehen hat. Er hält mich für einen wichtigen Journalisten und schenkt mir sechs Tage Eintritt für den Nationalpark, aber ich muss gleich am übernächsten Tag mit meiner Tour beginnen! Und der Chefredakteur von *Travel Africa* sorgt inzwischen dafür, dass mir eine lokale Trekkingagentur Ausrüstung und Bergführer zur Verfügung stellt.

Der Weg ist sehr gut markiert und führt durch die verschiedenen Vegetationsstufen von den Tropen bis hinauf in den ewigen Schnee. Letztlich erweist sich die Route als recht einfach zu begehen. Nur gibt mir die Begleitung meiner zweier Träger das dumme Gefühl, dies sei alles gestellt, damit ich den Luxus genießen darf, Bergsteiger zu spielen – ich komme mir vor wie auf einer Radtour um die Welt, bei der ein ständiger Assistenzwagen hinter mir herfährt ...

Alle möglichen Leute sind hier unterwegs, nicht nur die Gipfelbesteiger, es ist eine richtige Völkerwanderung. Nach der letzten Schutzhütte, der Kibo Hut auf 4800 m, wird der Berg offener und es beginnt der Schnee. Mit Steigeisen erreichen wir den Kraterrand und laufen an ihm entlang bis ganz obenhin. Ich habe es geschafft! Die Freude, den Gipfel des Kilimanjaro bestiegen zu haben, bekommt allerdings einen kleinen Dämpfer: Statt der erwarteten fantastischen Aussicht auf die Savanne blicke ich auf Nebel, nichts als dichten Nebel … Zwei Tage brauche ich für den Abstieg, zwei Tage, um die Nordpolausrüstung wieder mit Sandalen und T-Shirt zu vertauschen.

KAPITEL XVIII

DIE ABENTEUER DES YAKMAN IM CONGO

In wenigen Tagen erreiche ich die Grenze von Kenya. Sieben Jahre bin ich jetzt unterwegs, und meine Fahrleistung hat sich auf durchschnittlich 1500 Kilometer im Monat eingependelt – das heißt, ich bin ungefähr so langsam oder schnell wie eine Kamelkarawane in der Sahara … So weiß ich auch, sechs Monate vorher, auf den Tag genau, wann ich in Nairobi eintreffe, nämlich zwei Tage vor Ute! Eine Aussicht, die mich beflügelt! Serge und Nicole rufen mich an. Sie wollen ihren Weltmarathon und in Westafrika fortsetzen. Wir rechnen damit, dass wir uns irgendwo dort begegnen werden.

Am 14. Dezember 1999 kommt Ute mit ihrem roten Fahrrad lächelnd am Flugplatz von Nairobi an. Will sie die sterile Hektik Manhattans für die Nonchalance und Einfachheit Afrikas vertauschen? Nein, Ute will vor allem radeln, und das spartanische Nomadenleben mit mir teilen. Verrückt, wie durch die Liebe Entfernungen überwunden werden … Wenn man alleine unterwegs ist, wächst das Bedürfnis nach Zuneigung, aber paradoxerweise wehrt man sich dagegen, um nicht eines Tages vor der Entscheidung zu stehen, ob man dableibt oder mit gebrochenem Herzen weiterzieht … Für die Liebe würde ich auf meinem Yak bis auf den Mond fahren, aber das Reisen wird durch sie nicht leichter, und die andern ahnen meistens nicht, was in einem vorgeht …

Utes Rad wiegt beladen über 60 kg, aber sie lässt sich dadurch nicht entmutigen. Wir lassen die Straßen Nairobis hinter uns und steuern ohne große Umwege in Richtung Mt. Kenya nach Nordosten. Wir wollen den höchsten Berg Kenyas besteigen. Unsere Räder stellen wir in Embu ab und marschieren auf den 5199 m hohen Vulkanberg zu, der vom Dunst verhängt vor uns liegt. Drei Tage später gelangen wir in 4300 m Höhe an einen See, und jetzt kommt der Gipfel in Sicht, der geformt ist wie eine Reihe von Haifischzähnen. Gegen Abend fällt die Temperatur unter Null. Als die Nacht anbricht, liegen wir bereits warm eingepackt in unseren Schlafsäcken in der Wellblechhütte von Minto. Kaum ist eine Stunde vergangen, da poltert eine Gruppe von Einheimischen herein, in wenigen Sekunden ist der Raum berstend voll. Gegen Mitternacht schicken sich die Kenyaner an, auf den Kerosinkochern Chapatis zuzubereiten. Eine weitere Stunde später ist Essensbeginn.

■ *Blick vom Gipfel des Mount Kenya (5199 m)*

Plötzlich laute Schreie. Eine Frau liegt halb bewusstlos in ihrem Schlafsack auf dem kalten, feuchten Boden aus gestampfter Erde. Sie zittert am ganzen Leib, Hände und Finger sind geschwollen, das Gesicht aschfahl. Höhenkrankheit, kein Zweifel! Einige ihrer Landsleute geraten in Panik, andere essen mit voller Gemütsruhe weiter. Ob sie sich bewusst sind, dass die Frau in Lebensgefahr schwebt? Wir machen sie warm und reden die ganze Nacht mit ihr, um sie wachzuhalten. Am Morgen fühlt sie sich etwas besser, und die Gruppe entscheidet glücklicherweise, wieder abzusteigen.

Der Himmel ist wolkenlos, und trotz der Müdigkeit, die mir nach dieser Nacht noch in den Knochen steckt, packt mich die

Schönheit des Gebirges. Aber ich mache mir Sorgen. Auch Ute ist extrem blass, Beine, Gesicht und Hände sind geschwollen. Aber ich kenne ihre zähe Entschlossenheit noch nicht! Am nächsten Tag entscheidet sie sich, bis zur Austrian Hut auf 4800 m weiterzugehen, obwohl sich ihr Zustand kaum gebessert hat. Am 31. Dezember erreichen wir am Vormittag den *Point Lenana*, der mit seinen knapp 5000 Metern unsere erste gemeinsame »Feuerprobe« ist …

Nach Monaten in den trockenen und staubigen Savannen Tanzanias und Kenyas sind die Wälder und Plantagen Ugandas eine wahre Wohltat für das Auge. Papayas, Ananas, Bananen und zahllose andere Früchte gedeihen in Hülle und Fülle. Das tropische Klima lässt hier über 40 verschiedene Arten von Bananen wachsen.

Ich trete mit im Strom hunderter Fahrradtaxis, genannt *boda boda* (von Englisch border-border, Grenze), und »mache« in aller Stille meine 100.000 km voll …

Boda boda befördern auf dem gepolsterten Gepäckträger einen Passagier. Es gibt sie, seit der zu trauriger Berühmtheit gelangte frühere Terror-Staatschef Idi Amin Dada dem Nachbarland 1978 Tanzania Krieg erklärte, worauf die Grenzen geschlossen wurden und die Läden bald leerstanden. Auf Fahrrädern entstand intensiver Grenzverkehr, durch den vor allem Nahrungsmittel herbeigeschafft wurden. Damals hätte man nicht gedacht, dass heute in allen Orten des Landes auch Passagiere so befördert werden.

Als wir am Nachmittag unser Zelt im Garten des kleinen Hotels Explorers Backpacker am Victoria See in Jinja aufgeschlagen haben, bedeckt sich der Himmel bedrohlich. Am Abend trudeln noch andere Camper neben uns ein, mit denen wir uns ganz nett unterhalten und allerhand Tips und Reiseanekdoten austauschen.

Mit einem Schlag bricht in der Nacht ein gewaltiges Tropengewitter los. Ute erwacht und schaut hinaus in den Regen, der in Sturzbächen herabprasselt. Sie wirft einen Blick nach rechts und ist augenblicklich hellwach.

Die Fahrräder sind weg!!!

Ich stürze aus dem Zelt. Es schüttet nach wie vor und man kann nicht die Hand vor Augen sehen. Mein Gott, wo sind unsere Räder! Ich rase im Garten umher, bis auf die Haut klitschnass, da sehe ich plötzlich meinen Yak. Die Diebe haben ihn auf ihrer Flucht in einer Ecke liegen lassen, die Taschen stehen offen, der ganze Inhalt ist auf dem Boden verstreut. Bei diesem Unwetter kann ich nicht feststellen, was fehlt.

Der Sturm hat riesige Bäume gefällt, ein Ast hätte uns beinahe erschlagen, er liegt direkt neben unserem Zelt.

Inzwischen ist das halbe Haus wachgeworden. Wir durchkämmen den Garten von vorn bis hinten, aber Utes Rad und Sachen lassen sich nicht finden. Sie hat nur noch ein T-Shirt und den Fotoapparat, weil der zum Glück im Zelt lag. Mir fehlt mein ganzes Fotomaterial!

Ute leiht sich trockene Kleider, ein Hotelangestellter fährt mit uns im Lastwagen durch das ganze Viertel, in der Hoffnung, die Gangster zu erwischen. Die Straßen sind menschenleer, nicht ein Fahrrad ist unterwegs. Wir sind ratlos. Sollen wir zur Polizei? Unverzüglich steuern wir Richtung *Jinja Police Station.*

Es ist vier Uhr früh. Im Halbschlaf tragen die Polizisten unsere Personalien und die Anzeige in ein Buch ein. Als wir geknickt ins Hotel zurückkommen, geht schon die Sonne auf. Ute ist furchtbar niedergeschlagen. Sie ist wie erstarrt. Nach nur sechs Wochen Afrika muss sie sich fragen, warum sie ihre Arbeit aufgegeben hat, ihre Freunde, warum sie New York verlassen hat, nur um in einem Kaff Afrikas ihre ganze Habe zu verlieren …

In der absurden Hoffnung, unsere gestohlenen Sachen wiederzufinden, bleiben wir zwei Wochen in Jinja. Jeden Tag statten wir der Polizei unseren Besuch ab und erleben dabei allerhand gute und schlechte Überraschungen. Der Polizeichef erzählt Ute ganz nebenbei, dass unter den Delikten, die in der Gegend verübt werden, Vergewaltigung, Lynchjustiz und Diebstahl an erster Stelle stehen. Auf einem Plakat an der Wand heißt es: »Korruption ist wie ein Buschfeuer, sie fängt langsam an und breitet sich rasch aus.« Die Polizisten sind völlig desinteressiert, und wir haben das Gefühl, es wird nichts geschehen, wenn wir nicht selbst etwas unternehmen. Wir verteilen Flugblätter, auf denen wir eine Belohnung von 100 Dollar versprechen, wenn uns jemand auf die richtige Spur bringt. Danach rennen wir wie Detektive durch die Stadt und fragen alle *boda-boda*, ob sie nicht etwas wissen …

Zwei Tage später ein erster Hinweis. Auf dem Fahrradmarkt sagen uns zwei Mechaniker, sie hätten gerade an diesem Tag den Dieb gesehen, wie er versuchte, Utes Rad zu verkaufen. Ihrer Beschreibung nach sind wir auf der richtigen Fährte. Die beiden kommen mit und zeigen unserem Hotelbesitzer den Weg, der noch am gleichen Abend mit uns und anderen Touristen mit seinem Lastwagen losfährt. Es ist wie im schlechten Film: In atemberaubender Verfolgungsjagd fassen wir einen der Übeltäter, der gerade in aller Ruhe Utes Fahrrad die Straße entlangschiebt. Die Polizei findet einen zweiten, der mit meinen Sandalen herumspaziert, obwohl seine Füße etliche Nummern zu klein sind …

Die nächsten Tage werden die Diebe verhört, damit der Rest unserer Sachen gefunden werden kann. Aber als wir ins Dorf des Bösewichts fahren wollen, hat das einzige Polizeifahrzeug schon monatelang platte Reifen, und die Polizisten natürlich kein Geld für Benzin …

Schließlich wird ein Fahrzeug aufgetrieben. Die Polizisten sprechen zuerst beim Dorfchef vor, wie es sich gehört. Er ist sturzbetrunken und will nichts von der Geschichte wissen. Die Hütten durchsuchen hieße, sein Dorf für immer und ewig zu entehren. Doch wir lassen nicht locker. Die Anwesenheit der bewaffneten Ordnungshüter macht ihn schließlich gefügig. In mehreren Hütten finden wir Medikamente und verschiedene kleinere Sachen, die uns gehören. Da taucht aus dem Busch ein Mann auf mit drei der vier Taschen von Utes Fahrrad, doch alle leer! Der Dorfchef sagt nichts, aber wir spüren, dass er in die Sache verwickelt ist. Seine Art entrüstet mich, die Würde, die man normalerweise von einem Dorfchef erwarten kann, geht ihm völlig ab. Mehr kann man wohl jetzt nicht mehr tun. Die Polizisten betrachten jedenfalls ihre Arbeit für heute als beendet.

Auf dem Rückweg deutet einer von ihnen auf zwei verkohlte

schwarze Scheiben, die auf der Erde liegen.

»Letzte Woche waren wir zu spät dran. Die Leute vom Dorf kennen da nichts, mit Dieben machen sie kurzen Prozess. Er bekommt einen Reifen um den Hals, wird mit Kerosin übergossen und angezündet, fertig aus ...«

Wir organisieren eine weitere Fahrt in dieses verfluchte Dorf. Der Chief ist noch oder schon wieder betrunken. Diesmal finden wir Utes Moskitonetz, und, noch erfreulicher, belastende Aussagen verschiedener Personen im Dorf stimmen überein, was drei Männer veranlasst, urplötzlich die Beine in die Hand zu nehmen und in den Busch zu verschwinden ... Zwei Polizisten und ich stürzen hinterher, doch atemlos und mit leeren Händen kehren wir nach einer Weile zurück. So eine Pleite!

Wir starten einen letzten Versuch und duchkämmen die Fotogeschäfte von Jinja. Und siehe da: Ute findet die Filter ihrer Kamera! Mit der Polizei verfolgen wir nun diese Spur, durchsuchen ein Fotolabor, aber erfolglos. Wir werden wohl auch nicht mehr weiterkommen, haben die Nase voll und beschließen aufzugeben.

Einen letzten Versuch starten wir doch noch: Wir kontakten die örtliche Zeitung, um über unser unliebsames Abenteuer zu berichten, worauf mich ein BBC-Reporter interviewt. In diesem Moment ist es mir egal, den Vorfall in die Öffentlichkeit zu tragen, denn nur so kann ich meinen aufgestauten Zorn loswerden. Natürlich wird dadurch ein negatives Bild von Uganda oder Afrika gezeichnet, das ist klar. Andererseits muss ich mit einem gewissen Unmut daran denken, dass die BBC auch nach einigen Anläufen bisher nicht bereit war, einen Bericht meiner Tour zu bringen. Ähnlich wie nach den beiden Überfällen in der Ukraine muss ich meine Emotionen wieder in die Gewalt bekommen, um meine Reise ohne Groll fortsetzen zu können. Dieses deprimierende Ereignis muss zuerst seelisch verdaut werden, wird aber nichts an meiner grundsätzlichen Haltung zu Afrika ändern.

Der Diebstahl hat Ute und mich vorübergehend einander nähergebracht, distanziert uns aber jetzt wieder. Ute beschließt nämlich, nach Deutschland zurückzukehren.

Vorher aber werden wir in Jinja auf dem Gericht vorgeladen. Hier herrscht Ordnung, Sauberkeit und Ruhe, welch ein Kontrast zum staubigen Gewimmel in den Dörfern! An den Wänden hängen Plakate, an denen sich die Besucher inspirieren können: »Vergesslichkeit ist Verbrechen, Faulheit ist ein größeres Verbrechen, sich mit Ausreden vor der Arbeit drücken ist das größte aller Verbrechen.« Oder: »Das Geheimnis des Tüchtigen ist die sofortige Tat. Pünktlichkeit und Höflichkeit bedeuten Respekt. Schnelligkeit und Präzision sind die Feinde der Ineffizienz«.

Der Richter leiht uns lange sein aufmerksames Ohr. Danach betreten die Angeklagten, einer nach dem andern, den Gerichtssaal. Zum zweiten Mal in meinem Leben beschleicht mich das zweifelhafte Gefühl, dafür mitverantwortlich zu sein, dass ein paar junge Burschen hinter schwedischen Gardinen landen …

Am Tag vor Utes Abreise sitzen wir am Ufer des Victoriasees. Eine Gedenktafel ehrt das Andenken von Mahatma Gandhi, der in Südafrika seinen gewaltlosen Kampf um die politischen Rechte der indischen Einwanderer in Afrika begann. Ute steigt in den Bus nach Nairobi und wird von dort abfliegen. Diese Trennung ist wohl nicht unvorhergesehen, aber doch schmerzlich für uns beide …

Auf den 80 Kilometern bis zur ugandischen Hauptstadt Kampala fahre ich unlustig dahin, bald werde ich die Grenze zur Demokratischen Republik Congo erreichen, »Haupthindernis« meiner Afrikadurchquerung. Ich habe Glück, ein Campingplatzbesitzer lädt mich ein, bei ihm mein Zelt aufzuschlagen. Während dieser ersten Nacht, wo ich wieder alleine bin und die Angst noch in mir steckt, schrecke ich plötzlich hoch, stürze aus dem Zelt und schreie, dass man mir alle Sachen gestohlen hat … Der Besitzer ruft sofort die Polizei!

Zehn Minuten später stelle ich schweißgebadet und verstört fest, dass ich einen Alptraum hatte … Ich entschuldige mich und stoße auf großes Verständnis, denn der Mann vom Campingplatz kennt bereits meine Geschichte. Als die Polizei im Jeep daherrast, bewaffnet bis an die Zähne, erzählt er ihnen, hier seien Diebe gewesen, er hätte sie aber schon in die Flucht geschlagen …

Durch diesen Zwischenfall lerne ich noch in der Nacht Stephan Dourrouj kennen. Ein Schwede, der mit dem Rucksack durch ganz Afrika reist. Wir reden bis es hell wird, denn wegen eines Malariaanfalls, der ihn schon ein paar Tage peinigt, findet er kaum Schlaf. Er erzählt, ein paar Afrikafahrer hätten kürzlich den Congo mit dem Motorrad durchquert, und er hätte dazu Lust, allerdings mit einem Fahrrad …

Ich äußere Bedenken, bin da weniger optimistisch. Seit zwei Jahren wagt sich kein Tourist mehr in dieses Land. Kein Tag vergeht, an dem nicht Ugandas Medien schlimme Meldungen von dort bringen. Erst kürzlich fand im Nordosten ein ethnisch motiviertes Massaker statt. Der französische Botschafter in Kampala, den ich einmal treffe und nach seiner Einschätzung frage, rät mir dringend von unserem Plan ab …

Trotzdem beantrage ich vorsorglich ein Visum für die Zentralafrikanische Republik, die nördlich der Demokratischen Republik Congo liegt und das nächste Reiseland werden wird – sofern wir es schaffen, durch die DRC zu kommen. Ein congolesisches Visum wird mir grundsätzlich verweigert, denn die Gegend des Nordostens, durch die man Richtung Zentralafrikanischer Republik muss, wird von drei regierungsfeindlichen und untereinander rivalisierenden Guerillagruppen kontrolliert … Vielleicht ist es überhaupt besser, die DRC mitsamt ihrem Bürgerkrieg zu überfliegen und in Kamerun weiterzuradeln, oder …?

Und ich denke dabei zudem an den Tod meines Bruders, darf ich mich in eine solche Gefahr begeben? Ich habe ja auch Menschen, mit denen mich etwas verbindet …

Nach dem Diebstahl in Jinja, dem Abschied von Ute und dem furchtbaren Alptraum bin ich völlig fertig, habe keinerlei Entschlusskraft mehr. Eine Woche stehe ich jeden Morgen auf und bin mir sicher, heute fahre ich los, und am Abend liege ich wieder unentschlossen im Zelt und kann nicht einschlafen. Ich will nicht mit dem Flugzeug … damit wäre mein Traum kaputt …

Eines schönen Tages steht Stephan, der sich wieder von seiner Malaria erholt hat, vor mir, schaut mich an und ich höre mich sagen: »In drei Tagen fahre ich in den Congo …«

Ich verlasse Kampala am 26. Februar 2000 mit einem mulmigen Gefühl in der Magengrube. Stephan und ich wollen uns 400 km weiter nördlich treffen, in Arua, der letzten Stadt Ugandas vor der congolesischen Grenze.

Am 2. März ist er zur Stelle, wie verabredet. In einem Café sind auf einem Wandposter alle afrikanischen Präsidenten abgebildet, einschließlich der ehemaligen Despoten Mobutu und Idi Amin Dada. Gott habe sie selig.

Arua atmet einen gewissen Wohlstand und lässt den Krieg vergessen. Einige Tage lang durchforsten wir alle Fahrradgeschäfte, damit Stephan das beste Modell aussuchen kann: Es ist ein jämmerliches Mountain Bike, für 120 Dollar, dessen Mängel auf den ersten Blick ins Auge stechen. Er lässt hinten einen Gepäckträger für den Rucksack anschweißen, hinterher besorgen wir für zwei Wochen Proviant – Spaghetti, Reis, Tee, Zucker, Brot – dazu 5 l Benzin für den Kocher und Ersatzteile für das Rad. Der Karte nach liegen im Congo 1500 Kilometer vor uns. Wir brechen auf, in Richtung Grenze.

Bis der Zöllner kommt, trinken wir eine Limonade, für lange Zeit unsere letzte. Die Fahrräder schiebend verlassen wir Uganda, dabei unter der Landesfahne durchgehend.

Es ist Sonntag, und beim Zoll der *République Democratique du Congo* ist es verwunderlich still. Einige Männer in Zivil und ein paar Uniformierte schlagen sich die Zeit tot. Aber sie sehen viel zu höflich aus, als dass sie ehrlich sein könnten ... Einer von ihnen nimmt unsere Pässe an sich und lässt uns nicht im Unklaren, was unser Visum kosten soll.

»Pro Person 150 Dollar, die Fotoapparate zusätzlich!«

Zum ersten Mal in sechs Jahren spricht mich an einer Grenze jemand auf Französisch an.

Die Antwort bekommt er spontan: »Haben wir nicht!«

Der Uniformierte holt seinen Vorgesetzten und verlässt den Raum, flankiert von drei Kollegen, die unser Gepäck einer genauen Untersuchung unterziehen. Triumphierend, als hätte er das große Los gewonnen, zieht einer von ihnen die beiden Kameras aus den Taschen.

»Wo ist Ihre Fotografiererlaubnis? Macht 10 Dollar für die Erlaubnis plus zehn, weil Sie gelogen haben …«

Ich habe den Eindruck, man will uns schon rupfen, bevor wir überhaupt im Land sind …

Der Chef dieser Räuberhöhle, sprich Zollstation, zeigt sich unerbittlich, doch als wir uns höflich, aber genauso entschieden weigern, tut er uns »ausnahmsweise« den Gefallen und reduziert den Preis auf die Hälfte. Mit der Bemerkung: »Ich muss fünf Kinder sattkriegen«!

Zu guter Letzt zahlt jeder von uns 75 Dollar. Auf meiner ganzen Reise, auf der ich bisher 60 Länder besuchte, ist dies das zweitteuerste Visum! Wir nehmen unsere Fotos, und für das Geld erhalten wir sogar eine unterzeichnete Quittung …. bürokratische Tradition oder afrikanischer Humor?

Sobald die Grenze überschritten ist, verspürt man eine große Leere: Keine Autos, kein Asphalt, weder Läden noch Wechselstuben oder buntes Grenztreiben …

Die Erdpiste führt zu zahlreichen Flußläufen, die nur auf querliegenden Baumstämmen überquerbar sind, weil die alten Brücken schon lange gesprengt wurden. In den drei Wochen Fahrt auf meiner Route Richtung Bangassou traf ich nur auf eine einzige intakte Eisenbrücke, von der aber bereits zahlreiche Planken fehlten. »Exodus, 1991, 18 Minuten«, steht auf dieser hier eingeritzt, zur Kenntnis an alle Nachfolgenden, wie lange die »Exodus«-Reisegruppe 1991 brauchte, um ans andere Ufer zu gelangen …

Es kann auch sein, dass man an Flüsse kommt, die nur per Boot überquert werden können. Das bedeutet zähe Preisverhandlung mit einem Pirogenbesitzer. Hie und da schwenken an Gewässern Goldsucher ihre Siebe im seichtem Wasser, und im Busch trifft man dann und wann auf Diamantensucher, die in ihrem Kampf ums Überleben jede Strapaze auf sich nehmen und wochenlang dort grabend ausharren, in der Hoffnung, auf ein Vorkommen zu stoßen, die ihrer Armut ein Ende setzt …

Am ersten Abend halten wir in einer Schule und fragen, ob wir unterkommen können. Ein Lehrer begrüßt uns, die Schule sei nicht mehr in Gebrauch, sagt er, wir können in einem der Räume schlafen. Wir erfahren, dass die Beamten hier seit zwei Jahren keine Gehälter mehr bekommen. Er will unbedingt, dass wir ihm ein paar Dollar verkaufen, damit er sich in Uganda Lebensmittel besorgen kann.

Am nächsten Morgen hat sich im Dorf unsere Ankunft überall herumgesprochen. Der Lehrer stellt uns einem »gutsituierten« Geschäftsmann vor, der einen Laden betreibt und ein Videogerät installiert hat. Inzwischen haben wir unser Geld gezählt, genau 18 US-Dollar haben wir bei uns. Es ist März 2000, und die Landeswährung, der »Nouveau Zaire« (N.Z.), befindet sich nach wie vor in freiem Fall; ein Dollar entspricht derzeit 1,8 Millionen N.Z. ... Und wie soll man nun die 64.800 Fünfhunderterscheine, die unseren 18 Dollar entsprechen, mit sich herumtragen ...? Es ist zum Lachen! Und wofür soll man sie ausgeben? Das Essen ist billig, und es gibt ohnehin fast nichts zu kaufen. Der Geschäftsmann schlägt vor, einen Teil unseres Geldes gegen kongolesische Francs (F.C.) einzutauschen, von denen 12 auf einen Dollar gehen. Wir willigen ein, merken aber zu spät, dass uns auf so hohe Beträge dann niemand herausgeben kann ...

Die Demokratische Republik Congo, früherer Name Zaire, ist dermaßen abgewirtschaftet, dass der Handel praktisch komplett zum Erliegen gekommen ist. Die Leute hier müssen ihre »Neuen Zaire« gegen Dollar wechseln, erst hinterher können sie sich in Uganda Waren beschaffen. Für einen Hungerlohn besorgen Hunderte von Fahrradspediteuren, *Khadahuiles* genannt (*Khada* von Khadafi, *huiles* = Öl), den Transport von Uganda bis tief hinein in den Nordosten des Congo.

Sie befördern auf den Gepäckträgern ihrer alten Räder aus indischer oder chinesischer Produktion – natürlich ohne Gangschaltung – und über Strecken von bis zu 600 Kilometern Lasten von mehr als 100 Kilo – Palmöl, Kerosin, Zucker, Konservendosen, die sie mit alten Fahrradschläuchen festschnallen. Die arg mitgenommene Piste führt mitten durch den Busch, und an den Steigungen bleibt den Fahrern nichts anderes übrig, als die schweren Räder schweißtriefend hinaufzuschieben.

Sagte mir einer: »Für jeden Transport verdiene ich dreißig Dollar, und acht kostet im Monat die Schule für meine vier Kinder …«

Unermüdlich meistern diese Leute hier ihr hartes Leben, meine Reise scheint mir sinnlos dagegen …

Stephans Fahrrad ist von so schlechter Qualität, dass es oft nur ein Mittel gibt, es wieder flottzubekommen: Ein Schlag mit dem Hammer eines *Khadahuile*. Und bei den häufigen Reifenpannen der Khadahuiles helfe ich aus mit meinem Flickzeug. Die tropische Feuchtigkeit ist wie in Mittelamerika so groß, dass kein Klebstoff mehr richtig hält. Dann wird mit einem Stück heißer Kohle vulkanisiert oder man klebt mit dem Harz eines speziellen Urwaldbaums, was ausgezeichnet funktioniert, aber dieses Harz hat man nicht immer an der Hand …

Für die Fahrer, die ständig unterwegs sind, haben die Leute im Busch ab und zu Hütten mit Palmwedeldächern errichtet, wo sie in Bananenblätter gewickelten Reis oder Maniok verkaufen; schon von weitem sieht man die Rauchsäulen aufsteigen. Manchmal liegt aber nur eine einzige Papaya oder eine Handvoll Erdnüsse da, doch man trifft immer Leute.

Der Congo ist wie ein riesiger Friedhof, eine chaotische verstoßene Welt, in der nichts mehr ganz ist. Skelette der Lastwagen, die von der Armee Mobutus zurückgelassen wurden, Busse und Militärfahrzeuge Kabilas, auf dem Rücken liegend wie tote Schildkröten. Überall ausgeplünderte Gebäude, zerstörte Baumwoll-, Palmöl- und Seifenfabriken, Kaffeeröstereien ohne Dach und Fenster. Die Kaffeeplantagen, wo ausgezeichneter *Arabica* angebaut wurde und die sich über Hunderte von Kilometern erstreckten, hat man der Natur überlassen. Zwischen den Schienen von Transportbahnen wuchert meterhohes Gras und Unkraut, man passiert verrostete Wellblechdächer oder gelegentlich ein verlassenes herrschaftliches Haus in kolonialer Tropenarchitektur. Trostlose Zeugnisse besserer Tage, die ahnen lassen, welche Katastrophe über dieses Land hereingebrochen ist.

Wir treffen zwei Radler, die auf den Markt fahren. Jeder von ihnen hat einen Affen auf dem Gepäckträger festgebunden. Die armen Tiere schauen uns flehend an, ich kann ihren Blick fast nicht mehr ertragen, denn sie wissen wahrscheinlich, was ihnen bevorsteht: Affenfleisch ist hier eine geschätzte Delikatesse.

Wir kommen an einen furchtbaren Ort, wo menschliche Knochen, ganze Skeletthaufen liegen, und ein schwarzverkohltes Maschinengewehr, das jetzt niemandem mehr Angst einjagen kann. Hier wurden im September 1999 Hunderte von Soldaten aus dem Tschad, die Kabila zu Hilfe kommen wollten, in einen Hinterhalt gelockt und abgeschlachtet ... Das war das Ende der Intervention des Tschad im Congo.

Die Piste führt fast dauernd durch Regenwald, der sie zu verschlingen droht. Um diesen einzigen Verbindungsweg zwischen den Dörfern zu erhalten, steckt man, bevor die Regenzeit beginnt, den Wald entlang des Wegs in Brand. In loderndem Feuer krachen riesige Bambusstämme nieder, manchmal mitten auf den Pfad. In der dichten Vegetation, die bis zu 25 m hoch wächst, fühlen wir uns von allem abgeschnitten, wie Gefangene. Wir werden beinahe klaustrophobisch. Der Dschungel ist eine Welt für sich, ohne Horizont, ohne Licht, eine Welt der Geräusche, wo es vor Leben nur so wimmelt, erfüllt mit Vogelstimmen, Affengeschrei, dem Zirpen und Quieken zahlloser Insekten. Am Tag ertönt zuweilen ein eigenartiger Gongton, der von einer ausgedienten Lastwagenfelge stammt, die man an einen Baum gehängt hat, und der man mit einem Stock einen Schlag versetzt. Er ruft die Kinder in die Schule und die Gläubigen zur Kirche. Die Menschen des Regenwalds sind vor allem Sammler und Jäger. Sie schießen mit dem Bogen, fischen, sammeln Früchte, bauen ein bisschen Maniok an. Aber sie sind schlecht und mangelhaft ernährt. Manchen haben einen Kropf, andere sehen rachitisch aus.

Gegen Abend machen wir in der Regel bei einer der wenigen Hütten an unserer Piste halt und werden immer sehr freundlich empfangen. Erst großes Händeschütteln, und danach bieten unsere Gastgeber alles auf, was sie haben: Wir dürfen uns setzen, Bananen werden gebracht, manchmal Eier, ein Eimer Wasser zum Waschen. Unter den Palmdächern hängen wir unsere Moskitonetze auf, vor allem wegen der Anophelesmücke, deren Weibchen Malaria übertragen … mit Sicherheit ist das das gefährlichste Tier Afrikas!

Eines Abends werden wir von einem jungen Mann zu seiner Familie eingeladen, und es stellt sich heraus, dass das ganze Dorf nur aus seiner Familie besteht … Er freut sich über unseren Besuch und erzählt:

»Mein Vater ist schon gestorben. Er hatte zwölf Frauen und achtzig Kinder. Er besaß eine riesige Kaffeeplantage, aber das ist alles längst vorbei, die Käfer haben die Pflanzen vernichtet, der Krieg hat den Rest besorgt. Unter Mobutu war Wirtschaftskrise, wir konnten uns nicht frei bewegen, aber eines hatten wir: Frieden. Wir haben schon ewig keine Ausländer mehr gesehen. Das ganze Dorf freut sich, dass ihr gekommen seid. Vielleicht ist das ein Zeichen, dass der Krieg bald zu Ende ist …«

Wie vor jeder Ortschaft befindet sich auch vor Poko ein Kontrollposten: Auf jeder Seite der Piste liegt eine Lkw-Felge, und darüber quer ein Bambusstamm, der die Straße sperrt. Die Männer tragen keine Uniform, sind aber mit russischen Maschinenpistolen bewaffnet. Einer von ihnen, offensichtlich der Chef, verlangt unsere Pässe und befiehlt uns zu warten …

Erst zwei Stunden später kommt er wieder, mit fünf Männern der Ausländerpolizei, alle wie aus dem Ei gepellt. Plötzlich richtet einer, der bei unserer Ankunft schon da war, seine Waffe auf den Chef und verlangt von ihm 5 Dollar für die »Aufbewahrung« unserer Fahrräder. Man schreit sich an, beruhigt sich aber wieder. Anschließend bedeutet man uns, den »Herren« zu folgen. Wir gehen mit, unterhalten uns mit ihnen im Ton gezwungener Lässigkeit. Schließlich gelangen wir zu einer verlassenen Villa noch aus der Zeit, als der Congo eine belgische Kolonie war, heute das »Ausländeramt« …

Langsam kennen wir uns schon aus, die congolesischen Polizisten machen die Durchsuchungen immer auf die gleiche Weise. Diesmal haben wir unsere Fotoapparate in den Schlafsäcken versteckt. Wie erwartet, müssen wir vor ihren Augen alles auspacken, und das tun wir dann mit wohlberechneter Langsamkeit. Als einer meine Gasflasche für den Kocher sieht, fragt er mich, ob dies eine Granate sei, meine Sicherheitskette hält er für ein Telefonkabel … Aber der ganze Zirkus ist bald zu Ende, denn sie sehen ein, dass bei diesen zwei Radfahrern nichts zu holen ist.

»Haben Sie eine Videokamera? Haben Sie unser Gespräch aufgenommen?« werden wir hinterher gefragt.

Mit der Begründung, wir seien jetzt in einem Gebiet, das von anderen Rebellen kontrolliert wird, und nicht von denen, die uns unser Visum ausgestellt haben, verlangen sie plötzlich 20 Dollar für ein neues. Nach langem Palaver ergeben wir uns unserem Schicksal, aber der Uniformierte gerät plötzlich in Verlegenheit, weil sein Stempelkissen ausgetrocknet ist und er die Quittung nicht abstempeln kann! Einfallsreich lässt er aus dem Dorf ein Desinfektionsmittel herbeischaffen, um das Stempelkissen wieder funktionsfähig zu machen. So haben wir wenigstens eine Quittung mehr für unsere Sammlung.

Als wir uns in den Sattel schwingen, bittet mich einer der Polizisten um ein Tröpfchen Öl. Und ob ich ihm nicht bitte auch sein Rad aufpumpen könnte … Wie könnte ich da nein sagen, wo wir so froh sind, so glimpflich davongekommen zu sein!

Am gleichen Abend lädt uns der Chef eines größeren Dorfverbandes – über 16.000 Personen in einem Umkreis von ca. 35 km sind ihm unterstellt – ein, bei ihm zu übernachten, und natürlich ein Glas *arak* zu trinken, einen sehr scharfen Schnaps, wie er grinsend versichert … ausnahmsweise mal keine afrikanische Übertreibung.

Sein Dorf lebt von der Landwirtschaft, es werden Maniok, Erdnüsse und Reis angebaut, deswegen lässt ihn die Armee in Ruhe. Sie kontrolliert nur die Dörfer in der Nähe der Goldminen und die Flugplätze im Nordosten des Landes. Nach dem Schnaps gibt es »la boule«, den traditionellen Maniokbrei mit scharfer Sauce, der uns so satt und müde macht, dass wir nicht mehr die geringste Lust haben uns zu bewegen. Wir schlafen in einer großen Gästehütte und genießen es, zwischen den Polizeiposten einmal richtig aufatmen zu können und sind entschlossener denn je, deren Kontrollstellen in Zukunft möglichst zu meiden …

Doch am nächsten Morgen geht unser Abenteuer weiter. Als wir uns schon ordentlich abgestrampelt haben und sich der Hunger meldet, nähern wir uns einem größeren Ort namens Bondo. Wir überqueren den Fluss Uele auf einer Piroge, und kaum sind wir am anderen Ufer, steht schon einer da, mit der Waffe im Anschlag. Ich werfe Stephan einen schnellen Blick zu und wir fahren los so schnell wir können … Hinter dem Dorfausgang legen wir eine Verschnaufpause ein, inzwischen so hungrig, dass wir kiloweise Bananen verschlingen, bevor wir uns wieder in flottem Tritt voranmachen. Wir lachen, auch um unserer Angst Herr zu werden, und machen zum hundersten Mal den Witz von der Polizei, die uns erfolglos hinterherfährt … Da hören wir hinter uns wirklich das Geräusch eines Motorrads. Es setzt zum Überholen an, und auf unserer Höhe schreien Fahrer und Beifahrer »Immigration …!«

Wir treten mit aller Kraft in die Pedale, und zu unserer großen Überraschung schießt das Motorrad an uns vorbei. Wir atmen auf, sind aber nach wie vor aufgeregt. Weiter vorn stehen die Männer auf dem Weg und versuchen uns beim Herannahen zu stoppen. Noch einmal gelingt es uns ihnen mit knapper Not zu entkommen. Kurze Zeit später versperren zwei andere, zweifellos mit den vorherigen unter einer Decke steckend, den Weg mit einem Bambusstock. Ich lasse mich nicht beeindrucken, flitze links vorbei. Vor Überraschung fällt ihnen der Stock aus den Händen. Stephan fährt darüber hinweg und ist wieder auf meiner Höhe. Mein Herz rast. Wir fahren noch etwa 20 km weiter so schnell wir können. Laut unserem Kilometerzähler sind wir jetzt 33 km vom letzten Fluss entfernt. Das sollte reichen. Der Benzinmangel wird die Verfolger zwingen, aufzugeben …. dieses Mal waren die elenden Verhältnisse im Congo für uns von Vorteil!

In Monga fahren wir mitten in der Nacht am Kontrollposten vorbei, der Polizist ist viel zu faul, um auf uns zu reagieren.

Sieben Kilometer weiter schlagen wir im Busch erschöpft unser Lager auf. Ich fühle mich geschwächt, als ob ich dabei bin, eine Krankheit auszubrüten.

Nach 1600 km Piste, zurückgelegt in 19 Tagen, unter denen wir uns nur einen Ruhetag gönnten und während der wir fast ständig auf der Flucht vor der Polizei waren, kommen wir so erschöpft an der Grenze an, dass uns nichts mehr wichtig ist. Aber da wir schon für die Einreise bezahlen mussten, ist wahrscheinlich auch die Ausreise nicht gratis.

Die Diensthabenden sitzen in Korbstühlen unter einem Baum im Schatten. Es folgt eine peinlichst genaue Untersuchung, bei der die Männer – oh Wunder –, weder unsere Kameras noch die entwickelten Filme zutage fördern. Sie hören unsere Kassetten ab nach politischen Informationen, finden aber nur die Stimme von Manu Chao, die ihnen gefällt. Später fordern sie uns auf, über Nacht hierzubleiben.

Den Rest des Tages nutzen wir für einen Marktbesuch, wo bereits zentralafrikanische Produkte angeboten werden. Danach baden wir im Grenzfluss Ubangi. Wie ein verheißenes Land, Traum aller Congolesen – »dort drüben gibt es Bier und Rotwein, und die Mangos sind schon reif …« –, liegt auf der anderen Stromseite die Zentralafrikanische Republik (RCA) mit der kleinen Stadt Bangassou …

Am nächsten Morgen plagt mich Durchfall. Das Treibhausklima ist kaum auszuhalten, über 40 Grad Hitze! Völlig entkräftet liegen wir lange Zeit im Schatten und fragen uns, was man mit uns vorhat …

Am frühen Nachmittag fragt mich der Kommissar:

»Haben Sie gestern Motorradfahrer getroffen, die versucht haben, Sie anzuhalten?«

Jetzt sitzen wir aber in der Tinte!

»Banditen«, sage ich spontan, »wir hatten wahnsinnige Angst!«

Er schaut mir in die Augen: »Damit Sie es gleich wissen – der Fahrer war der Polizeichef von Bondo. Kommen Sie mit. Er ist am Telefon.«

Oh je, da sage ich lieber nichts. Ich ergreife den Hörer.

»Selbstverständlich hätten wir angehalten, wenn wir nur gewusst hätten, dass Sie es waren, Herr Polizeipräsident! Wir bitten vielmals um Entschuldigung, tut uns furchtbar leid. Welch ein schreckliches Missverständnis, soll nicht wieder vorkommen …«

Mein Eingeständnis kann ihn tatsächlich beruhigen, die Geschichte wird beigelegt. Für bescheidene 10 Dollar pro Nase bekommen wir den Ausreisestempel der Demokratischen Volksrepublik Congo in den Pass gedrückt, eine »schöne« Erinnerung an diese Tour in diesem Land. Die 20 Dollar dürften bestimmt reichen, dem Polizeichef von Bondo das Benzin für die Verfolgungsjagd zu ersetzen …

Eine Piroge bringt uns ans andere Flussufer nach Bangassou. Beim Anlanden müssen wir fast handgreiflich werden, damit wir fürs Übersetzen nicht mehr bezahlen müssen als die Einheimischen. Zwei Polizisten führen uns zur Passkontrolle in eine Hütte.

Im Congo war es furchtbar, an jeder Ecke wurde man durchsucht, und ich habe die Hoffnung, dass man uns hier etwas zivilisierter behandelt. Einer von ihnen deutet sich mit dem Zeigefinger an die Schläfe, und sagt »Ach, die Congolesen …«

Der andere ist aber bereits in seinem Element: »Das macht 2000 Francs CFA pro Fahrrad.«

Aber wir haben keine CFA, und zu unserem großen Erstaunen insistieren sie nicht, lassen uns ziehen.

Wir fahren den ersten Kilometer in der Zentralafrikanischen Republik. In der ersten Kurve sehen wir Männer unter Mangobäumen sitzen und in aller Ruhe an ihren Motorrädern herumbasteln. Energisch geben Sie Zeichen anzuhalten. Schon wieder? Warum hier auch?

Wir leisten der Aufforderung Folge, denn in letzter Minute springt uns ein Schild ins Auge: »Services des Douanes Centrafricaines«. Zentralafrikanischer Zoll. Das Gebäude wird aufgeschlossen, und wir sollen unsere Fahrräder hineinstellen.

»Wo ist der Kaufnachweis für Ihre Fahrräder? Wo ist Ihr Führerschein?«

Das sind ja die gleichen Betrüger wie die Congolesen! Sie verlangen von jedem von uns 2100 CFA und drohen, die Fahrräder andernfalls zu konfiszieren. Wir sind des Kämpfens müde und legen das Geld auf den Tisch …

Und der »Fluch des Congo« scheint uns zu verfolgen, denn kaum sind wir in Bangassou, da werden wir von der Polizei angehalten wegen des Einreisestempels. Diesmal sind wir jedoch fest entschlossen, nicht klein beizugeben, und »gewinnen«, wenngleich nur knapp … Anlass für eine Limonade zur Siegesfeier. Aber wir fühlen uns beide körperlich so elend, dass wir uns am Tag darauf zu Fuß ins Krankenhaus auf der anderen Seite der Stadt begeben. Die Tropensonne brennt so unerbittlich, dass ich nicht mehr stehen kann, und als wir endlich dort ankommen, muss ich mich hinlegen. Einige Stunden später das Untersuchungsergebnis: Stephan hat Würmer, ich Amöben und Malaria … Ein junges Pärchen aus Quebec, das für ein Naturschutzprojekt arbeitet, beherbergt uns. Etwas Besseres hätte uns in dieser Situation nicht passieren können.

Bei einem der Pfleger im Gesundheitszentrum erkundige ich mich, wie sicher es ist, über Land zu reisen, und bekomme allerlei Unerfreuliches zu hören:

»Während der Trockenzeit reiten sudanesische Schieber auf Kamelen ins Land, schießen Elefanten und nehmen die Stoßzähne mit, um sie im Nahen Osten zu verkaufen. Was für dich aber schlimmer ist, sind die *zaraguinas,* die Straßenbanditen, die auf der Strecke zwischen Bangassou und der Hauptstadt Bangui ihr Unwesen treiben und Fahrzeuge überfallen. Die Polizei soll mit ihnen unter einer Decke stecken, es heißt, manche sind Söldner aus dem Tschad oder vom Sudan.«

»Eine Nonne ist erst vor drei Monaten von ihnen umgebracht worden. Als der Pfarrer später mit ihrem Sarg unterwegs war, musste er ihnen seine Uhr und die Kirchenkasse geben, sonst hätten sie ihn gleichfalls umgebracht. Die Gefahr ist so groß, dass sogar die Busse von der Armee eskortiert werden! Die Regierung wird demnächst drei Hubschrauber aus Frankreich erhalten, um die Piste überwachen zu können. Vielleicht verziehen sich die *zaraguinas* auch bald, denn in der Regenzeit kann man hier nicht einen Fuß in den Busch setzen. Doch nächstes Jahr kommen sie dann wieder.«

Nach einer Woche hat sich unser Gesundheitszustand ziemlich gebessert und wir müssen entscheiden, wie es weitergeht. Stephan beschließt, sein Fahrrad zu verkaufen und mit dem Bus Richtung Marokko weiterzureisen, wie in Uganda geplant. Und mich hat die Piste wieder. Gesund, aber noch allzusehr geschwächt, fürchte ich vor allem die Zaraguinas und einen erneuten Malariaanfall, der einem in diesem mörderischen Klima arg zusetzen kann. Auf den etwa 750 Kilometern Piste, die ich bis Bangui vor mir habe, übernachte ich in den Urwalddörfern.

Seit einigen Tagen jucken meine Füße und schwellen an, so dass ich schließlich in die Krankenstation einer Mission gehe. Mit dem Skalpell entfernt mir die Krankenschwester an die zwanzig Tropenflöhe, die sich Menschen und Schweinen in die Fußhaut bohren, dort Eier legen und schwere Infektionen verursachen. Von den Furunkeln will ich dabei gar nicht reden, die sich auf meiner Sitzfläche angesiedelt haben … Ich ruhe mich ein paar Tage aus und unterhalte mich mit den angehenden Priestern in der Mission. Priester zu werden bedeutet für sie einen echten gesellschaftlichen und wirtschaftlichen Aufstieg. Trotz ihres katholischen Glaubens sind sie für die landesübliche Schnelljustiz.

»Es ist der einzige Weg, die Anarchie zu verhindern. Es gibt zu viele Banditen und keine politische Sicherheit. Deshalb schießt die Polizei sofort.«

Das Gespräch kommt auch auf das »Phänomen der Metamorphose«.

»Wenn dir einer etwas antun will, gehst du zum Zauberer, der verwandelt deinen Widersacher in einen Ochsen oder in ein anderes Tier. Danach kannst du ihn auf dem Markt verkaufen!«

Der verstorbene Kaiser Bokassa war anscheinend fähig, Kugeln von sich abzulenken. Der Missionar, mit dem ich die Gelegenheit habe, mich näher darüber zu unterhalten, leugnet diese Dinge nicht ab – will aber nicht weiter darüber sprechen ….

Hier am Äquator übt der Urwald großen Einfluss auf die Menschen aus, sie werden durchdrungen von einer gewissen Mystik, die zusammenhängt mit der Üppigkeit der Vegetation. Deshalb haben sie einen tieferen Sinn für das Undurchdringliche, Irrationale, sind für Aberglauben empfänglich. Afrikaner versuchen nie, das was sie glauben, zu erklären oder in Frage zu stellen. Im allgemeinen sprechen sie mit Europäern nicht über das Thema, denn sie wissen, dass sie denen alles verständlich erklären und beweisen müssen. Ich habe unterwegs vieles erlebt und gesehen, aber nicht immer begriffen, welcher Sinn sich dahinter verbirgt, mich interessiert vor allem, die Dinge zu erleben und das, was an ihnen rätselhaft und unerklärlich ist, einfach so zu belassen.

In der Nähe von Bakala, dem geografischen Mittelpunkt Afrikas, verliere ich plötzlich das Gleichgewicht und stürze vom Rad. Gute vier Wochen plagt mich ein schmerzhafter Bluterguss an der Hüfte. Die Gelegenheit erinnert mich an andere denkwürdige Sturzflüge: In Armenien löste sich eine der Taschen, als ich mit 50 km/h einen Abhang hinuntersauste. Damals trug ich eine Verletzung am rechten Knie davon, die genäht werden musste; in Kolumbien brachte mich eine Öllache auf einer Talfahrt ins Rutschen; in Kenya, als ich Ute schieben wollte, verhedderten sich unsere Räder und ich fiel ein zweites Mal auf die gleiche Hüfte, die ich mir kurz zuvor bei einer anderen Karambolage verletzt hatte.

Die Hauptstadt der Zentralafrikanischen Republik, *»Bangui la Coquette«* genannt, gleicht einem großen Dorf. Wie überall in Afrika stechen die Regierungsgebäude mit blitzenden, nagelneuen Geländewagen augenfällig vom vorherrschenden Bild der Armut und Verwüstung ab. Man könnte meinen, ein Orkan sei über einen Teil der Stadt hinweggefegt: Fensterlose Häuser ohne Dächer, die Mauern geschwärzt von den drei letzten Aufständen der Armee gegen den Präsidenten. Im Basketballstadion, das der despotische Bokassa 1976 anlässlich seiner Kaiserkrönung bauen ließ, ist kein einziger Sitz mehr vorhanden. Die Studenten gehen dorthin zum Lernen und Studieren, »hier ist Ruhe«, sagen sie, und deuten auf den einstmals vergoldeten Thron in Form eines Adlers, wo der gestürzte Herrscher einmal saß.

Unnötig zu sagen, dass sich nach Bangui kein Tourist verirrt.

Zwei Wochen lang pflege ich meine Wunden und die meines Yak, bei dem ich die Kette, den Zahnkranz und sonstige Verschleißteile erneuere. Wieder in Form, packe ich energisch die 240 km an, die mich noch von der Grenze nach Kamerun trennen. Wenn jemand grüßt, antwortet man mit »merci«, danke, das französische Wort ging in die hiesige Songosprache ein.

KAPITEL XIX

DER SAHEL: EIN HEISSES PFLASTER

Bei meiner Ankunft in Kamerun liegt der Grenzpolizist auf einer Bank und schläft. Ich muss ihn wecken, wenn ich den Einreisestempel haben will. Endlich in einem ruhigen Land, denke ich, werde aber sofort eines Besseren belehrt, denn der Uniformierte warnt mich als erstes gegen die Banditen, die die Gegend unsicher machen. Ein Stück weiter meint auch der Zöllner, meine Reise sei kein Zuckerlecken, wörtlich: »Deine Fahrt ist keine Schokolade!«

Er verlässt kurz sein Damebrettspiel, wo Limonadenkapseln die Steine ersetzen. Nachdem er meinen Namen und das Datum meiner Einreise in einen Ordner eingetragen hat, schüttelt er mir freudestrahlend die Hand und wünscht mir viel »Plaisir« auf der Straße. Das sagt man so in Kamerun.

Nach und nach weicht die tropische Feuchtigkeit der Trockenheit der Baumsavanne, die sich in die Unendlichkeit zu erstrecken scheint. Schon in der ersten Ortschaft, in Garoua-Boulai, habe ich das Gefühl, hier kommt das Leben wieder zu seinem Recht: Motorengeräusche, zahlreiche gutsortierte Läden, Musik und belebte Straßen. Ich trinke gerade in Ruhe eine Limonade, um meine Ankunft in Kamerun zu feiern, da bin ich im Nu umringt und werde neugierig beguckt. Dabei muss ich feststellen, dass Städter auch in Kamerun der irrigen Meinung unterliegen, sie seien etwas Besseres. Denn es kommt ein Motorradfahrer angebraust und schreit: »Hey, ihr Hinterwäldler, habt wohl noch nie einen Weißen gesehen?«

Es ist Anfang Mai 2000 und das Thermometer zeigt 40 Grad im Schatten. Die heißeste Zeit des Jahres beginnt. Erschöpft und ausgelaugt von der Hitze flüchten sich die Dorfbewohner in den Schatten der Mangobäume, der einzigen wirklichen Schattenspender. Esel, Schafe und Hunde drücken sich an die Lehmmauern, um dort ein Eckchen Schatten oder einen Lufthauch zu finden. Das Leben scheint stillzustehen …

Um mir weitere Saunaschwüle und Moskitos zu ersparen, ist es mein Plan, ganz in den Norden Kameruns zu fahren und hinterher nach Westen Richtung Nigeria. Was mich unterwegs erwartet, ist auch nicht viel erfreulicher für eine Bergsteigernatur: Eine Landschaft wie sie flacher nicht sein könnte, eine kurvenlose Piste unter glühender Sonne. Die Füße schwellen mir an, die Beine brennen, ich fühle mich, als ob ich Fieber hätte. Im frischeren Klima des Admaoua-Hochlands (1200 m) wird mir zum Glück wieder wohler. Hier leben die letzten Wildhonig-Sammler Kameruns, meist alte Männer, die ihr Leben lang diesen harten Beruf ausgeübt haben. Behend klettern sie hinauf auf die Bäume, und nachdem sie die Bienen eingeräuchert haben, fallen diese in einen tiefen Schlaf und der Honig kann geerntet werden. Aber auch bei erfahrenen Sammlern geht es oft nicht ohne Stiche ab, denn die selbstgefertigte Schutzkleidung aus Pflanzenfasern schließt nicht hermetisch und ein paar Bienen sind immer da, die dem Rauch widerstehen. Unnötig hinzuzufügen, dass es für diesen Beruf nicht viel Nachwuchs gibt.

Über Garoua geht es weiter nordwärts. Hier, bereits im Gebiet des Sahel, sieht man häufig Leute aus dem Sudan und dem Tschad und spürt wachsenden muslimischen Einfluss. Im Grenzgebiet zu Nigeria sehe ich oft die Fahrräder der *»Gens du 40«* fahren, sozusagen Kollegen der congolesischen *Khadahuiles,* die ihren Namen daher haben, dass die Kanister, in denen sie Benzin von Nigeria nach Kamerun befördern, 40 Liter fassen. Benzin ist in Nigeria viel billiger, und die Polizei lässt die »Vierziger« gewähren, weil man nicht will, dass sie bei der chronischen Arbeitslosigkeit unter die Straßenbanditen gehen und das Land noch unsicherer machen …

Nigeria. Der Grenzposten hat zwar bestimmt schon bessere Tage gesehen, doch es herrscht rege Betriebsamkeit. Ich werde ausgesprochen höflich begrüßt. Mit einem Schlag hat sich alles vervielfacht: Die Anzahl der Kneipen, der Wechselstuben, der Kinder, der Bettler, der vor Waren berstenden Peugeots 504. Ich habe das gleiche Gefühl wie damals, als ich von Bangladesh wieder nach Indien kam. Das Land ist reich, hier tut sich was!

Nigeria mit seinen 110 Millionen Einwohnern (rechnerisch also jeder 10. Afrikaner) und seinen großen Ölvorkommen ist auf dem schwarzen Kontinent eine industrielle Großmacht. Genau wie in Indien wimmelt es auch in den kleinsten Städten von Menschen. Geschichtlich gesehen war Nordnigeria eine wichtige Drehscheibe für den Verkehr zwischen der Sahara und den westafrikanischen Ländern am Golf von Guinea, für den Handel mit Salz, Nahrungsmitteln und Stoffen. Die Kaufleute aus der Wüste brachten aber auch den Islam in ihrem Gefolge. Er ist so übermächtig, dass vor kurzem in den Städten Sokoto und Katsina die Scharia zum obersten Gesetz erhoben wurde. Schon jetzt gibt es keine Tankstelle ohne ihre Mini-Moschee, mit der ihr Besitzer seine Strenggläubigkeit demonstriert und Kunden auf Reisen die Möglichkeit bietet, ihre Gebete zu verrichten.

Am Beginn von Maiduguri, der ersten nigerianischen Großstadt, sind ganze Scharen von Frauen damit beschäftigt, die breiten Straßen zu kehren, während ein Bataillon von Männern die weißen Striche mit der Hand nachmalt. Die Hitze und die vielen Menschen werden mir zuviel, ich flüchte in ein Restaurant. Aber die Sauce auf dem Reis brennt so höllisch, dass es mir schlimmer denn je den Schweiß aus allen Poren treibt … Das scharfe Essen ruft in mir Bilder des Indischen Subkontinents wach, ich denke an seine Küche, die Gastfreundschaft, ans Englische, dort wie hier Hauptumgangssprache, und natürlich auch an den beliebten und geschätzten *tea*.

Im nächsten Ort Damaturu miete ich mich in einem typisch afrikanischen Hotel ein: Ein schattiger Hof mit niedrigen Tischen und Stühlen, Musik, Bier, das in Strömen fließt, und mit einer Bar mit netter weiblicher Bedienung … Mein Zimmer ist der einzige Ort, wo ich das finde, worauf der Europäer in mir nicht verzichten kann – auf Privatsphäre sowie das, was der Sportler immer wieder braucht, nämlich Ruhe und Erholung. Wie mehrmals während meines Aufenthalts im Congo werde ich allerdings auch hier kontrolliert: Zweimal kommt der Geheimdienst in mein Zimmer, um meinen Pass zu inspizieren und meinen Yak unter die Lupe zu nehmen. Aber ohne mich zu durchsuchen, wie es die Congolesen immer taten.

Später, als ich es mir im Hotelpatio bequem gemacht habe, spricht mich der Bürgermeister des Ortes an, lässt eine Limonade nach der andern kommen und will alles wissen über meine Fahrt. Seine Begeisterung ist so groß, dass er ein Team von Reportern vom örtlichen Fernsehen herbeizitiert, um mich zu interviewen. Schon am nächsten Morgen erwarten mich auf der Straße 2000 Schüler, die die Sendung gesehen haben, und rufen aus Leibeskräften: »Hello Mister Claude!« Alle wollen mir die Hand schütteln, ihr Lehrer wird der »Yakmanie« gar nicht mehr Herr. Nach der Ovation schleppen sie mich in ihre Schule, wo sie mich von allen Seiten fotografieren, wie einen Superstar!

Fast jede Nacht fällt hier der Strom aus und die Ventilatoren stehen still. Die Nigerianer sind an Derartiges gewöhnt. Für sie bedeutet die Abkürzung der Bezeichnung für die nationale Elektrizitätsgesellschaft NAP nicht mehr »National Power Agency«, sondern »Never Power Again« – »Nie wieder Strom«. Wie die Menschen in den GUS-Ländern sind Afrikaner in der Lage, den Schwierigkeiten des Alltags mit Humor zu begegnen. Sie ziehen sie ins Lächerliche und entschärfen dadurch Situationen, in denen wir nur Wut, Proteste und Forderungen an den Staat hervorbringen würden. Durch die lange mündliche Tradition in Afrika ist die Sprache blumenreich und treffend geworden, und es fällt allen leicht, spontan aufeinander zuzugehen.

Bei meiner Ankunft in der Großstadt Kano fängt gerade ein Generalstreik an gegen die Entscheidung von Präsident Obasanjo, den Benzinpreis um 50 Prozent zu erhöhen. Lange Schlangen warten an den Tankstellen, um noch billiges Benzin zum Horten oder gleich für den Schwarzmarkt zu kaufen. Betrügereien sind an der Tagesordnung: Man mischt Diesel oder Wasser ins Benzin, die Kanister enthalten nicht 25 Liter, wie darauf angegeben, sondern nur 20. Solche Situationen findet man in Afrika immer wieder. Es wird künstlich ein Mangel erzeugt, der dann den Schlauen eine sehr einträgliche Verdienstquelle bietet.

Noch herrscht in Kano munteres Leben und Treiben, die Straßenbars sind offen und die Prostitution frei erlaubt. Doch in wenigen Wochen wird das alles vorbei sein, danach wird auch hier die Strenge der islamischen Gesetze das Leben bestimmen.

Nach dem Niemandsland zwischen den Grenzen von Nigeria und Niger verwandelt sich die Landschaft in ein Meer von Dornen und Stacheln. Die Sahelzone ist ein Übergangsgebiet, wörtlich übersetzt bedeutet »Sahel« so viel wie »Ufer« oder »Rand«. Sobald der erste Regen fällt, wird das Land grün, wo man es schon tot glaubte. Die Natur erwacht von neuem, überraschend schnell treiben die Bäume Knospen und überall sprießen hohe Gräser aus dem Boden, ausgetrocknete Tümpel füllen sich wieder. Der Geograf Weulersse sagte einmal, Afrika habe hauptsächlich zwei Gesichter, einerseits sei es Wüste, nichts als Stein, andererseits Äquatorialurwald mit einem Übermaß an Vegetation.

Die Bauern ziehen mit Grabstöcken Furchen für die Hirseaussaat. Wieviel sie ernten, hängt einzig und allein vom Regen ab. Gespeichert wird das Getreide in runden Hütten, die zum Schutz gegen Termiten und andere Schädlinge erhöht auf Pfählen stehen.

Wegen der im Sahel immer wiederkehrenden Hungersnöte werden Kinder schon sehr jung in die Stadt geschickt, wo sie die Koranschulen besuchen können, aber selbst für ihr Essen sorgen müssen. Sie können sich durchschlagen, weil das Almosengeben zu den Pflichten des gläubigen Muslims gehört. Mit einem Kittel bekleidet, der ihnen bis zu den Knien reicht, eine leere Konservendose in der Hand, stehen sie oft vor mir und bitten um eine Gabe. Was für ein Leben! Lichtjahre liegen zwischen meiner eigenen Kindheit und diesem Dasein. Was ich alles hatte! Keine armen Eltern, Schule, Freizeit, ein Zuhause und jeden Tag etwas auf dem Tisch …

Manchmal teile ich mein Essen mit den Straßenkindern und fühle meine Ohnmacht. Ich kann an ihrer Situation nichts ändern. Die Mädchen haben die Aufgabe, ihrer Mutter bei der Hausarbeit zu helfen. Es gibt nicht wenig zu tun: Holz und Wasser herbeitragen, oft aus einer Entfernung von mehreren Kilometern, das Essen zubereiten, Geerntetes auf dem Markt verkaufen, sich um die kleineren Geschwister kümmern, usw. Natürlich kann man an jeder Gesellschaft Kritik üben, aber wenn man die Welt mit eigenen Augen sieht, erkennt man schnell, was für ein Privileg es ist, in einem reichen Land geboren zu sein.

Zu einem früheren Zeitpunkt war es mein Plan, von Niger nach Norden durch Algerien zu fahren, durch die schönsten Streckenabschnitte der Sahara. Doch die Hitze ist dermaßen brutal, dass ich darauf verzichte. Ich verschiebe die Wüstendurchquerung Richtung Europa kurzerhand weiter nach Westen über Mauretanien und auf den Winter und setze meinen Weg fort. Jeder Vorwand ist mir recht, um in einem Dorf haltzumachen und mich mit grünem Tee und landesüblichem Fettgebackenen zu stärken.

■ *Begegnung im Niger*

Die nigrische Metropole Niamey empfängt mich mit der ersten Straßenampel seit über 3000 Kilometern! Dennoch mutet die Stadt wie ein übergroßes afrikanisches Dorf an. Im Zentrum befinden sich die Gebäude der Administrationen, die großen Hotels und Geschäfte. Der Rest der Stadt ist, wie immer in der Sahelzone, ebenerdig erbaut; Großfamilien leben in verschiedenen Häusern, die alle auf den gleichen Hof münden.

Ein junger Polizist hält mich auf der Straße an und lädt mich ein, bei seiner Mutter und seinen acht Geschwistern zu übernachten, und schließlich bleibe ich in ihrem kleinen Lehmhaus mehr als eine Woche. In dieser Zeit, während ich auf meine Visa für Burkina Faso und Mali warten muss, habe ich Gelegenheit, mich öfter mit den Kindern zu unterhalten, die so schöne Fahrräder aus Draht anfertigen. Ich habe irgendwie das Gefühl, dass dabei eine bestimmte Lebensauffassung der Afrikaner zum Ausdruck kommt, mit der ich mich gerne näher beschäftigen möchte. Ich würde zudem gerne einen Artikel über diese jungen Künstler schreiben, doch leider ist er noch nicht sehr weit gediehen.

Kaum habe ich hinter Niamey 20 km zurückgelegt, da gibt die Mechanik meiner Gangschaltung endgültig ihren Geist auf. Statt zurückzufahren, was mit der Sturheit eines Globetreters nicht zu vereinbaren ist, verkürze ich lieber die Kette und fahre, wie die Afrikaner auch, eben ohne Gangschaltung. Nur noch 500 km bis Ouagadougou – zum Glück ist der Sahel flach wie ein Teller!

Und schon ist wieder eine Grenze erreicht, die von Burkina Faso. Auf der Hauptstraße nach Ouagadougou hat man bei der Ein- und Ausfahrt eines jeden Dorfes einen Triumphbogen errichtet zu Ehren des libyschen Präsidenten Khadafi, der auf seinem Weg zum OAU-Gipfel in Togo am Vortag hier entlangfuhr. Als ich gerade einen Milchkaffee trinke, sagt ein Einheimischer zu mir: »Gestern war schulfrei. Die Kinder mussten den ganzen Morgen in praller Sonne auf den ‚Wegbereiter der libyschen Revolution und der afrikanischen Einheit' warten, um ihm zuzuwinken …« Und fügt hinzu: »Die afrikanische Einheit hält, aber nur mit Gummi …!«

■ *Nach sieben Jahren erreichen Yak und Yakman Burkina Faso*

Meint er etwa damit die alten Schläuche und Reifen, mit denen man hier noch so viel anzufangen weiß? Was in Europa fröhlich in den Müll wandert, wird in Afrika weiterverwendet. Zum Fahrradflicken, für Sandalen und Taschen, für Riemen, mit denen Türen gehalten und Lkw-Ladungen befestigt werden. Man kann damit auch ein Zeburind festbinden, Gummistreifen als Schleuder benutzen, um die Vögel zu verjagen, oder als Peitsche für störrische Esel.

Humorvoll zitiert der Mann noch ein Mossi-Sprichwort: »Wer den Dieb nicht zur Strecke bringen kann, muss ihm helfen, die Beute davonzutragen …«

In den Straßen von Fada N'Gourma lerne ich Eric kennen, der seinem Akzent nach aus meiner Gegend kommt. Tatsächlich, er ist aus Genf, von Beruf Hydrogeologe, und seine Frau stammt aus Togo. Seine Aufgabe besteht darin, das Bohren von 500 Brunnen zu überwachen, die innerhalb von nur 10 Monaten fertig sein müssen. Er macht sich Gedanken, zum einen wegen der kurzen Frist, aber hauptsächlich deshalb, weil man gar nicht versucht hat, abzuschätzen, wie groß die Grundwasservorräte überhaupt sein können. An bestimmten Stellen werden sie früher oder später erschöpft sein. Eine Zeitbombe für das trockene Afrika!

In Koupéla wache ich, wie so oft in den Orten des Sahel, auf, als der Muezzin noch vor Sonnenaufgang zum ersten Gebet ruft. Der Islam zeigt sich in Schwarzafrika, vor allem in Burkina Faso, eher von seiner toleranten Seite. In diesem Land gehen die Menschen noch überkommenen animistischen Glaubensvorstellungen nach, ungebrochen bestehen diese trotz Islam und Christentum weiter. Das Leben hier ist hart, aber mit ihrem angeborenen Überlebenswillen – und auch mit einem gewissen Fatalismus –, schaffen es die Menschen, mit ihren Schwierigkeiten fertigzuwerden.

Endlich Ouagadougou, die »Hauptstadt der Fahrräder«! Hier werde ich Ersatz für meinen Kettenumwerfer finden, ich bin mir ganz sicher! Ich erkundige mich zuerst über die Tour de Faso und werde in die Motorradwerkstatt geschickt, wo Ernest Zongo arbeitet, der das Rennen schon mehrfach gewonnen hat. Wir verstehen uns auf Anhieb und er erklärt sich sogleich bereit, mir bei meinem Problem behilflich zu sein. In den zwei Wochen, die ich in Ouagadougou verbringe, unterhalten wir uns noch oft über unsere Erfahrungen im Radsport und werden gute Freunde. Durch den chronischen Mangel an Mitteln kommt er als Radsportler nicht voran. Auf das ganze Land übertragen ist es das Gleiche: Der ständige Geldmangel hemmt die Entwicklung.

Ouagadougou gibt sich locker, man kommt leicht ins Gespräch. Obwohl sich die Stadt flächenmäßig sehr weit ausdehnt – sie hat über eine Million Einwohner –, ist das Zentrum so klein, dass man es gut zu Fuß bewältigen kann. Es gibt zahllose *maquis,* sehr beliebte und billige Familienrestaurants, wo man leicht neue Bekanntschaften schließt und die heißesten Stunden des Tages angenehm zubringen kann.

Ich beschließe, eine Reportage über das Hauptverkehrsmittel »Fahrrad« in Ouagadougou zu schreiben und über eine Vereinigung zu berichten, die Körperbehinderten Arbeitsplätze verschafft. Sie wurde von Franzosen gegründet und nennt sich ECLA (*etre comme les autres* – sein wie die andern). Unter anderem sammelt ECLA in Europa ausgediente alte Fahrräder und bringt sie nach Burkina Faso, wo sie für den Verkauf hergerichtet werden. ECLA verfügt über Werkstätten im ganzen Land.

Nachdem ich den Artikel fertighabe, juckt es mich wieder in den Waden, ich fahre Richtung Nordwesten, nach Ouahigouya. Hier ist der Asphalt zu Ende. In diesem Grenzland zu Mali hat noch ein Schild mit der Aufschrift »Territoire de la Haute Volta« die Revolution des früheren Staatschefs Thomas Sankara überlebt, der 1983 Obervolta in Burkina Faso umtaufte – »Land der Unbestechlichen« ...

Ein Häuschen am Straßenrand, ein Zöllner, und schon bin ich in Mali. Je weiter ich nach Norden fahre, um so mehr merke ich, dass die Sahara näherrückt. Es häuft sich immer mehr Sand auf der Piste und eine andere Vegetation bestimmt das Landschaftsbild. Statt Mangobäumen und letzten Grasfluren nun Affenbrotbäume, Dornsträucher und Büschelgräser. Die Kinder halten die wenigen Fahrzeuge an, um etwas zu verkaufen, z.B. *weda,* apfelgroße Früchte mit harter Schale und intensivem Geschmack, dazu Hühner oder Eidechsen, natürlich beide in lebendem Zustand ...

Die Menschen des Sahel haben gelernt, das wenige, das ihnen die Natur bietet, so gut wie möglich zu nutzen. In den mageren Zeiten verarbeitet man die Samen des Affenbrotbaums zu Mehl, zum sogenannten »Hungermehl«, und seit eh und je verwendet man Pflanzen für medizinische Zwecke, gewinnt Karité-Butter für die Küche oder Substanzen zur Gesundheits- und Schönheitspflege.

Afrika ist zu groß, zu heiß, politisch zu instabil und seine Pisten und Wege haben es »in sich«, deshalb lockt es kaum Radsportler hierher. Aber wenn man mal einen trifft, ist das ein Ereignis. Heute habe ich echt Glück, denn gleich drei spanische Radlerkollegen kommen mir entgegen! Wir haben alle kein Wasser mehr und befinden uns auf halbem Weg zwischen zwei Dörfern. In welche Richtung soll es nun gehen? Das Los entscheidet, und ich bin der Verlierer, das heißt, wir fahren gemeinsam zurück in das Dogondorf, das ich gerade hinter mir gelassen habe.

Der *chef de village* lässt sich nicht lumpen und offeriert uns großzügig ein Huhn. Er will uns offensichtlich etwas Gutes tun, Hühner sind nämlich hier teuer und allerseits geschätzt. Pepe, Juli und Josechu haben in weiser Voraussicht vier Liter Olivenöl in ihre Taschen gepackt und verwandeln das gute Tier in ein Festmahl, das ich nicht so schnell vergesse!

Auf sandiger Piste kämpfe ich mich vorwärts, am Horizont sind die Steilhänge von Bandiagara zu erkennen, die zwar nicht sehr hoch sind, aber die Monotonie angenehm unterbrechen. 16 km, das heißt vier Stunden lang, muss ich meinen Yak schieben, und das an meinem 40. Geburtstag! So habe ich Zeit, in aller Ruhe über die bekannte »Midlife crisis« nachzudenken. In einem Alter, wo andere Männer gewöhnlich feste Bindungen haben (Familie, Karriere, Haus usw.), habe ich nichts Derartiges, nichts »Greifbares« aufgebaut ... Trotzdem habe ich das Gefühl, ich lebe so, wie ich leben möchte. Die Frage aber, ob Zweifel und Risiken wirklich nötig sind, um »voranzukommen«, bleibt offen ...

Es geht langsam bergauf, der Sand auf der Piste lässt nach, sie wird steinig. Ich komme etwas schneller voran, und schon schätze ich die nächsten Entfernungen wieder anders ein.

Die Dogon hatten sich in diese Berge geflüchtet und hier ihre Häuser gebaut, weil sie weder Sklaven noch Mohammedaner werden wollten. Heute haben sie sich an die Marktgesetze des Tourismus gewöhnt und gehen zur Offensive über. Sobald ich absteige, bin ich umringt. Ob ich denn nicht meine Radflaschen hergeben könnte, einen Kuli, eine Zigarette, Geld – es nimmt und nimmt kein Ende! Die jungen Touristenführer sind in ihrem Verhalten voll darauf eingestellt, Besucher nach allen Regeln der Kunst auszunehmen.

Der Nigerfluss, mit seinen 4200 km der längste Strom Westafrikas, ist das letzte Bollwerk vor der Sahara und während der Regenzeit ein wichtiger Verbindungsweg. Die Straße nach Mopti liegt erhöht inmitten überfluteter Reisfelder, die sich ausdehnen, so weit das Auge reicht, man könnte sich beinahe auf dem Meer glauben. Kürzlich haben schwere Regenfälle die weiterführende Piste nach Timbuktu unpassierbar gemacht, so dass ich mich dorthin einschiffen muss.

Drei Tage später Ankunft im Hafen von Korimé (Kabua, der Hafen des legendären Timbuktu, ist schon lange im Sand versunken …). Timbuktu, das sind zwei gegensätzliche Welten, die der Pirogen und der Karawanen. 1500 km nördlich des Meers entfernt und 800 km südlich der Salzvorkommen von Taoudenni spielte es eine wichtige Rolle als Karawanenumschlagplatz. Außerdem besaß es eine bedeutende islamische Universität. Für die Europäer war die Stadt schon immer ein Mythos mit dem Nimbus der Unerreichbarkeit, wie etwa Lhasa und Samarkand. Den Forschungsreisenden Gordon Laing (1826), der auf dem Rückweg ums Leben kam, und René Caillé (1828), der von Krankheit geschwächt zurückkehrte, folgten viele andere Entdecker, im 20. Jahrhundert kamen dann die Touristen und die Reiseagenturen.

Schon am ersten Kontrollposten vor Timbuktu sagt man mir: »Hier gibt es nichts« …

In der Stadt komme ich mit dem Wachmann der Finanzbehörde ins Gespräch. Auf meine Frage, ob denn hier eingebrochen wird, lacht er nur: »Einbrechen? Wozu denn? Hier ist ja nichts zu holen …«. Und auf der Polizei sagt man mir: »Nein, Eintrittskarten für das Museum und die Moschee gibt es keine, aber einen Stempel von Timbuktu können Sie haben. Kostet 1000 Francs CFA!«

Ich frage mich langsam, was von diesem legendären Timbuktu überhaupt noch übrig ist, außer dem winzigen Punkt auf der Landkarte. Trotzdem verkauft sich der »Mythos Timbuktu« immer noch gut, 2001 soll hier der internationale Flugplatz fertig sein.

In vollen Zügen genieße ich die Atmosphäre der kleinen Saharastädte mit ihren Lehmhäusern, wo man sich bei Anbruch der

Dunkelheit entspannt auf die Dachterrasse setzt und süßen grünen Tee trinkt. Dazu gibt es knuspriges Fladenbrot, gebacken in heißem Sand. Die Teezeremonie zieht sich oft mehrere Stunden hin, und nach wie vor stimmt die Feststellung eines alten Wüstensprichworts: »Das erste Glas ist bitter wie der Tod, das zweite süß wie das Leben, das dritte sanft wie die Liebe …«

Um nach Mopti zurückzugelangen, fahre ich diesmal mit einem größeren Schiff. An Bord steht alles voll mit Waren, unzählige Frauen, prächtig-bunte Tücher um sich geschlungen, stürmen mitsamt ihrer riesigen Kinderschar das Deck, auf dem für die drei Tage Fahrt das pralle afrikanische Leben tobt: Aus Transistorradios tönen afrikanische Rhythmen, kleine Holzkohleöfen qualmen, zwischen Tieren und Gepäckballen wird Siesta gehalten. Wie sich die Menschen armer Länder an die schwierigsten Situationen anpassen können, ist einfach unglaublich! Eine Fähigkeit, die aber auch ein Langzeit-Globetrotter besitzen muss. Man muss in der Lage sein, alles essen und überall schlafen zu können, Lärm, Staub und die Härten des Klimas zu ertragen und es darf einen nicht stören, fast so gut wie keine Intimsphäre zu haben. Der Radsportler bräuchte außerdem eine Ernährung, die seiner körperlichen Leistung entspricht, doch die hat er selten. So verschlingt er viel Zucker und Backwaren, Proteine, Vitamine und Mineralstoffe fehlen oft. Wie war das nochmals, es wird zu viel Fett gegessen …?

Im Hafen von Diré kommen beim Zwischenhalt junge Frauen an Bord, verkaufen getrocknete Fische, Fettgebackenes und Süßkartoffeln. Obwohl die Ladelinie des Schiffes schon überschritten ist, versucht ein Auto (Transportmittel sind nach lokaler Meinung grundsätzlich nie »voll«), über die Rampe an Deck zu fahren, schafft es aber nicht. Fischer werden zu Hilfe gerufen, heben das Fahrzeug an und hieven es schließlich an Bord. Was in den Augen des Europäers nur mit Technologie möglich ist, wird in Afrika tagtäglich so bewerkstelligt!

Kaum haben wir den Hafen von Diré verlassen, da schüttet es wie aus Eimern. Alle versuchen, möglichst nicht ganz nass zu werden. Ich schaue mich nach einem trockenen Plätzchen um und finde das Café der 1. Klasse, das völlig leersteht und in dem ich später auch prompt in einen tiefen Schlaf falle. Am Morgen hat sich der Raum in einen gerammelt vollen Massenschlafsaal verwandelt. Um mich herum Mütter und kleine Kinder, nichts als Mütter und Kinder ...!

Endlich Mopti. Als ich meinen Lenker packe, habe ich das Gefühl, mein Schicksal wieder selbst in Händen zu halten.

Einige Tage später Ankunft in Djenné, weltberühmt für seine prächtige Moschee im sudanesischen Baustil, zum UNESCO-Weltkulturerbe der Menschheit zählend. Die Stadt liegt an den Ufern des Niger, ihre traditionellen mehrstöckigen Häuser sind aus sonnengetrockneten Lehmziegeln erbaut und lassen starken arabischen Einfluss erkennen. Beim näheren Hinsehen merkt man jedoch, dass mehrere Kulturen am Werk waren und sich harmonisch miteinander verbinden.

Am Abend stehe ich auf der Dachterrasse meines Hotels und schaue hinunter auf die Straße, wo im Vollmondlicht Kinder herumtanzen und spielen, andere sagen Koransuren auf; aus einem Fernseher ist eine Messe zu hören und von irgendwo anders tönt aus einem Radio in voller Lautstärke congolesische Musik.

Als ich wieder reingehe, ist gerade ein einheimischer Arzt eingetroffen, der zu einer malariakranken französischen Touristin gerufen wurde. Der Raum ist absolut kahl und leer, nichts, wo man etwas hinlegen könnte. Der Arzt macht keine weiteren Umstände, zieht kurzentschlossen einen Schuh aus, schlägt damit einen Nagel in die Wand und hängt daran für die Patientin ein Fläschchen Quinimax.

Die Regenzeit hat etwas Faszinierendes an sich: Zuerst setzt heftiger Wind ein, einige Minuten später folgen Blitze, dann der Regen, der wolkenbruchartig herunterstürzt und in den schlecht isolierten Stromleitungen Kurzschlüsse verursacht, so dass ganze Stadtteile in Dunkelheit versinken. Der Regen trommelt mit Gewalt auf die Blechdächer, überschwemmt die Reisfelder und verwandelt die Pisten bis zur Abtrockung in unbefahrbare Schlammpfade. Ein Gewitter dauert oft mehrere Stunden, in der Landschaft bilden sich Flüsse und kleine Seen, aber danach ist die Luft herrlich frisch und abgekühlt – bis sich in wenigen Tagen der klare Himmel wieder verdüstert und sich das elementare Schauspiel wiederholt.

Eine asphaltierte Straße, die die Verbindung zur »Zivilisation« herstellt, ändert das Leben eines Dorfes von Grund auf. Es entwickelt sich eine gewisse Geschäftstätigkeit, Händler lassen sich längs der Straße nieder, um zu verkaufen, was der Busch zu bieten hat: Feuerholz, Hühner, gegrillte Maiskolben usw. Die wunderschönen Fulbefrauen tragen stockige Ziegenmilch herbei, in Kalebassen, Wasserflaschen und sogar in Motorenölkanistern. Sie sind mit silbernen Arm- und Fußreifen geschmückt und senken einem den Blick aus schwarzen Augen direkt in die Seele … ob sie mir den Frust meines einsamen Lebens ansehen …? Der Durst, den ich habe, den könnte ein ganzer Kanister nicht stillen, der ist anderer Natur …

Mitte August 2000 komme ich in Bamako in der Hauptstadt von Mali an. Mein erster Gang gilt Yvan, einem der beiden Gründer von *Peclot 13,* einer Fahrradrecyclingwerkstatt in Genf. Er bietet mir an, mich zu beherbergen. Welch ein Glück, ich muss nämlich unbedingt etwas tun, um die Furunkel loszuwerden, die mich seit mehreren Monaten plagen. Ich genieße Stadtleben, Spaziergänge, abendliches Ausgehen.

Mein nächstes Ziel ist Guinea, genauer gesagt die kleine Stadt Mamou, wo ich mit Serge Roetheli und Nicole verabredet bin, die vor einigen Monaten wieder aus der Schweiz abgereist sind. Serge setzt in Westafrika seinen »Marathon für humanitäre Ziele« fort, und seine Frau begleitet ihn auf dem Motorrad.

Südwestlich von Bamako wechselt die Straße eine Zeitlang vom Sahel in die tropische Zone über. Als ich an der Grenze von Guinea stehe, geht plötzlich ein Wolkenbruch nieder, die Zöllner winken mich in ihr Holzhäuschen. An der Wand hängt ein Portrait des

Präsidentengenerals, auf dem zu lesen steht: »Ich schwöre es, Lasana Conte ist ein guter Präsident«. Als die Sonne wieder hervorbricht, steht auf der Piste das Wasser so hoch, dass meine Räder bis zur Hälfte darin verschwinden …

Guinea weist vier völlig voneinander verschiedene Landschaftsregionen und Klimazonen auf: Küste, Gebirge, Savanne und tropischen Urwald. Sékou Touré, von 1958 bis 1984 Alleinherrscher, nannte es einen »geologischen Skandal«, weil dort »alle Flüsse zusammenkommen …«. Die Fouta-Dschalon-Kette ist auf meiner Fahrt seit dem Mt. Kenya – und das ist acht Monate her – das erste Gebirge, das diesen Namen verdient. Das angenehm frische Klima ist eine Wohltat auf dem heißen Kontinent, und ihren Beinamen »Afrikanische Schweiz« trägt es mit Recht. In den Hochlagen wird auch tatsächlich Rinderzucht betrieben.

In Mamou, wo sich die Pisten aus Guinea-Bissau und Mali kreuzen, treffe ich Serge und Nicole. Zweieinhalb Jahre ist es her, seit wir uns in Kanada das letzte Mal gesehen haben. Mit ihrem Weltmarathon wollen sie Projekte der humanitären Organisation Terre des Hommes unterstützen. Insgesamt werden sie dabei fünf Jahre unterwegs sein und eine Strecke von 40.000 km zurücklegen. Der Kilometerzähler von Nicoles Motorrad verrät mir, welche Entfernung mich noch von der Schweiz trennt: 7000 km … Nach mehr als 110.000 Fahrradkilometern plötzlich die Erkenntnis, Europa ist ganz nahe! Zwiespalt der Gefühle, Lust, langsamer zu treten, um den Zustand der Zeitlosigkeit zu erhalten, in dem man sich befindet, so lange man noch unterwegs ist. Aber auch Lust, aus Vorfreude auf das Ziel zum Endspurt anzusetzen … Ich stelle fest, dass meine Fähigkeit, Beobachtungen und Entdeckungen zu machen, etwas nachgelassen hat. Eine gewisse Müdigkeit hat sich eingeschlichen. Wie ein chinesisches Sprichwort sagt: »Der letzte Schritt fällt am schwersten …«

Serge leidet unter akuter Sehnenentzündung. Er muss momentan das Laufen unterbrechen. Wir beschließen, per Auto zusammen nach Conakry ans Meer zu fahren, mein Yak ist gleichfalls dabei. Einigermaßen erhalten und intakt sind in der Landeshauptstadt nur Werbeplakate, Tankstellen und die Minarette der Moscheen, alles andere ist nichts als Verfall infolge der extrem hohen Niederschläge … und der langen Diktatur Sékou Tourés, die die Wirtschaft weitgehend ruiniert hat. Guinea wird noch lange brauchen, bis es sich wieder erholt hat.

Während Serge und Nicole mit dem offiziellen Besuchsprogramm von Terre des Hommes beschäftigt sind, leide ich erneut unter einer intensiven Furunkelattacke. Ich fühle mich von Tag zu Tag elender. Es ist wieder ein Malariaanfall, wie die Blutuntersuchung bestätigt. »Die Mücken haben mich müde gemacht«, sagen die Afrikaner. Solange ich mich auskurieren muss, hänge ich am Radio und höre Nachrichten. Ob ich Conakry wohl auf dem gleichen Weg wieder verlassen kann? Aus dem Nachbarland Sierra Leone, das mitten im Bürgerkrieg steht, sind nämlich kürzlich Guerillagruppen in Guinea eingefallen, haben Dörfer angegriffen und ausgeplündert.

Damit ich mit den vor mir liegenden sicherlich zahlreichen Militärkontrollen nicht zu viel Ärger bekomme, fabriziert mir Damien, bei dem ich wohne und der Informatiker ist, ein »Beglaubigungsschreiben« mit »offiziellem« Briefkopf, in dem »ausdrücklich« gebeten wird, »alles zu tun«, um mich auf meiner »sportlich und wissenschaftlich orientierten Reise in jeder Hinsicht zu unterstützen …«

Nach mehreren Wochen Stillstand bin ich noch immer nicht ganz in Form. Viele Stunden muss ich das Rad steile Kehren bergaufschieben, vorbei an Bananen- und Ölpalmenpflanzungen, an Bambuswäldern, Mais- und Maniokfeldern. Eigenartigerweise macht mir nur einer der 43 Kontrollposten auf der 600 km langen Strecke bis zum nächsten Land Guinea-Bissau Schwierigkeiten. Die Militärs verlangen Pass, Impfzeugnis, Radfahrerlaubnis, ganz offensichtlich ist ihnen jeder Vorwand recht, um mich zu schröpfen. Wie einen Joker ziehe ich dann jedesmal mein »Beglaubigungsschreiben« aus der Tasche, und siehe da, es verfehlt seine

Wirkung nicht! Mit einem Schlag wendet sich jedesmal das Blatt! Heuchlerisch werde ich mit – wenn auch zweifelhafter – Zuvorkommenheit behandelt. Die Buschtaxi-Chauffeure haben dieses Glück nicht, sie sind ganz dem guten und dem bösen Willen der Militärs und Polizisten ausgeliefert …

Die beiden Guineas sind aus politischen Gründen verfeindete Schwestern. Guinea-Bissau besitzt keine diplomatische Vertretung in Conakry, ich komme also ohne Visum an die Grenze. »Es wird schon klappen«, sage ich mir, »vielleicht lassen sie mit sich reden …«

Doch weit gefehlt! Der Empfang ist zwar sehr freundlich, aber ein Einreisevisum bekomme ich an der Grenze nicht. Es hilft alles nichts, ich muss mein Velo dem Apotheker anvertrauen und in Begleitung des Zöllners mit dem Buschtaxi 62 km ins Inland in den nächsten Ort fahren, nach Gabú. Zweimal haben wir auf der schlechten Straße einen platten Reifen, und es bleibt uns nicht erspart, die letzten Kilometer zu Fuß zurückzulegen. Nach einer Stunde Wartezeit kommt schließlich der Beamte und setzt mit großer Liebenswürdigkeit ein winziges Visum in meinen Pass, so winzig wie sein Land, das auf 36.000 qkm etwas über eine Million Einwohner zählt.

Zwei Tage später Ankunft in der Hauptstadt Bissau, auf einer langen vierspurigen Einfallstraße, die von den Chinesen erbaut wurde. Wie in allen Ländern der westafrikanischen Küste offerieren die großen ausländischen Fischereifirmen den Ländern Infrastrukturen als Gegenleistung für ungehinderten Fischfang mit jeder beliebigen Methode in deren Hoheitsgewässern – »die schönen Tintenfische für Europa, und die kleinen Fischchen für Guinea-Bissau …« Die Fischereiflotte von Guinea-Bissau verfügt nur noch über zwei Schiffe, die allerdings beide außer Betrieb sind.

Bei der Stadteinfahrt steht ein Panzer aus dem letzten Bürgerkrieg 1998/99, seine Kanone auf die Ankömmlinge richtend. Zahlreiche Gebäude aus der portugiesischen Zeit des Landes sind am Verfallen. Selbst der Präsidentenpalast, von einem Bombardement verwüstet, liegt verlassen.

Auf dem Markt findet man nur das Allernotwendigste, und das, wie in anderen armen afrikanischen Ländern auch, nur in winzigsten Mengen. Die Taxis sind alte Modelle der Marke Mercedes, bei denen man sich oft wundert, dass sie überhaupt noch fahren. Die elektrischen Stromleitungen wurden fast alle abmontiert und gestohlen, nur die Masten hat man stehengelassen. Keine Bank nimmt amerikanische Dollar entgegen, aber auf dem Schwarzmarkt kann man sie wechseln. Man spürt, wie im Congo, dass das Land total heruntergewirtschaftet ist und kaum eine Möglichkeit hat, ohne beträchtliche finanzielle Hilfe und rigorose Ausrottung der Korruption wieder auf die Beine zu kommen … Einstweilen fährt der Präsident pro Tag mindestens einmal in seiner blitzenden schwarzen Limousine hinter getönten Fensterscheiben langsam durch die Stadt, eskortiert von zwei Fahrzeugen vollbewaffneter Militärs …

Im Besitz der Visa für Senegal und Gambia verlasse ich die Hauptstadt wieder. Bei der ersten Flussüberfahrt sind zähe Verhandlungen erforderlich, damit mein Rad doch noch auf die bereits übervolle Piroge geladen wird. Früher soll es eine Fähre gegeben haben, aber den Pirogenbesitzern war die Konkurrenz ein Dorn im Auge, man sagt, sie hätten Sabotage verübt, einfach den Motor der Fähre kaputtgemacht … und ihre Preise erhöht. Alpha Blondy hat recht, wenn er singt: »Die schlimmsten Feinde Afrikas sind die Afrikaner.«

Plötzlich übermannt mich ein Gefühl großer Schwäche. Unfähig, weiterzutreten, sacke ich unter einem Baum zusammen. Wieder ein Malariaanfall! Dadurch, dass ich über große Entfernungen alleine unterwegs bin, lernte ich meinen Körper sehr genau kennen und merke sofort, wenn ich ernsthaft krank werde. Leute von einem Dorf führen mich in den Schatten eines Palmdaches, wo ich mich niederlege und augenblicklich einschlafe. Als ich einige Stunden später aufwache, bringen sie mich in eine Missionsstation. Hier bin ich in guten Händen. Die italienischen und brasilianischen Padres, die mich pflegen, wissen, was zu tun ist, sie kennen die Malaria meist aus eigener Erfahrung und besitzen die geeigneten Medikamente.

Ich bewundere das Engagement, mit dem sie sich voll für die anderen einsetzen. Sie bilden junge Leute aus in der Landwirtschaft, in Schweißtechnik und in der Bedienung von Werkzeugmaschinen. Die Lebensbedingungen im Busch sind hart, aber sie lassen sich nicht entmutigen. Ein brasilianischer Pater sagt mir, dass selbst nach 27 Jahren das »geheimnisvolle Afrika seiner Kindheit« ihm noch nicht alle Geheimnisse verraten hat. Er führt mich durch die Palmen- und Orangenplantage, die er vor nächtlichen Diebereien durch eine Backsteinmauer zu schützen sucht. Seiner Meinung nach könnte Guinea-Bissau sehr gut von Fischerei, Forst- und Landwirtschaft leben.

Nach fünf Tagen Ruhe und Pflege nehme ich bewegt von den Missionaren Abschied. Diesmal hatte die Malaria doch ihr Gutes.

Noch am gleichen Tag gelange ich zur Casamance. Eingeklemmt zwischen Guinea-Bissau und Gambia wurde dieses Territorium vor langer Zeit von den Portugiesen an die Franzosen verkauft, die es dem Senegal angliederten. Aber wegen der großen Fruchtbarkeit der Erde und des idealen Klimas kämpft seit mehreren Jahren eine Befreiungsarmee für die Unabhängigkeit dieses Landstrichs.

An der senegalesischen Grenze erwarten mich ein Panzer und drei Maschinengewehre. Meine Taschen werden durchsucht, und alle 15 km bis zur Stadt Ziguinchor ist Passkontrolle. Anschließend setze ich über den Casamance-Fluss und fahre Richtung Banjul in Gambia.

Wie vielfach in Afrika wurde auch für die Strecke nach Banjul Material verwendet, das dem Tropenklima nicht lange standhält. Mit jeder Regenzeit zerfällt die Straße mehr. Fortdauernd entstehen durch die Lastwagen und die Buschtaxis Parallelpisten, weil diese nur so den enormen Schlaglöchern ausweichen können. So habe ich die Straße ganz für mich allein und fahre eben etwas Slalom … Trotz meiner Langsamkeit schaffe ich es, in weniger als einer Woche drei Länder zu durchfahren, in denen drei verschiedene Sprachen gesprochen werden – Portugiesisch, Französisch und Englisch, um dann im vierten anzukommen, wo wieder Französisch gesprochen wird.

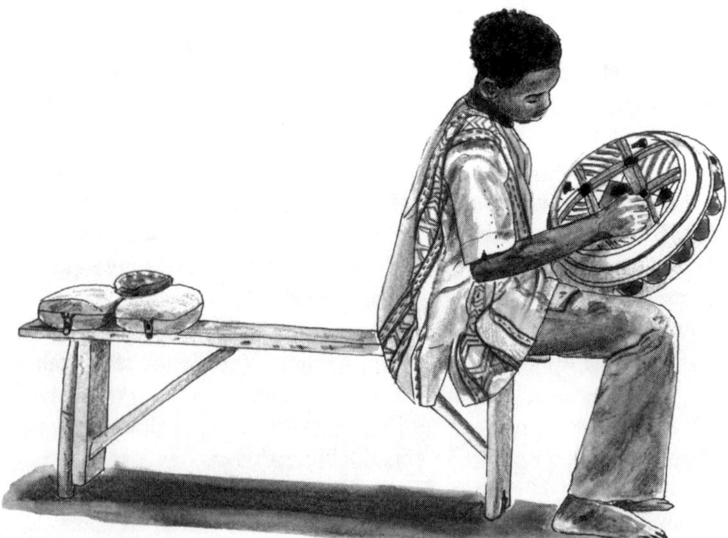

KAPITEL XX

VERMINTE STRECKEN

In Banjul setze ich mit der Fähre über den Gambiafluss und bin kurz danach wieder im Senegal. Es ist beeindruckend: Im Vergleich zu seinen Nachbarn scheint dieses Land eine wirtschaftliche Großmacht. Zahllose Geschäfte, selbst in kleineren Städten, bieten ein erstaunliches Sortiment an Waren an. Hier gibt es auch Zeitungen, das bedeutet weniger Analphabetentum. Wassertürme, Kindergärten und Telefonzentren, von denen man in alle Länder der Welt anrufen kann, sind unverkennbare Zeichen des Wohlstands.

Dakar und seine Hochhäuser bringen mich mit einem Mal Europa sehr viel näher. Ein breiter Industriegürtel ist um die Hauptstadt entstanden. Mit Abidjan, Hauptstadt der Elfenbeinküste, ist Dakar eine der beiden bedeutendsten Hafenstädte Westafrikas, was, in Verbindung mit seiner engen Beziehung zu Frankreich, seine rasche Entwicklung zu einer modernen Stadt ermöglicht hat.

Kaum einige Tage in Dakar, erlebe ich eine große Überraschung: Ich habe gerade beim DHL-Kurier ein Paket mit Radersatzteilen abgeholt, da hält neben mir ein Auto. Ein Mann mit asiatischem Aussehen steigt aus und spricht mich an. Bei ihm wohne ein Japaner, sagt er, der ebenfalls per Rad unterwegs sei … Unwillkürlich muss ich an einen Freund denken, der 1991 bei mir in Genf übernachtete. »Daisuke Nakanishi?« frage ich. Der Mann nickt, telefoniert auf seinem Handy, sagt etwas auf Japanisch und gibt mir den Apparat weiter. Daisuke ist am anderen Ende! Welch ein Zufall!

Der mich ansprach heißt Kondo und arbeitet als Techniker bei der japanischen Botschaft. Er wohnt in einem großen Appartement mitten im Stadtzentrum und schlägt mir vor, ihm hinterherzufahren, damit ich meinen Freund bei ihm treffen kann.

Das Wiedersehen ist überwältigend, doch erneut plagen mich Gesundheitsprobleme – Furunkel und ein vierter Malariaanfall! Diesmal brauche ich zwei Wochen, in denen ich von meinen

Freunden mit feinem japanischem Essen verwöhnt und gesundgepflegt werde. Danach bin ich wieder auf den Beinen.

Daisuke und ich fahren gemeinsam los, einen Tag später trennen sich allerdings unsere Wege: Er steuert Richtung Osten, nach Mali, ich weiter nordwärts. Meine Beine sind noch geschwächt, als ich die 3600 km, die bis Tanger vor mir liegen, in Angriff nehme.

Die Landschaft wird immer kahler und trockener. Nächstes Ziel ist Saint Louis. In der Kolonialzeit Hauptstadt von Senegal, ist es heute dank seiner Geschichte und seiner interessanten Architektur ein touristischer Anziehungspunkt geworden. Die Stadt liegt an der Mündung des Senegalflusses, der die Sahara nach Süden abgrenzt, aber auch in anderer Hinsicht eine wichtige Trennlinie ist, wie mir im Laufe der Fahrt klar wird. So stelle ich fest, dass sich an diesem Fluss Klimazonen, Rassen, Kulturen, Religionen und politische Einstellungen scheiden. Nach eineinhalb Jahren Schwarzafrika mit seinen fröhlichen, offenen Menschen, seiner rhythmischen Musik und der üppigen Vegetation komme ich in die Stille der Sahara und zu den eher zurückhaltenden Menschen arabischer Herkunft. In ihrem unbeugsamen Stolz erkenne ich die Kargheit ihres Lebensraums, der Wüste aller Wüsten.

Ich verlasse den Senegal 100 km weiter flussaufwärts bei Rosso und setze nach Mauretanien über. Bereits an Bord der Fähre gibt es Ärger. Nachdem ich als Fahrpreis eine winzige Summe bezahlt habe, verlangt man noch 9 Francs für mein Fahrrad und außerdem eine horrende »Gemeindesteuer«. Kaum sind wir am anderen Ufer, da beschlagnahmt ein Polizeitrupp die Pässe. Fest entschlossen, mich diesmal nicht reinlegen zu lassen, gehe ich direkt zum Polizeichef. Doch der lässt mich abblitzen: »Gesetz ist Gesetz. Entweder Sie zahlen oder Sie gehen in den Senegal zurück.«

Ich habe keine Wahl, denn er hat meinen Pass in Händen. Nein, nein, Schmu wird hier bestimmt nicht getrieben, deshalb bekomme ich ordnungsgemäß eine Quittung ausgestellt.

Im zweiten Büro muss ich auf einem leeren Blatt Papier eine Devisenerklärung abgeben.

Bei der dritten Kontrolle spiele ich den mutigen, aber müden Abenteurer. Umsonst. Jetzt wird eine »Radfahrerlaubnis« verlangt, zum Glück ohne viel Nachdruck.

Aber diese Schikanen sind lachhaft, wenn ich daran denke, dass man mir in Dakar 100 Dollar für das mauretanische Visum abgenommen hat. Zu allem Überfluss habe ich ein paar Kilometer weiter zwei Plattfüße. Gottseidank weiß ich noch nicht, dass ich bis Südmarokko ständig Gegenwind haben werde …

Bis Nouakchott erstreckt sich eine riesige Reg, eine Geröllwüste, in der zuweilen helle Sanddünen oder Dromedarweiden für etwas Abwechslung sorgen. Hin und wieder weht mir bestialischer Gestank in die Nase, irgendwo ist ein Hund, ein Esel oder ein Kamel verendet und der Wind trägt den Leichengeruch weiter … Eines Tage macht mir ein alter Mann am Rand der Piste energisch Zeichen, anzuhalten, worauf er mir unmissverständlich zu verstehen gibt, dass er auf dem Gepäckträger mitfahren will. Wo doch mein Rad so schon 90 kg wiegt! Und dabei noch gegen den Wind!

Wenn der Tag zur Neige geht, halte ich gewöhnlich in einem Nomadenlager und werde immer gut aufgenommen. Es ist die Zeit, wo die Männer die Kamele melken. Kamelmilch ist ein sehr wertvolles Nahrungsmittel und für die Nomaden unentbehrlich. Sie mischen sie mit Wasser, geben Zucker hinein, oder, wenn sie es sich leisten können, Coca Cola! Die Einheimischen trinken leicht aus einer Kalebasse, mir gelingt es nie so recht, meistens läuft mir der Milchschaum bis an die Ohren und alles lacht. Die Abende im Zelt – so etwas Herrliches! Endlich vor dem Wind geschützt, macht man es sich auf den Teppichen bequem und wir essen Reis und Bohnen. Oft muss für die Verständigung die Zeichensprache herhalten. Die Nomaden zeigen mir, wie sie Tee zubereiten, ich zeige ihnen Bilder von der Reise. Die Karte von Westafrika macht sie perplex. Die Wüste befindet sich für sie nicht auf dem Papier, sondern ringsum, da, wo sie selbst sind, und für die Orientierung sorgen Spuren, Brunnen, der Himmel und seine Gestirne.

Nouakchott, die mauretanische Hauptstadt, taucht plötzlich aus dem Sand auf wie ein riesiges Dorf, dessen Lehmhäuser man vom Erdboden gar nicht unterscheiden kann. In der Stadtmitte stehen einige massivere Gebäude längs der wenigen asphaltierten Straßenabschnitte. Ich verbringe mehrere Tage bei einer Tuaregfamilie, die vor einigen Jahren aus Mali hierhergezogen ist. Nachdem ich mich über den Pistenzustand und die Möglichkeiten der Trinkwasserbeschaffung auf dem Weg nach Marokko erkundigt habe, beschließe ich, über Choum im Nordosten nach Nouadhibou am Atlantik zu fahren und von da aus an der Küste entlangzuradeln.

In einer Herberge in Akjoujt läuft mir ein französisches Fernsehteam über den Weg, das eigens für die Rallye Paris – Dakar hier ist. Die Journalisten zeigen sich an meiner Reise sehr interessiert und schlagen mir vor, noch am gleichen Nachmittag ein paar Aufnahmen zu machen. Sie filmen vom Auto aus, während ich in die Pedale trete. Es ist natürlich schmeichelhaft, zu denken, dass ich demnächst in Europa auf dem Bildschirm erscheine, aber ich werde das ungute Gefühl nicht los, das Adrargebirge im Hintergrund sei eine Filmkulisse für ein abgesprochenes Szenario, in dem ich Langstreckenradler spiele.

In Atar lädt mich ein Mauretanier, der 44-jährige Sidi Ahmed, Vater von sieben Kindern, zu sich nach Hause ein. Wie in fast allen mauretanischen Häusern ist im Innenhof ein Zelt aufgeschlagen; in dem bringt Sidi Ahmed den größten Teil seiner Zeit zu, wahrscheinlich deshalb, weil seine Nomadenseele hier freier atmen kann. Er kennt Theodore Mono; er hat ihn, so erzählt er mir, vor langen Jahren in die Wüste begleitet.

Während meines Aufenthalts treffe ich in den Straßen von Atar einen Radlerkollegen. Der junge Franzose heißt Fabrice, ist 22 Jahre alt und vor zwei Monaten aufgebrochen, um eineinhalb Jahre in der Welt herumzugondeln. Er hat eine Schule für Filmemacher absolviert und möchte etwas drehen mit dem Thema »Leute unterwegs«. Wir verstehen uns auf Anhieb – und schon wieder stehe ich vor der Kamera! Diesmal fühle ich mich wohler dabei: Fabrice will nicht Sensationslust befriedigen, sondern zeigen, was Reisen bedeuten kann, will Gefühle und Gedanken mitteilen.

Ich suche immer Bücher, die mir Einblick geben in das Land, wo ich mich gerade aufhalte, aus ihnen kann ich mehr entnehmen als aus dem besten Reiseführer. Was für ein seltsamer Zufall, dass ich mich ausgerechnet am 23. November 2000 in die Lektüre von Theodore Monods »Meharees« vertieft habe, als Radio France Internationale meldet, Monod sei gestorben. Er war 98 Jahre alt ...

■ *Mauretanische Piste zwischen Atar und Choum*

Der Ramadan hat begonnen, am Tag scheint das Leben stillzustehen, erst nach Sonnenuntergang kommt es wieder zu seinem Recht, jetzt wird gegessen und alle werden wieder lebendig.

Fabrice und ich verbringen unsere Abende im Laden nebenan, mit jungen Mädchen, die zu Sidi Ahmeds Familie gehören. Sie singen und schlagen dazu auf Blechkanistern den Takt. Sobald ein Mauretanier den Raum betritt, sind sie wie verwandelt: Die Etikette ist streng und muss respektiert werden ... in der Öffentlichkeit.

Wir besuchen Chinguetti; es war einmal ein wichtiger Karawanenumschlagplatz, heute wird diese Oase als die siebte unter den heiligen Städten des Islam angesehen. Chinguetti rühmt sich, genau wie Timbuktu, einer sehr alten islamischen Bibliothek.

Nach diesem Ausflug trennen sich unsere Wege: Fabrice will nach Dakar, dort nimmt er ein Flugzeug nach Südamerika, ich steuere Richtung Choum. Nach zwei harten Tagen, in denen ich 120 km einer entsetzlichen Piste hinter mich bringe, komme ich bei Einbruch der Dunkelheit völlig erschöpft dort an.

Jetzt ist die Piste zu Ende. Ab hier gibt es nur noch ein Verkehrsmittel, den längsten Zug der Welt, jenes staunenswerte Ungeheuer, mit dem das Eisenerz von Zouirat nach Nouadhibou befördert wird. Auf der 700 km langen Strecke fährt täglich dreimal ein Zug mit jeweils mehr als 200 Waggons bis direkt an den Hafen. Die Erde zittert, der eiserne Lindwurm keucht auf ausgefahrenen Schienen heran. Alle Hände helfen zusammen, im Nu sind die Ballen mit dem Gepäck der Mitreisenden und auch mein Velo auf einem Waggon voll Eisenerz verstaut. Man packt sich warm ein und sucht sein Plätzchen für die kühle Nacht auf dem Zug, der nichts zu sein scheint als geballte Energie, die sich unaufhaltsam in die endlose Wüste hineinfrisst.

Im Morgengrauen erreichen wir den Atlantischen Ozean, der im ersten Licht des Tages unendlich groß vor uns liegt. Bald sieht man in der Ferne Nouadhibou. Wie viele größere Städte hat auch diese ihre traurigen Vorboten: Tausende von Plastiktüten, die an der stacheligen Vegetation hängengeblieben sind. Wie lang der Zug ist, erkennt man daran, dass die Lokomotive im Hafen ankommt, und unser Waggon noch einige Kilometer von der Küste entfernt ist. Nouadhibou ist zweitgrößte Stadt des Landes und verdankt seinen Wohlstand den Erzvorkommen von Zouirat und seiner fischreichen Küste.

Seit Beginn der politischen Unruhen in Algerien läuft der ehemalige Nord-Süd-Verkehr durch die Sahara über Marokko und Mauretanien. Wegen des Saharaoui-Konflikts wurde die mauretanisch-marokkanische Grenze in Nordrichtung erst vor einem Jahr geöffnet, und seitlich der Piste ist das Gelände noch immer vermint. Zweimal pro Woche geht ein Konvoi mit allen Fahrzeugen – Fahrräder natürlich ausgenommen – von Dakhla bzw. Nouadhibou ab, Fahrer und Passagiere müssen ihre Pässe bei den Marokkanern abgeben und erhalten sie nach der Ankunft wieder.

Trotz dieser strengen Regelung beschließe ich, das Abenteuer zu wagen. Ich decke mich für etwa eine Woche mit Proviant ein, denn ich weiß, dass mich nach etwa 50 km Piste eine asphaltierte Straße erwartet.

Ich brauche einen Tag bis zur Grenze; in mühseliger Strampelei arbeite ich mich voran, wenn ich nicht absteige und den Yak mit Gewalt durch den weglosen Sand zerre. Aber ich wage nicht einen Schritt zur Seite, denn ich habe keine Lust, meine Reise auf einer der Minen zu beenden, die rechts und links des Wegs liegen.

Mit viel Anstrengung habe ich endlich einen Dünenhügel bewältigt, da entdecke ich – welche Freude – den mauretanischen Grenzposten. Die fünf Militärs verrichten gerade ihr Gebet. Sie sind so vertieft, dass sie mich gar nicht hören, und erst als ich mein Rad hinter ihnen in den Sand fallen lasse, drehen sie sich um. Nach einer kurzen Diskussion, in der sie versuchen, mich zum Islam zu bekehren, lassen sie mich weiterziehen. Die Piste durch das Niemandsland ist durch weißbemalte Steine gekennzeichnet. Eine Schnur, zwischen zwei Steinkegeln gespannt, sagt mir, dass ich jetzt marokkanischen Boden betrete. Aber es ist bereits Nacht, und der Grenzposten geschlossen. So schlafe ich im Freien, in der Nähe einer Gruppe von Mauretaniern, die mit dem Auto unterwegs sind.

Am nächsten Morgen präsentieren wir uns an der Grenze, und die marokkanischen Militärs erlauben mir, die 8 km Asphaltstraße bis zum Zoll weiterzuradeln. Auf meiner ganzen Afrikatour sind es nur die darauf folgenden 340 km, die ich nicht mit dem Rad zurücklege, in den Augen der Zöllner ein Glück, dass ich nicht zu fahren brauche, für mich aber eine Enttäuschung, dass ich es nicht darf. Als ich nicht nachgeben will, heißt es nur »Mi-li-tär-zo-ne!« Fertig aus.

Gegen Abend kommt aus dem Norden ein Konvoi. Wie eine Invasion ergießen sich an die 50 Fahrzeuge aller Bauarten und Dimensionen auf den Platz, wo ich die Nacht zuvor mein Lager aufgeschlagen habe. Die meisten Fahrer sind Europäer, die das Auto in Schwarzafrika verkaufen wollen, häufig nur mit dem Ziel, vom Erlös den Rückflug zu finanzieren. Andere kommen für länger, sind abenteuerhungrig, und haben – wahrscheinlich um mangelnde Erfahrung auszugleichen –, die unmöglichsten Dinge dabei.

Diese Flut modernen Wohlstands, ihr Lärm und ihre Geschäftigkeit, zerreißen plötzlich die Stille und Ruhe der Wüste. Ich kann mir vorstellen, was angesichts der beiden Welten, die hier so krass aufeinanderprallen, in den Zöllnern vorgeht …

Zwei Tage später nehmen mich zwei Spanier in ihrem Jeep nach Dakhla mit. Am nächsten Morgen bekommt jeder wieder seinen Pass, und es trennen sich unsere Wege. Die Garnisonsstadt Dakhla lockt ohnehin nicht zum Verweilen.

Ich entdecke nach und nach Zeichen technologischer Entwicklung, die unverkennbar darauf hindeuten, dass ich mich in einem reicheren, besser organisierten Land befinde.

Die 500 km, die am Atlantik entlang nach Laayoune zu bewältigen sind, muss ich mich mit allen Kräften in die Pedale stemmen, um gegen den Wind ganze 10 Stundenkilometer zu schaffen. Vergeblich suche ich in dieser gesichtslosen Landschaft einen geschützten Platz zum Rasten. Hohe Dünen, die die Straße zu verwehen drohen, kündigen die Hauptstadt der ehemaligen Spanisch-Sahara an. Laayoune, ehemals Hochburg der Saharaouis, heute unter Kontrolle der marokkanischen Armee, ist eine Siedlung, die auf die Schnelle mit Fertigbauteilen errichtet wurde. Ich bleibe dort eine Nacht und erreiche am nächsten Morgen Tarfaya. Nicht weit von hier ist Antoine de St.-Exupéry mit seiner Maschine abgestürzt. Dieser Unfall inspirierte ihn zu seinem Märchen »Der kleine Prinz«. Zu seiner Erinnerung hat man an dieser Stelle eine kupferne Nachbildung seines Flugzeugs aufgestellt.

Ab Dakhla steht an jeder Ortsein- und Ausfahrt Polizei und kontrolliert alle Fahrzeuge. Die Polizisten in Guelmim zeigen lebhaftes Interesse an meiner Fahrt und erzählen mir von einem

Marokkaner namens Kadiri Driss, der, obwohl mit Klumpfüßen behaftet, ebenfalls mit dem Fahrrad die Welt umfahren und ein Buch darüber veröffentlicht hat.

Die Rallye Paris – Dakar versetzt Guelmim in besondere Aufregung. Militärs und Polizisten haben wegen der Drohungen der Polisario einen Schutzgürtel um ein großes Areal rings um den Flugplatz aufgebaut, das der Rallye als Basislager dient. Flugzeuge speien ein Heer von Journalisten aus. Autos, Lastwagen und Motorräder, vollgekleistert mit Werbung, erfüllen die kleine Stadt mit Lärm und Abgasen.

Die ganze Nacht arbeiten Mechaniker in starkem Scheinwerferlicht an der Vorbereitung der Fahrzeuge für die nächste Etappe. Das Missverhältnis zwischen den Mitteln, die für diese Rallye reicher Nationen aufgeboten werden, und der Realität Afrikas ist geradezu obszön. Während die Afrikaner den Straßenbau auch mit größten Anstrengungen kaum finanzieren können, werden auf dieser Rallye kolossale Summen investiert, um Pisten zu verwüsten und dem Zirkus, der hier veranstaltet wird, ein verlogenes Image aufzuprägen. Dieses Gesicht Europas beschämt mich … Glücklicherweise dauert der Spuk nicht lange, und zwei Tage später ist in Guelmim wieder Ruhe eingekehrt.

KAPITEL XXI

DIE UNERTRÄGLICHE LEICHTIGKEIT EINES FAHRRADES

Nach zwei Wochen Aufenthalt in Guelmim schwinge ich mich in den Sattel und richte entschlossen meinen Lenker nach Norden. Doch die freundlichen Menschen und die schöne Landschaft, zusammen mit der Angst vor der Ankunft, halten mich vier Monate in Marokko zurück! Obwohl noch immer 2500 km von der Schweiz entfernt, spüre ich, die Reise geht unweigerlich ihrem Ende entgegen, die Entfernung, die bleibt, scheint mir recht gering. Aber in meinem Kopf will ich noch gar nicht nach Hause. Meine Freiheit ist für mich untrennbar verbunden mit der Strecke, die noch vor mir liegt … Zweifellos der Grund, warum ich immer wieder neue Umwege erfinde …

Von Tafraoute hinauf auf den Dschebel Toubkal (4127 m) – wie herrlich, wieder im Gebirge zu sein! Das hat mir auf diesem Kontinent am meisten gefehlt. Nach der Sahara eine Wohltat! Danach Marrakesch, Ouarzazate und ein mehrtägiger Abstecher nach Süden in die Wüste, bis nach Zagora, anschließend die Schluchten von Todra und Dades, und wieder in die Wüste, nach Rissani …

Auf dieser ganzen Fahrt versuche ich immer wieder, Mohammed Azourar ausfindig zu machen, und finde ihn – bei sich zu Hause in Azrou! Mohammed, an beiden Beinen fast völlig gelähmt, hat kaum Mittel und trotzdem verschiedene respektable Touren unternommen – alles auf seinem Rolli, den er mit Handpedalen vorwärtsbewegt. Er begrüßt mich herzlich. Dann zeigt er mir seine Landkarten. Mehr als 17.000 km hat er in Marokko und Libyen auf diese Weise zurückgelegt! Wir beschließen, eine Etappe von 50 Kilometern gemeinsam zu fahren, auf der wir einen Pass von 1750 Metern überqueren … mit einer Stundengeschwindigkeit von 3,5 Kilometern! Dass Begeisterung Berge bezwingt, wäre wieder einmal bewiesen!

Gegen Ende März 2001, nach einem letzten Umweg mit Besteigung des M'Goun (4067 m), die Atlantikküste, Casablanca. Zu meiner Freude finde ich da einen Freund vor, von Beruf Filmemacher, der gekommen ist, um eine Reportage über meine Rückkehr zu machen und der mich bis Tanger begleitet.

Seine Fragen helfen mir, in diesem delikaten Moment, wo sich der Traum schon fast verwirklicht hat, meine Gefühle etwas klarer zu erkennen. Was kommt jetzt? Bin ich dazu geschaffen, in vier Wänden »ein geregeltes Leben« zu führen, mich der Diktatur der Uhr zu beugen, kurz gesagt, »sesshaft« zu werden? Oder bin ich ein für alle Mal »programmiert«, ein Nomadendasein zu führen?

Auf dem Weg nach Norden fahre ich mitten durch Spanien, überquere die Pyrenäen und das Zentralmassiv und mache Besuche bei Reisefreunden, die vor mir nach Hause gekommen sind.

Am 26. Mai 2001 stehe ich im Jura an der Schweizer Grenze, ungefähr 40 km hätte ich noch bis Genf. Doch ich komme mir fremd vor, habe das Gefühl, ein neues Land zu entdecken … so ungewohnt ist alles, dass ich erst noch 750 km in der Schweiz herumfahre, bevor ich dahin zurückkehre, wo ich losgefahren bin …

■ *Velo-Nomade Claude Marthaler in Marokko 2001*

Ich habe es erreicht! Ich habe mich sattgeradelt. Die Erde hat mich lange herumgeschüttelt und mich dabei empfindlicher gemacht. Nach so vielen Reisejahren ist es mir, als hätte ich alle sicheren Überzeugungen in mir ausgelöscht. Ich habe Angst, die Welt zu reduzieren oder zu vereinfachen, Angst, ihr nicht gerecht zu werden … Was ich fühle, kommt noch am ehesten in meinem *Yak* zum Ausdruck, der ruhig und vertrauensvoll vor mir steht und Rückwärtsgang und Grenzen souverän ignoriert.

DANKSAGUNG

Mein Dank gilt meinen Eltern für ihre moralische Unterstützung, ganz besonders meiner Mutter für ihre unermüdliche Tätigkeit als Koordinatorin; meinen Reisegefährtinnen und Gefährten Ute, Monica, Lisa, Ruedas, Matt, Jamie. Der Künstlerin Mami Kawazaki für die herzliche Gastfreundschaft in Tokyo, Zahnarzt Yoshiaki Fujimori für seine Behandlung.

Ganz herzlich danke ich Thierry Bolle von *Scott Europe* für das erste Fahrrad und die Ersatzteile (und Nobu Yamamoto von *Scott Japan*), Rob Mossman von *Schwinn USA* für die beiden »Reinkarnationen« des Rads, Suzie und Herman Mills, Gotty Hansen, Südafrika, für den letzten Rahmen, Matthias Thürer und Nicolas Cacheux, DHL Genf, für den Versand von Ersatzteilen in alle vier Himmelsrichtungen, Theo Weilenmann und Martin Wunderli von *VeloPlus* für die Ausrüstung, Martine Duval von *Bohle Frankreich* und M. Süsselbeck von *Bohle Deutschland* für die Schwalbereifen, Stephen und Alison Guerin, USA, für Entwurf und Aktualisierung meiner Website auf www.redfish.com/yak, Claudia Schönig und Kurt Zobrist von der *Mepha AG* für die finanzielle Unterstützung.

Ich danke außerdem den Firmen *Cebe* (Brillen), *Roger Guenat* (Stirnlampe), *Hors-Piste* (Sportkleidung), *Ilford-Anitec AG* (s/w-Filme), Hideo Koshigaya von *Ishi Sports,* Japan (Ausrüstung), Dr. D. Stehli von *Katadyn Produits S.A.* (Wasserfilter), Herrn Bettina von *Olmo Sport AG* (Sportkleidung), Doreen Miranda von *North Face,* USA (Zeltreparatur und Ausrüstung), Rick Sayer von *Patagonia, USA* und Emmanuelle Grenier von *Patagonia France* (Sportkleidung), Nicole Weber von *Sevysa S.A.* (Uhr und Brille), Greg Demopoulos von *Sun Rims* (Tandemspeichen), Shingo Tokuhara und Kazuya Kawamura von *T.S.Corporation, Japan* (finanzielle Unterstützung und Sportkleidung), Michele Albrecht von *Tecnica* (Sportkleidung und -Schuhe), *VeloBüro* (Flaschenbefestigung),

Veloracing MTB (Gepäckträger Bruce Gordon) und *Victorinox* (Taschenmesser). Für die Reparatur meiner Radtaschen: *Rainbow Forest,* USA, *Ostrich Japan,* und Paul M. Freier von *Karrimor* (Südafrika).

Ein großes Dankeschön an die *Tribune de Genève,* an Craig Rix *(Travel Africa Magazine)* und Peter Eland *(VeloVision Magazine),* beide in England, für die redaktionelle Hilfe, an *Hans U. Balthasar* für die Kontakte in den Schweizer Medien.

Ein großes Dankeschön gilt den *Editions Olizane,* ganz besonders *Sylviane Janin,* ohne die dieses Buch nicht zustandegekommen wäre, *Bertrand Soulié,* der die Illustrationen übernommen hat, und dem Fotografen *Hervé Le Cunff,* der so freundlich war, das Bild auf der Umschlagseite zur Verfügung zu stellen. Dank auch der Übersetzerin der französischen Ausgabe dieses Buches, *Irmengard Iwaya Nussbaumer* sowie *Helmut Hermann* vom Verlag *Reise Know-How* für Lektorat und deutschsprachige Ausgabe.

Außerdem danke ich von ganzem Herzen allen, die mir halfen, mich auf meinem Weg ermutigten und so die Verwirklichung dieses langgehegten Traumes ermöglichten.

INTERVIEW MIT DEM WELTUMRADLER

Gespräch mit dem Velosoph und Yakman Claude Marthaler
Interview: Daniel B. Peterlunger
(Erschienen im GLOBETROTTER-Magazin in Zürich/Schweiz; der Verlag dankt für die freundliche Genehmigung des Abdrucks)

Zuhause wird man es selten gefragt, auf Reisen immer wieder: Woher kommst Du, wohin gehst Du, wer bist Du?
In der Schweiz hat mich tatsächlich noch niemand danach gefragt! (lacht) Ich bin im Spital in Genf geboren und bin jetzt 41 Jahre alt. Ich bin Claude Marthaler, und ich gehe nach Oberdiessbach, Freunde besuchen!

Du hast als Sozialarbeiter mehrere Jahre gearbeitet. Hat das eine Bedeutung oder einen Einfluss auf Deine Reise gehabt?
Nein, außer dass es die gleiche Person ist, die beides gemacht hat.

Ursprünglich wolltest Du nach Japan fahren. Weshalb Japan?
Ich wollte durch Eurasien radeln, in die Berge, durch den Kaukasus, dann ins Tien-Shan-Gebirge, zum Pamir und in den Himalaya. Am Ende dieser Linie liegt halt Japan.

Weshalb wolltest Du in die asiatischen Gebirge?
Schon als Kind war ich mit den Eltern oft in den Alpen, zu Fuß und auf Skitouren. Da ist man der Natur ganz nahe, man wird zum Sohn der Landschaft. Berge sind ein Teil meines Lebens geworden, es sind meine Fixpunkte. Ich suche sie immer wieder. Den Himalaya hatte ich schon auf einer früheren Reise besucht, vor allem den südlichen Teil, Pakistan, Indien und Nepal. Diesmal wollte ich den nördlichen Teil – Tibet – besuchen. Schließlich bin ich nach drei Jahren in Japan gelandet. Geplant waren zwei Jahre. Aber das macht nichts.

Wie hast Du Dich auf diese Reise materiell und geistig vorbereitet?
Für Velo und Ausrüstung habe ich Sponsoren gesucht. Ich wusste von früheren Reisen, was ich brauche. Ich nahm viel Literatur mit, geistige Nahrung für unterwegs, Bücher von Bruce Chatwin und Nicolas Bouvier. Unterwegs lese ich am liebsten die Schriftsteller des jeweiligen Landes, das ich gerade besuche. In Indien zum Beispiel den Autor Salman Rushdie. Reiseführer nehme ich nie mit, aber viele

Landkarten. Ich sehe diese Reise als die logische Fortsetzung meines Lebens, das kontinuierlich ist. Irgendwie war ich innerlich immer bereit für diese Reise. Vielleicht bin ich dafür programmiert!

Und wie wurdest Du programmiert?
Ich weiß es nicht genau. In der Kindheit hört man Geschichten, sieht Fotos, trifft jemanden und das prägt. Der Großvater erzählt von einem Land, und plötzlich transformiert es sich in ein Fantasie- oder Wunschland. Das wird so stark, dass man dorthin gehen muss. Auch wenn die Eltern sagen: »Du bist verrückt.« Aber man stellt sich keine Fragen. Man muss es tun. Es ist wie bei einem Maler. Weshalb malt er? Man sagt ihm vielleicht: »Arbeite auf einer Bank, da verdienst du besser!« Aber er muss malen. Das ist für mich das Gleiche. Ich muss reisen, ich muss in die Berge. Dort fühle ich mich gut.

Gibt es eine besondere Geschichte aus einem fernen Land, die Dich besonders beeindruckte?
Ich kann mich an keine erinnern, aber mein Großvater war oft – bevor es Skilifte gab – mit Skis und Fellen in den Bergen. Und er erzählte mir davon. Diese generelle Atmosphäre meiner Kindheit wirkt auf mich, besonders die Bergtouren: Das sind gute Momente in meinem Leben.

Ist das Reisen eine Suche nach der Wiederholung der guten Momente?
Ja. Die Suche oder die Verlängerung dieser Momente.

Was hast Du von der Reise erwartet?
Nichts! Ich wollte nur meinen Traum verwirklichen. Ich musste gehen.

Für die Reise hast Du Unterstützung gesucht. Was hast Du potentiellen Sponsoren erzählt, damit sie Dich unterstützen?
Wind! (lacht)

Das reicht aber in der Regel nicht!
Die Sponsorensuche war ein lustiges Abenteuer. Ich musste ein Projekt beschreiben, das ich selber noch nicht kannte! Aber beim Schreiben des Reisekonzepts wurde mir bewusst, was ich eigentlich will. Den Firmen, die ich anschrieb, konnte ich die Erfahrung aus früheren Reisen, Zeitungsartikel und Diavorträge vorweisen. Das hat geholfen. Ich habe 140 Dossiers verschickt und 40 Antworten erhal-

ten. Sieben waren positiv. Geld gabs keines. Dafür erhielt ich per Post Käsefondues und Gutscheine für Mineralwasser! Und Bisquits. Im Begleitschreiben stand, dass sie mir leider finanziell nicht helfen können, aber ich solle unterwegs diese Bisquits essen! (krümmt sich vor Lachen).

Du wärst auch ohne Sponsoren losgefahren …
Unbedingt! Aber die Sponsorensuche hat sich gelohnt. Ich habe etwas Geld für Fotokopien und Briefmarken ausgegeben und ein Fahrrad erhalten! Zudem unterstützte mich »VeloPlus« während zwei Jahren mit Ausrüstung.

Hast Du darüber nachgedacht, was Du nach der Reise tun würdest?
Danach wollte ich ein Buch schreiben und eine Diashow gestalten, das gehörte zum Konzept. Weiteres hatte ich nicht geplant. Und was die Zeit betrifft: Die Reise würde so viel Zeit beanspruchen, wie sie braucht, nicht wie ich brauche.

Auf dieser Reise wurdest Du zum »Yakman«. Wie bist du zu diesem Namen gekommen?
Im Westtibet traf ich Fahrradfahrer aus Europa. Ich war unterwegs zum Berg Kailash. Weil ich viel Gepäck dabei hatte, sah ich von weitem aus wie ein Yak, sagten sie. Der Name war plötzlich da und ist mir haften geblieben. Zudem hatte ich damals ziemlich lange Haare, ich sah tatsächlich aus wie ein Yak. Zwei Amerikaner, die ich in Peking traf, gestalteten mir eine Website fürs Internet und verwendeten den neuen Namen. Japaner hatten Schwierigkeiten mit meinem normalen Namen, sie nannten mich deshalb einfach »Yak« oder »Yakman«. Ich mag den Namen und das Tier. Yaks sind sehr nützlich. Tibeter können ohne sie nicht überleben. Gleichzeitig können Yaks sehr stur sein. Genau wie ich. Wenn ich etwas entschieden habe, dann ziehe ich es durch.

Du hast auf dieser langen Reise viele Begegnungen gehabt, welche war die bedeutungsvollste? Alle!

Welche kommen Dir als erstes in den Sinn?
Die Liebesgeschichten und die Freundschaftsgeschichten. Alles was mit starken Emotionen verbunden ist. Wie in Tibet, als plötzlich auf einer windigen Ebene, auf über 4000 Metern Höhe, ein winziger Punkt auf mich zu kam: Ein Mann, zu Fuß. Er hatte die Füße um 180

Grad verdreht, seit Geburt. Seine Schuhspitzen zeigten nach hinten. Zuerst dachte ich: Ein Clown. Dann trafen wir uns, und sahen uns in die Augen. Das war ein sehr spezieller Moment. Wir umarmten uns, ganz instinktiv! Später saßen wir mit tibetischen Straßenarbeitern zusammen und tranken Tee. Die Tibeter haben den Mann respektiert, obschon er Chinese war. Er war Buddhist und trug langes Haar. Ein chinesischer Sadhu! Er war in fünf Jahren 40.000 Kilometer zu Fuß gewandert und wollte noch fünf Jahre weiterwandern. Es war für mich eine der schönsten, berührendsten Begegnungen.

Und die Liebesgeschichten?
Sicher, ich habe Liebesgeschichten gehabt. Wenn man lange reist, intensiv das macht, was man liebt, dann hat man eine bestimmte Ausstrahlung: Man trägt die Landschaft, die Natur, die man durchquert, in sich. Man ist sonnengebräunt, die Lippen verbrannt, man bewegt sich anders, intensiver – das gefällt vielleicht den Frauen. Und ein Reisender ist frei. Man ist ein Symbol absoluter Freiheit – das wirkt attraktiv!

Gab es auch unangenehme Begegnungen?
Zweimal wurde ich in der Ukraine überfallen, einmal in Uganda.

Was geschah?
In der Ukraine überholte mich ein Auto und zwang mich anzuhalten. Dann griffen mich drei Männer an. Ich rannte los, weg. Meine Papiere und zirka 10.000 Dollar (es war am Anfang meiner Weltreise) waren auf dem Velo. Aber die Männer klauten mir nur drei Ersatzschläuche. Ein Schlauch pro Mann! Zwei Tage später erlebte ich den zweiten, ähnlichen Überfall. Die Polizei fasste die Täter. Und in Uganda reiste ich zusammen mit einer deutschen Reisekollegin. In der Nacht wurde ihr Fahrrad und meine Fotoausrüstung gestohlen. Mein Fahrrad war noch da, denn es schützt sich selber: Es ist so schwer, dass ich es nicht mit einer Kette sichern muss. Am Tag nach dem Diebstahl organisierten wir zusammen mit Freunden eine Verfolgungsjagd. Wir haben das Meiste zurückerhalten!

Gab es auf der Reise Momente, in denen Du Angst hattest?
Ja. Nach den Angriffen in der Ukraine hatte ich fast während eines ganzen Jahres in bestimmten Situationen Angst. Im Gebiet der ehemaligen Sowjetunion gibt es viele alte Autos. Manchmal halten sie am Straßenrand an, weil sie vielleicht eine Panne haben oder weil die

Leute ein Picnic veranstalten wollen. Ich wusste nie, ob es eine Falle ist. Wenn ich Frauen und Kinder sah, fuhr ich bedenkenlos weiter, an ihnen vorbei. Ansonsten habe ich in sicherer Entfernung angehalten und abgewartet. Es war sehr schwierig, die Überfälle zu verdauen. Es war eine Prüfung, die mir zeigte, ob ich mit dem Erlebten umgehen und weiterfahren kann. Oder ob ich die Reise abbrechen muss! Ich habe es glücklicherweise überwunden, und reiste weiter.

Autos sind auch eine potentielle Gefahr für Radler. Verschiedene Völker fahren auf verschiedene Weise Auto. Verrät das Autofahrverhalten etwas über die Mentalität?
Ja. Japan ist ein gutes, aber extremes Beispiel. Dort ist sowieso alles extrem, die Landschaft, die Gesellschaft. Die Straßen sind schmal, aber von bester Qualität. Wenn Autofahrer von hinten kommen, überholen sie nicht sofort. Manchmal stauten sich zwanzig Wagen hinter mir. Erst an breiteren Stellen überholten sie mich in einem weiten Bogen. Das ist sehr rücksichtsvoll. Das andere Extrem ist Alaska: Auf breiten Landstraßen, aber auch auf Boulevards in der Stadt, wurde ich von Auto- oder Lastwagenfahrern grundlos beschimpft und abgedrängt. Innerhalb der USA gibt es aber große Unterschiede. Die indianischen Truckdriver sind lustig: Sie benutzen den Rückspiegel nur zum Rasieren. Sie schauen nur nach vorne. Das kann man als Lebensphilosophie auffassen, die sich auch aus dem Velofahren ableiten lässt, denn ein Velo hat keinen Rückwärtsgang!

Auch der Typus der Straße verrät viel: Autobahnen kann man nicht verlassen, alle bewegen sich in die gleiche Richtung, gleichzeitig ist man isoliert, reist wie in einer Kapsel. Alles wird eindimensional. Und das macht depressiv. In armen Ländern sind die Straßen voller Löcher, sind kurvig und haben Relief, auch die Menschen.

Menschen mit Relief ... wie die Yogis im Himalya, die Du getroffen hast. Wie war das?
Ich kenne sie nicht! (lacht) Was soll ich dazu sagen? Du musst sie fragen! Es sind beeindruckende Menschen. Ihre Augen strahlen intensiv. Die Yogis haben viel Energie. Man spürt die Wärme, ja sogar die Hitze, die sie ausstrahlen. Sie können still und in Ruhe dasitzen, einfach dasein, und trotzdem haben sie eine Funktion.

Was denkst Du, ist ihre Funktion?
Sie haben keine soziale Funktion, keinen sozialen Status. Sie leben in der Natur, zurückgezogen und asketisch. Sie haben nichts und trotz-

dem alles. Das hat mich beeindruckt. Irgendwie habe ich sie verstanden, sie gespürt – es läßt sich nicht mit Worten beschreiben …

Du hast in Asien auch Mönche getroffen …?
Ja, einmal traf ich drei Mönche auf der Straße. Ich hatte ein Kilo Äpfel dabei und gab jedem einen. Ungefähr einen Monat später besuchte ich ein Kloster in der Region, und plötzlich waren die drei Mönche da. Ich erinnerte mich nicht mehr an ihre Gesichter, aber sie erkannten mich sofort! Sie nahmen mich auf wie ein Familienmitglied. Vier Tage blieb ich bei ihnen. Wir hatten keine gemeinsame Sprache zur Verständigung, trotzdem haben wir uns verstanden.

In Deinen Texten verwendest Du manchmal Ausdrücke aus dem Buddhismus. Hast Du dich intensiv mit dieser Philosophie auseinandergesetzt?
Ich habe mehrere buddhistische Freunde, deshalb weiß ich ein bisschen etwas. Aber in einem Kloster lebte ich nie. Das Fahrrad ist meine Gebetsmühle! Ein Klosterleben wäre nichts für mich. Ich bin ein geselliger Mensch, ich muss unter Menschen sein.

Bei der Ankunft in Japan war Dein Geld nahezu aufgebraucht. Wie hast Du Arbeit gefunden?
Man kann als Sprachlehrer arbeiten, da findet sich leicht Arbeit. Aber ich wollte das nicht. Dann fand ich, als ich schon etwas verzweifelt war, einen Job in einem Hotel in Nagano, in den japanischen Alpen. Aber Nagano ist ziemlich abgelegen und ich musste für die Weiterreise Sponsoren suchen. Ich brauchte Ausrüstung und Kleidung. Das war, dachte ich, nur in einer großen Stadt wie Tokyo möglich. Also gab ich Kleinanzeigen auf. Eine nette Schweizerin, die in Japan lebt, rief mich an und vermittelte mir die Unterstützung der japanischen Direktorin einer Schule für Blumenarrangements! Gleichzeitig kümmerte ich mich um die Sponsorensuche und versuchte Reisereportagen an Zeitungen zu verkaufen.

War es schwierig Reportagen zu verkaufen?
Am Anfang schon, denn ich hatte nur den Namen irgendeiner Zeitung und eine Telefonnummer, den Rest konnte ich nicht lesen. Also rief ich an und sagte: »Hallo, hier ist Claude Marthaler, ich bin seit drei Jahren mit dem Fahrrad unterwegs, komme aus Europa und bin jetzt in Japan eingetroffen. Und ich habe Fotos.« Dann musste ich meine Geschichte auf Englisch schreiben. Die Redaktion übersetzte

sie auf Japanisch. Neun Artikel wurden publiziert. Manchmal gab ich auch Interviews. Mit den Honoraren konnte ich zwei weitere Jahre reisen!

Aber das war ursprünglich nicht geplant?
Irgendwie doch, denn bereits in Tibet hatte ich das Gefühl, dass ich nach dem Japanbesuch weiterreisen würde – nach Amerika. Ich sprach schon in Tibet von Alaska und Afrika. Die Reise hat sich entwickelt, sie wurde zur Weltreise.

Wenn Du jetzt zurück und rund herum blickst, wie ist aus Deiner Sicht der Zustand der Erde?
Eine Bilanz? Die Welt dreht sich immer (lacht), aber es ist traurig zu sehen, wie die Wüste wächst. Besonders in Schwarzafrika, in der Sahelzone, aber auch in Mexiko. Und in Osttibet oder in Peru wird viel Wald zerstört. Das sind irreversible Prozesse, damit tötet man das Leben, es ist Selbstmord. Wir Menschen sind eine Gefahr für die Erde!

Aber es gibt auch eine positive Seite der Weltbilanz: Es gibt sehr viele gute Menschen! Deshalb fühle ich mich überall wohl. Ich habe jetzt auch keine Angst mehr vor Überfällen. Aber in Genf hat man mir zweimal ein Fahrrad gestohlen! Nun, schlechte Menschen gibt es natürlich auch. Ungefähr einen auf Tausend. Das Verhältnis ist also recht gut!

Sieben Jahre bist Du unterwegs gewesen. Hat Dich die Reise verändert?
Für meine Freunde und meine Familie bin ich der Gleiche geblieben. Auf dieser Reise war ich mir selber, meinem Wesen, sehr treu. Ich denke, dass ich mich eigentlich nicht verändert habe. Aber in den ersten Wochen in der Schweiz ist mir aufgefallen, dass ich mich beinahe nur mit Ausländern unterhalte, wie im Ausland, wo man leicht Kontakt findet, miteinander spricht. Dieses Aufeinander-zugehenkönnen hat sich bei mir im Laufe der Reise entwickelt. Ich habe viele Erfahrungen gesammelt, und bin sieben Jahre älter geworden – sogar ein paar graue Haare habe ich (lacht).

Mein Blick auf die Welt ist umfassender geworden, panoramisch. Deshalb ist auch mein Verhältnis zu den Medien sehr kritisch geworden. Einen bestimmten Aspekt hasse ich geradezu: Die Medien informieren uns manchmal völlig unrealistisch über ferne Länder.

Ein wichtiger Punkt ist die Gastfreundschaft, die ich unterwegs erlebt habe. Meine Wohnung in der Schweiz soll auch ein offenes Haus sei. Wenn jemand anklopft, kann er hier schlafen. Das Teilen, der Wunsch nach Austausch hat sich durch die Reise verstärkt. Mein Diavortrag, der in Vorbereitung ist, sehe ich unter diesem Gesichtspunkt: Austausch und Verständnis. Wenn es gut geht, verdiene ich auch etwas Geld damit, aber es soll, wie auf der Reise, ein Geben und Nehmen sein. Und das muss im Gleichgewicht sein. Es ist wie auf dem Fahrrad: Ich finde das Gleichgewicht nur, wenn ich in Bewegung bin.

Du hast unterwegs viele Menschen kennengelernt, besucht, ein weltweites Beziehungsnetz geknüpft. Aber wohl die meisten Menschen, die Du in armen Ländern getroffen hast, können Dich, aus finanziellen Gründen, nicht besuchen …
Ja, man könnte sagen, das sei ungerecht. Aber ich sehe es nicht so, es ist einfach die Realität. Ich habe Glück gehabt, weil ich hier in der reichen Schweiz geboren bin. Ich kann auf andere Weise helfen, punktuell und persönlich. Zum Beispiel traf ich einen Marokkaner, der Kinderlähmung hatte, und seine Beine nicht gebrauchen konnte. Er besaß ein Spezialvelo und radelte mit den Händen, 17.000 Kilometer hat er zurückgelegt! Ich habe über ihn einen Artikel für ein englisches Bike-Magazin geschrieben. Sein Foto wurde sogar zum Titelbild. Das Honorar habe ich ihm geschickt.

Ich denke, dass es nicht immer sinnvoll ist, wenn Menschen anderer Kulturen hierher kommen, denn für sie ist es extrem schwierig hier zu leben.

Wenn ich wieder unterwegs sein sollte, werde ich den Leuten Dinge mitbringen, die sie zum Leben brauchen. Menschen zu helfen, zu denen man eine individuelle, persönliche Beziehung hat, ist sinnvoll. Die »offizielle« Entwicklungshilfe betrachte ich mit großer Skepsis.

Durch Deine Texte entsteht der Eindruck, dass das Velo wie eine Droge wirkt ...
Sport ist eine Droge, Reisen auch! Für viele ist das Velo ein Mittel der Fortbewegung, für mich ist es ein Ausdrucksmittel. Mit ihm hinterlasse ich aber keine physische Spur auf der Erde. Aber in meinem und den Herzen der Menschen, die ich traf, ist die Spur wie ein roter, aber unsichtbarer Faden um die Welt herum gelegt. Im Moment ist der Faden in meinem Inneren wie ein riesiger Knäuel mit vielen Knoten, als hätte eine Katze mit einem Wollfaden gespielt.

Was wäre, wenn man Dir das Velo wegnähme?
Oh, das Velo ist für mich heilig! Denn es hat mir eine Entwicklung ermöglicht, es hat meine Wahrnehmung erweitert. Nicht die zurückgelegte Distanz zählt, sondern die Tiefe des Erlebten. Das Velo ist meine Leidenschaft.

Du hattest sehr viel Gepäck: 80 Kilogramm! Ist das nicht ein bisschen viel?
Vielleicht, aber diese Reise war eine Etappe meines Lebens. Was ich dabei hatte, benötigte ich auf diesem Lebensabschnitt. Das Beladen war mein tägliches Ritual. Das Velo war mein rollendes Haus. Ich hatte Kleider für alle Klimazonen, Essen und Bücher. Ich kann keine Ratschläge erteilen, was man mitnehmen muss, denn das ist eine sehr persönliche Angelegenheit. Auf einer anderen Lebensetappe brauche ich vielleicht weniger.

Wirst Du später wieder mit dem Velo reisen?
Reisen ist Teil meines Lebens, und das wird es wohl auch bleiben. Ich werde aber nie mehr auf eine so lange Reise gehen ...

Nie mehr so lange ...
Ja, ich bin ganz sicher ... (lacht), einige Dinge weiß ich genau. Das ist vielleicht das einzige, das ich wirklich weiß. Ich genieße es, hier zu sein. Ich bin jetzt bei meinen Freunden, die ich vermisste. Zudem ist die Schweiz sehr exotisch, und ich treffe viele interessante Leute. Es ist mir wohl.

Jetzt arbeitest Du an Deinem Buch. In einer Fernsehsendung sagtest Du, es sei schwieriger zu schreiben als eine Reise zu machen. Weshalb?
Weil das Schreiben ein Reduzieren der Realität ist. Reisen ist Leben, das totale Leben. Leben ist vielleicht das einfachste! Schreiben ist harte Arbeit. Allerdings Arbeit in der Ruhe, in der Stille. Doch manchmal ist es für mich etwas flach.

Meine Straßen unterwegs waren nie flach! Meine Reise war ein riesiger Umweg um nach Hause zu kommen. Mein Ziel war nie Japan, ich fuhr nach Genf, wo ich herkomme, das war mein Ziel. Niemand wusste es – nur ich und mein Yak!

Helmut Hermann

Traumstraße Panamericana

Romantik und Realität der längsten Straße Amerikas

Mit einem VW-Bus 100.000 km auf der „Traumstraße der Welt“, vom sturmumheulten Feuerland über die Hochanden bis nach Alaska. Helmut und Anita Hermann erfüllten sich diesen Traum. Zwei Jahre lang reisten sie frei und ungebunden durch süd-, mittel- und nordamerikanische Länder.

Spannend und einfühlsam geschrieben, ein „Klassiker“ unter den Panamerikana-Büchern und nach wie vor erhältlich. Mit vielen praktischen Reisetipps.

254 Seiten, 70 Farb- und s/w-Fotos, € 12,50 · ISBN3-980075-3-6

Rudi und Bettina Kretschmer

Südwärts

durch Lateinamerika

Eine Familie mit Wohnmobil auf ungewöhnlicher Route von San Francisco nach Feuerland

Hautnah erzählt das Buch von einer fantastischen Reise in die „Neue Welt“. Zwischen San Francisco und Santiago de Chile erlebt die Familie mit zwei Kindern den Dschungel Amazoniens, die unendlichen Steppen Patagoniens und die Metropolen ihrer Reiseländer. Zwei Jahre lang führen die vier ein Leben, das einzig dazu bestimmt ist, die nord- und südamerikanische Welt anzusehen und ihre Wunder zu bestaunen. Ein einfühlsamer und spannender Reisebericht mit einem überraschenden Ausgang …

320 Seiten, Hardcover, 40 Farb- und 70 s/w-Fotos, 4 Karten € 17,50, ISBN 3-89662-308-7

Hartmut Fiebig

Bike-Abenteuer Afrika

Cairo – Capetown im Alleingang

Vierhundert abenteuerliche und aufregende Biketour-Tage und -zigtausend Kilometer Kurbelei über Afrikas Pisten von Ägypten bis nach Südafrika, durch Wüsten, Savannen und dampfende Regenwälder, in Hitze und Staub, in Lust und Leid, Frust und Freude, mit Staunen und Entsetzen – Afrika live, Afrika ohne Maske!

„…ist spannend beschrieben und vermittelt Eindrücke und Einsichten, Erfahrungen und Erlebnissse. Beeindruckender Reisebericht, der überall neben Reiseführern und Bildbänden empfohlen werden kann." (ekz)

„Es begann als harmlos Tour mit Mountainbike und Gitarre am Bodensee - und steigerte sich zum dramatischen Trip durch Europa und Afrika. Für Fiebig war's ein Horrortrip und trotzdem schön" (Tour). „Mit viel Herzblut und Sympathie für den afrikanischen Kontinent geschrieben." (Der Trotter)

312 S., 69 Farb- u. SW-Fotos, 5 Karten, € 14,90 · ISBN 3-929920-15-8

Herbert Lindenberg

BikeBuch Europa

39 Länder für Tourenradler und Mountainbiker

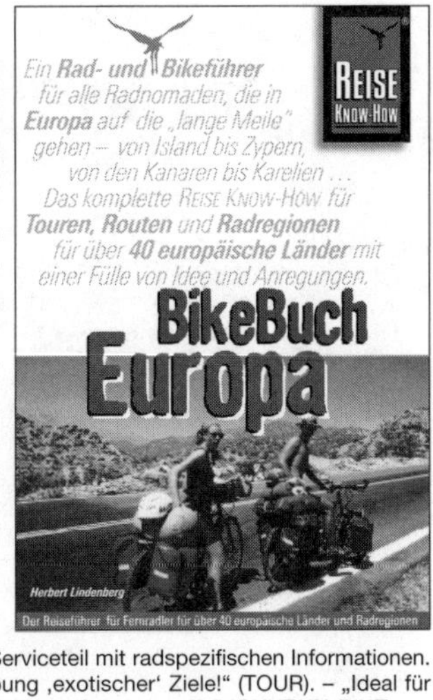

Ein 500-Seiten-Kompendium von Tourenmöglichkeiten für ganz Europa – Routen und Regionen von Island bis Zypern, von den Kanaren bis Karelien. Das Buch bietet eine Fülle von Ideen und Anregungen, hilft bei der Auswahl optimaler Radziele, unterstützt mit praxisorientierten Infos die Verwirk-lichung einer Tourenidee. Mit zahlreichen Berichten von Radlern und Bikern.

„Der Verdienst des Werkes liegt in einem ausführlichen Serviceteil mit radspezifischen Informationen. Interessant für Reise-Routiniers vor allem die Beschreibung ‚exotischer' Ziele!" (TOUR). – „Ideal für alle, die noch nicht so recht wissen, wo's hingehen soll. Toll zum Schmökern!" (MOUNTAIN-BIKE)

552 S., 167 Farb- u. SW-Fotos, 45 Karten, ISBN 3-89662-306-0